사회복지행정론

이성기 김현경 김현수 김말란 백민수
백종욱 서민호 이영희 전대성 정숙희
공저

SOCIAL WELFARE ADMINISTRATION

양성원

머리말

"짧게 써라. 그래야 사람들이 읽을 것이다.
명료하게 써라. 그래야 사람들이 이해할 것이다.
그림 그리듯 써라. 그래야 사람들이 기억할 것이다.
무엇보다 정확하게 써라. 그래야 사람들이 그 빛에 이끌릴 것이다."

언론의 노벨상이라고 하는 '퓰리처상'을 만든 전설적인 미국의 언론인 조셉 퓰리처(Joseph Pulitzer)가 말한 글쓰기의 명언이다. 그리고 저자가 글을 쓸 때마다 항상 염두에 두고 있는 지침이기도 하다.

지난 20여 년간 대학에서 '사회복지행정론'을 가르치면서, 기존 사회복지행정론 교과서의 내용이 부족하다는 것을 항상 느껴왔다. 이는 우리나라의 사회복지행정이 미국의 사회복지행정에 기반을 두고 있으며, 미국의 사회복지행정은 사회복지기관의 운영에 초점을 맞추고 있기 때문이었다. 또한 우리나라의 사회복지 현장도 한국전쟁 이후 미국의 원조에 기반을 둔 민간기관을 중심으로 발전해 왔다. 그러나 1990년대 이후로는 우리나라의 사회복지도 공공부문이 주도하고 있으며, 현대국가의 공공행정에서 사회복지가 중요한 위치를 차지하고 있음을 감안 한다면, 사회복지행정에서도 공공부문에 대한 이해가 필수적이다. 따라서 이 책의 가장 큰 특징은 국가 차원에서 사회복지행정을 이해할 수 있도록 전체적인 관점에서 사회복지행정을 분석하고, 사회복지행정의 공공부문과 사회복지기관과 외부 환경의 문제에 대해서도 자세하게 다루고 있다는 점이다.

이 책의 두 번째 특징은 2022년 발행된 한국사회복지교육협의회의 사회복지 교과목 지침서의 내용을 최대한 반영하도록 노력하였다는 점이다. 이는 사회복지행정론이 사회복지사 1급 시험의 필수과목이기 때문이다. 따라서 이 책에서는 사회복지행정론 1급 시험의 내용이나 추세를 분석하여 내용을 구성하였고, 각 장마다 공부한 내용을 복습할 수 있도록 연습문제를 수록하여 사회복지사 1급 시험에 대비할 수 있도록 하였다.

세 번째 특징은 이 책에서 기술한 내용은 최근에 발전하고 있는 인공지능의 도움을 받아, 전 세계의 자료를 분석하여 작성하였다는 것이다. 따라서 매 항목마다 분석 가능한 자료를 망라하였으며, 이에 관한 자료의 출처를 달았다.

그리고 이 책의 마지막 특징은 이 책을 공부함으로써 사회복지 현장을 이해할 수 있도록 내용을 구성하였다는 것이다. 사회복지사는 자격 취득 후 대부분 사회복지 현장에서 근무하기 때문에, 사회복지 현장의 업무를 이해하는 것이 필수적이다. 이 책의 2부는 사회복지기관 운영의 실제를 자세히 다루고 있어, 사회복지기관에서 실제 업무를 수행하는 데에도 많은 도움이 될 것으로 기대한다.

이 책이 나오기까지는 많은 사람들의 노력이 있었다. 특히 사회복지행정론을 공동 집필하면서 책의 내용을 함께 만들어 나간 공동 저자들의 노력에 감사드린다. 이 책의 부족한 부분은 앞으로 계속 보완해 나갈 것이다. 특히 빠르게 변화하는 사회복지행정의 현장을 최대한 신속하게 반영하여, 사회복지사 시험과 현장을 준비하는 사회복지학과 학생들에게 꼭 필요한 내용을 담을 수 있도록 노력하겠다.

2025년 2월

대표 저자 이성기 씀

차 례

PART 2 사회복지조직의 운영

PART 1

사회복지행정의 이해

1부는 사회복지행정을 전체적으로 이해하기 위한 내용으로 구성되어 있다.

1장에서는 사회복지행정의 개념과 특성 그리고 사회복지행정의 원칙과 과정을 분석해 본다. 2장에서는 사회복지행정의 역사를 미국과 한국의 역사로 나누어 살펴본다. 3장에서는 사회복지행정의 이론을 전통적 이론과 현대조직이론, 조직환경이론으로 나누어 분석해 본다. 그리고 4장에서는 사회복지행정의 체계를 행정체계와 전달체계로 나누어 분석해 본다.

01 Chapter

사회복지행정의 개념 및 원칙

오늘날 사회복지는 정부나 민간의 공식적인 조직의 행정을 통하여 이루어진다. 따라서 사회복지행정이란 '사회복지를 목적으로 하는 행정'을 의미하며, 사회복지조직의 운영이라는 '일반적 특성'과 함께 사회복지를 목적으로 행정이 이루어진다는 '목적적 특성'을 동시에 갖는다.

1장 1절에서는 먼저 사회복지행정의 개념 정의와 범위를 분석해 본다. 그리고 사회복지행정이 갖고 있는 특성이 무엇인지를 살펴보고, 사회복지행정이 일반행정과 공통점은 무엇이고 차이점은 무엇인가를 알아본다. 2절에서는 사회복지행정에서 고려해야 할 실천원칙과 사회복지행정의 과정을 POSDCoRBE에 기초하여 분석해 본다.

1절 사회복지행정의 개념과 특성

우리나라 사회복지행정의 개념은 미국의 사회사업행정에서 유래하였다. 한국전쟁 이후 우리나라의 초기 사회복지는 미국 사회사업기관의 원조에 절대적으로 의존했기 때문에, 사회복지행정도 초기에는 미국의 사회사업행정에서 많은 영향을 받았다. 그리고 미국의 사회사업행정은 사회사업기관의 운영에 초점이 맞춰져 있어, 우리나라의 사회복지행정의 개념도 초기에는 사회복지기관 운영을 중심으로 논의되어 왔다. 그러나 점차 유럽의 사회정책이나 사회행정의 개념이 소개되면서, 우리나라 사회복지행정의 개념도 확장되어 갔다(이성기, 2019).

1. 사회복지행정의 개념 정의

사회복지행정(social welfare administration)은 사회복지(social welfare)와 행정(administration)이 합쳐진 개념으로, '사회복지를 목적으로 하는 행정'이라고 할 수 있다. 사회복지의 영역은 크게 3영역으로 나눌 수 있다. 즉, 사회복지가 추구하는 가치를 구체화하는 '정책의 영역'과 사회복지정책을 급여와 서비스로 구체화하는 '행정의 영역', 그리고 현장에서 사회복지 급여와 서비스를 통해서 사회복지의 가치와 목적을 실천하는 '실천의 영역'이다. 따라서 사회복지행정은 '사회복지정책이 추구하는 가치나 목표를 사회복지 실천현장에서 필요한 사회복지 급여와 서비스로 전환하는 영역'이라고 할 수 있다.

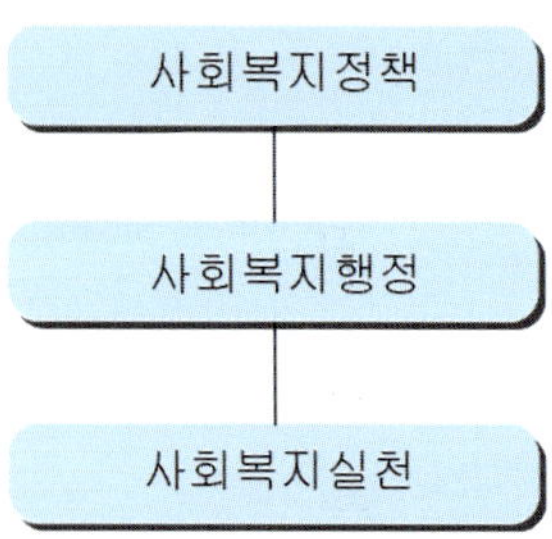

[그림 1-1] 사회복지행정의 과정

이러한 정의의 대표적인 학자는 미국의 Kindeigh이다. 그는 사회복지행정이란 "사회복지정책을 사회복지서비스로 전환시키는 과정이며, 이 과정에서 얻은 경험을 사회복지정책의 개선에 활용하는 것"이라고 정의하였다(Kindeigh, 1950).

그러나 이러한 포괄적인 개념 정의와는 달리, Trecker는 사회복지행정의 개념을 사회복지기관의 운영에 초점을 맞추어 정의하고 있다. 즉, 사회복지행정이란 '사회복지기관의 관리자가 기관의 목표를 성취하기 위하여, 기관의 내부 조직 관계와 활동에 대해 의식적으로 지도력을 행사하는 과정'이라고 정의하였다. 그리고 사회복지행정의 특성을 다음과 같이 정리하였다(Trecker, 1971).

① 사회복지행정은 일련의 역동적인 과정이다.
② 그 과정은 공통의 목적 또는 목표를 달성하기 위한 것이다.
③ 공통의 목적이나 목표를 달성하기 위해 인적·물적 자원이 동원된다.
④ 인적·물적 자원의 동원을 위해 협력과 조정이 필요하다.
⑤ 사회복지행정의 주요 요소는 기획, 조직화, 리더십이다.

이처럼 사회복지행정의 개념은 학자들에 따라 다양하게 정의되고 있지만, 크게는 광의의 개념과 협의의 개념으로 나누어 볼 수 있다.

1) 광의의 개념

광의의 사회복지행정은 사회복지정책의 개발과 실행, 그리고 조직 내외의 자원을 효과적으로 조정하여 사회적 서비스를 제공하는 모든 과정을 포함한다. 이는 정책 입안에서부터 현장 서비스 실행에 이르기까지 모든 단계에서 이루어지는 관리적·조직적 활동을 포괄한다. 이에 관한 주요 정의는 다음과 같다.

(1) Trecker의 정의

Trecker는 "사회복지행정은 사회적 목표를 실현하기 위해 자원을 효과적으로 조직화하고 활용하는 체계적 과정이다"라고 하였다(Trecker, 1971).

(2) Friedlander의 정의

Friedlander는 "사회복지행정은 사회복지정책의 실현을 위해 조직의 인적·물적 자원을 활용하는 과정으로, 사회적 서비스와 프로그램을 운영하고 관리하는 활동이다"라고 정의하였다(Friedlander, 1980).

(3) Skidmore의 정의

Skidmore는 “사회복지행정은 사회복지정책을 구체적인 서비스와 프로그램으로 전환하는 데 필요한 행정적 과정이다”라고 정의하였다(Skidmore, 1995).

(4) 광의의 정의의 특징

사회복지행정의 광의의 정의에서 나타나는 특징은 다음과 같다.

① 정책 중심성: 사회복지행정은 사회복지정책의 설계와 집행을 함께, 정책의 구체화를 돕는 관리적 활동도 포함한다.

② 포괄성: 조직 운영뿐만 아니라 지역사회와의 협력, 클라이언트와의 관계 형성, 자원 조달 등 다양한 활동을 포함한다.

③ 문제 해결 지향성: 사회적 문제를 해결하고, 사회적 요구를 충족시키는 것을 목표로 한다.

④ 전문성: 사회복지행정은 고도의 전문성과 윤리적 기준을 요구한다.

2) 협의의 개념

사회복지행정의 개념을 협의로 보면, 사회복지행정은 ‘사회복지정책과 프로그램을 실행하고 조직화하며, 이를 통해 대상자들에게 효과적이고 효율적인 서비스를 제공하기 위한 전문적인 관리 활동’이다. 이는 사회복지기관 및 조직이 정책적 목표를 달성하기 위해 기획, 조직, 인사, 재정, 운영 및 평가 등의 과정을 체계적으로 관리하는 데 중점을 둔다. 사회복지행정은 대상자인 클라이언트의 복지 향상을 궁극적인 목적으로 하며, 이를 위해 자원의 배분, 서비스 전달체계의 구축, 그리고 협력적 관계의 형성을 포함한다. 다양한 학자와 기관에서 사회복지행정을 정의한 내용을 정리하면 다음과 같다.

(1) Clark의 정의

Clark은 사회복지행정을 “사회복지 프로그램이 특정한 사회적 목표를 달성하기 위해 적절한 수단과 기술을 사용하는 조직적 과정”이라고 정의하였다. 이를 통해 Clark은 사회복지행정의 정책을 실행하기 위한 도구적 관점으로 보았다(Clark, 1956).

(2) Friedlander의 정의

Friedlander는 사회복지행정을 "사회복지정책이 실행되도록 설계된 과정으로, 서비스의 기획, 제공 및 평가를 포함하며, 복지조직의 관리적 기능을 포함 한다"라고 설명하였다. 이는 관리와 서비스 제공의 균형을 강조하는 정의로 볼 수 있다(Friedlander, 1958).

(3) 미국 사회복지학회(NASW)의 정의

미국 사회복지학회는 사회복지행정을 "사회복지기관과 관련된 조직 및 관리 활동으로, 정책과 프로그램의 실행을 위해 자원을 조직화하고, 사회적 요구를 충족시키기 위한 전문적인 활동"으로 정의하였다. 이는 현대적 관점에서 사회복지행정을 보다 넓은 의미로 해석한다 (National Association of Social Workers, NASW).

(4) 한국 사회복지학계의 정의

한국에서는 사회복지행정을 "사회복지기관 및 조직에서 이루어지는 모든 행정적 활동으로, 조직의 목표 달성을 위해 자원 관리와 서비스 제공이 이루어지는 체계적이고 계획적인 과정"으로 정의하는 경향이 있다. 예를 들어, 황성동은 사회복지행정을 "사회복지조직에서 목적 달성을 위해 기획, 조직, 인사, 지휘 및 통제 등 관리적 기술을 사용하는 과정"이라고 언급하였다(황성동, 1996).

(5) 협의의 정의의 주요 요소

사회복지행정의 협의의 정의에서 공통적으로 등장하는 주요 요소는 다음과 같다.

① 조직적 관점: 조직의 효율적 관리 및 운영을 강조한다.

② 서비스 전달: 대상자에게 적절한 서비스를 제공하기 위한 체계를 구축한다.

③ 정책 실행: 정책적 목표를 달성하기 위한 실행 과정이다.

④ 자원 관리: 재정, 인력, 물적 자원을 효율적으로 사용한다.

이러한 정의들을 종합해서 정리해 보면, 사회복지행정은 단순한 관리 기능을 넘어, 사회적 문제 해결과 복지 증진을 위한 통합적이고 전문적인 역할을 수행한다.

〈표 1-1〉 광의와 협의의 개념 비교

구분	광의의 정의	협의의 정의
범위	정책 개발, 자원 관리, 서비스 평가까지 포함	조직 내부의 관리와 운영 활동에 국한
목표	사회적 변화 및 문제 해결	조직의 목표 달성과 운영 효율성
적용 범위	조직 내부와 외부 모두	조직 내부 활동에 중점
예시	복지정책 개발, 자원 조정, 지역사회 연계	예산 관리, 인사 관리, 서비스 전달 과정

2. 사회복지행정의 특성

사회복지행정은 인간을 대상으로 하는 복지서비스 조직의 관리와 운영을 담당하며, 일반 행정과는 구별되는 독특한 특성을 지니고 있으며, 주요 특성은 다음과 같다(이성기, 2019).

1) 인간 중심의 서비스 제공

사회복지행정은 인간을 주된 대상으로 하며, 서비스 제공 과정에서 클라이언트와 직접적인 상호작용이 중요하다. 이는 서비스의 효과성과 질을 높이기 위해 클라이언트의 참여와 협력이 필수적임을 의미한다.

2) 전문적 상호작용과 조직 구조

사회복지조직은 클라이언트와의 전문적 상호작용을 기반으로 하며, 이러한 상호작용의 질이 서비스의 성과에 큰 영향을 미친다. 따라서 사회복지조직은 수평적이고 참여적인 구조를 채택하여 창의성과 역동성을 촉진하는 것이 바람직하다.

3) 환경에 대한 의존성과 역동성

사회복지조직은 외부 환경, 특히 지역사회와 밀접한 연관을 맺고 있으며, 정치적, 경제적, 사회적 변화에 민감하게 반응해야 한다. 이는 조직이 환경 변화에 따라 유연하고 탄력적으로 대응할 수 있는 능력을 요구한다.

역할을 수행한다. 예를 들면, 복지정책 집행, 인프라 개선, 지역사회 개발 등이다(Denhardt & Denhardt, 2000).

(2) 법적 · 제도적 기반

사회복지행정과 일반행정은 법률과 정책을 기반으로 운영되며, 정부와 관련 기관의 규정을 준수한다. 사회복지행정은 사회복지사업법 등을, 일반행정은 지방자치법 등을 바탕으로 수행된다(Osborne & Gaebler, 1992).

(3) 조직 관리와 효율성

사회복지행정과 일반행정의 공통점은 조직 내부의 자원 관리, 인사 관리, 예산 집행 등에서 유사한 관리 원칙을 적용한다는 것이다(Simon, 1947).

(4) 평가와 책임성

사회복지행정과 일반행정은 수행 결과를 평가하고, 책임성을 확보하기 위한 체계를 운영한다. 예를 들면, 정책의 효과성 평가, 국민 만족도 조사 등이다(Frederickson, 1997).

2) 사회복지행정과 일반행정의 차이점

(1) 목적과 초점

사회복지행정은 아동복지, 노인복지, 장애인복지 프로그램 운영 등 취약계층의 복지 향상과 사회적 불평등 해소에 중점을 둔다. 일반행정은 도시계획, 치안, 경제 정책 등 사회 전반의 질서를 유지하고 공공재를 효율적으로 제공하는 데 중점을 둔다(Gulick & Urwick, 1937).

(2) 대상

사회복지행정은 노인, 장애인, 아동 등 사회적 약자와 취약계층을, 일반행정은 전 국민을 대상으로 공공서비스를 제공한다(Dolgoff & Feldstein, 2013).

(3) 서비스의 특성

사회복지행정은 상담, 재활, 심리치료 등 주로 비금전적, 비물리적 서비스를 제공하나, 일

4) 다양한 가치의 공존과 갈등 관리

사회복지행정은 공익과 사익, 효율성과 형평성 등 다양한 가치가 공존하며 때로는 상충될 수 있다. 따라서 이러한 가치들 간의 균형을 유지하고 조정하는 능력이 필요하다.

5) 조직 간 연계성과 개방성

복지서비스는 다양한 조직과의 협력과 연계를 통해 제공되므로, 조직 간의 통합과 협력이 중요하다. 이는 개방적이고 유연한 조직 체계를 구축하여 효과적인 서비스 전달을 가능하게 한다.

6) 책임성과 투명성

사회복지조직은 주로 공공 자원이나 기부금으로 운영되므로, 자원의 사용과 서비스 제공 과정에서 높은 수준의 책임성과 투명성이 요구된다. 이는 사회로부터 신뢰를 유지하고 강화하는 데 필수적이다.

이러한 특성들은 사회복지행정이 일반행정과는 다른 독특한 성격을 지니며, 인간의 복지와 삶의 질 향상을 위해 전문적이고 통합적인 접근이 필요함을 보여준다.

3. 사회복지행정과 일반행정의 공통점과 차이점

사회복지행정과 일반행정은 공공서비스를 제공하고 조직을 관리한다는 점에서 공통적인 목적을 지니지만, 사회복지행정은 사회적 약자와 취약 계층의 복지 증진에 중점을 두고 있는 반면, 일반행정은 사회 전반의 정책 및 공공서비스를 총괄적으로 다루는 것이 특징이다.

1) 사회복지행정과 일반행정의 공통점

(1) 공공서비스 제공

사회복지행정과 일반행정은 모두 국민을 위한 공공서비스를 계획, 조직, 집행, 평가하는

반행정은 도로 건설, 공공 안전 규제 등 물리적 인프라와 규제 중심 서비스를 제공한다(Johnson, 2001).

(4) 재정 구조

사회복지행정은 정부 예산 외에도 기부금, 후원금, 민간 자원 등을 활용하고, 일반행정은 주로 국가 세수와 지방세 기반으로 운영된다(Kettner, Moroney & Martin, 2017).

(5) 정책 우선순위

사회복지행정은 복지정책의 효과성과 형평성을 중시하지만, 일반행정은 사회 안정과 경제 발전 등 다양한 우선순위를 균형있게 추구한다(Anderson, 2014).

(6) 윤리적 관점

사회복지행정은 클라이언트의 권리와 존엄성, 사회 정의의 원칙을 중시하지만, 일반행정은 법적 준수와 공공 책임성을 강조한다(Reamer, 2006).

〈표 1-2〉 사회복지행정과 일반행정의 차이

구분	사회복지행정	일반행정
목적	인간 복지와 삶의 질 향상	공공서비스 제공 및 사회 질서 유지
대상	사회적 약자, 취약 계층	일반 대중
서비스 성격	개인화되고 복합적인 서비스 제공	공공서비스의 표준화된 제공
주요 가치	인간 존엄성, 사회적 형평성	공정성, 효율성
전문성	사회복지 분야의 전문성 요구	행정 관리 전반에 대한 전문성 요구

사회복지행정과 일반행정은 공공서비스 제공이라는 공통된 목적을 공유하지만, 서비스의 대상, 초점, 재정 구조, 윤리적 관점 등에서 뚜렷한 차이를 보인다. 사회복지행정은 사회적 약자를 위한 맞춤형 서비스 제공에 중점을 두며, 일반행정은 사회 전반의 안정과 효율성을 강조한다. 두 행정 분야는 상호 보완적인 관계를 가지며, 사회 전체의 복지와 발전을 위해 협력해야 한다.

4. 사회복지행정의 필요성

사회복지행정은 복지서비스를 효과적이고 효율적으로 제공하기 위해 필요한 관리 활동과 과정을 의미한다. 이는 현대사회에서 사회적 문제를 해결하고 복지서비스를 제공하는 데 있어 필수적인 역할을 한다. 사회복지행정의 필요성은 다음과 같은 측면에서 설명할 수 있다.

1) 사회적 문제 해결을 위한 체계적 접근

현대사회는 고령화, 빈곤, 실업, 건강 불평등 등 다양한 사회적 문제를 겪고 있다. 이러한 문제는 개인적 차원에서 해결하기 어려우며, 공공 및 민간 차원의 조직적 대응이 요구된다. 사회복지행정은 이러한 사회적 문제를 체계적으로 해결하기 위해 자원을 동원하고, 분배하며, 서비스의 품질을 보장하는 역할을 한다(김영모, 2012).

2) 효율적인 자원 배분

복지서비스 제공에 필요한 재정적, 인적, 물적 자원은 항상 한정적이다. 사회복지행정은 이러한 자원을 효율적으로 관리하고 배분하여 최대의 효과를 낼 수 있도록 돕는다. 특히, 예산 관리와 정책 우선순위 설정을 통해 낭비를 최소화하고 필요한 곳에 자원을 집중시키는 데 기여한다(최성재 · 남기민, 2008).

3) 복지서비스의 접근성과 품질 보장

사회복지행정은 국민이 필요한 복지서비스를 쉽게 이용할 수 있도록 접근성을 높이고, 서비스 품질을 유지 및 향상시키는 데 기여한다. 예를 들어, 복지서비스의 표준화 및 평가 체계를 통해 서비스 제공의 형평성과 전문성을 강화한다(윤찬영, 2010).

4) 사회복지조직과 인력 관리

사회복지행정은 복지서비스 제공에 관여하는 조직과 인력을 효과적으로 운영한다. 사회복지사들이 직무를 효율적으로 수행할 수 있도록 조직 구조를 설계하고, 교육 및 훈련 프로그램을 개발하며, 적절한 동기부여와 성과관리를 제공한다(박차상, 2013).

5) 사회복지정책과 실천의 연결

사회복지행정은 사회복지정책을 구체적으로 실천하는 데 필요한 다리 역할을 한다. 정책이 선언적인 차원에서 그치지 않고 실제로 국민에게 효과적으로 전달되기 위해서는 행정체계와 프로세스가 필수적이다. 이를 통해 사회복지 정책의 목표를 실현한다(이봉주, 2007).

사회복지행정은 단순히 복지서비스를 제공하는 데 그치지 않고, 사회적 문제를 예방하고 해결하는 체계를 구축하는 데 핵심적인 역할을 한다. 이는 사회적 자원의 효율적인 사용을 가능하게 하고, 국민의 삶의 질을 향상시키며, 사회적 통합을 촉진하는 데 기여한다.

2절 사회복지행정의 원칙과 과정

사회복지행정에서는 사회복지의 정책과 서비스를 효과적으로 실행하고, 사회복지행정의 목표를 달성하기 위해 고려해야 할 원칙과 과정이 있다. 사회복지행정의 원칙은 사회복지행정의 목표를 달성하기 위해 고려해야 할 핵심적인 지침이며, 사회복지행정의 과정은 사회복지조직 관리 및 행정 과정의 주요 기능을 체계적으로 설명하는 것이다.

1. 사회복지행정의 원칙

사회복지행정의 원칙은 사회복지조직과 사회복지사가 사회복지의 정책과 서비스를 효과적으로 실행하고, 사회복지행정의 목표를 달성하기 위해 고려해야 할 핵심적인 지침으로, 주요 실천원칙은 다음과 같다.

1) 공공성(Public Accountability)

사회복지행정은 공공의 복지를 목적으로 하기 때문에 공공의 이익을 최우선으로 고려해야 한다. 이는 사회복지조직의 정책과 서비스가 투명하고 공정하며, 사회적으로 책임 있는 방식으로 이루어져야 함을 의미한다. 사회복지행정에서 공공성을 유지하기 위해서는 정책과 서비스 제공의 과정에서 외부 감사를 허용하고, 클라이언트와 시민에게 행정 절차를 명확히 공개해야 한다. 예를 들면, 사회복지사업의 예산 집행 내용을 시민에게 공개하는 것이 공공성을 높이는 방식 중 하나이다(Friedlander, 1980).

2) 효율성(Efficiency)

사회복지행정은 제한된 자원을 활용하여 최대한 많은 사람들에게 효과적인 서비스를 제공해야 한다. 행정 과정에서 불필요한 자원의 낭비를 줄이고, 예산, 인력, 시간 등의 자원을 체계적으로 관리하는 것이 중요하다. 예를 들면, 행정 절차를 간소화하여 서비스 대기 시간을 줄이거나, 디지털 시스템을 도입하여 운영 효율성을 높이는 것이 이에 해당된다(Simon, 1947).

3) 형평성(Equity)

사회복지행정의 복지서비스는 모든 사람이 공정하게 이용할 수 있어야 한다. 특정 계층이나 지역에 편중되지 않고, 사회적 약자나 소외된 계층이 공평한 기회를 가질 수 있도록 배려해야 한다. 예를 들면, 농어촌 지역에서도 도심과 동일한 복지서비스를 제공하는 것이 형평성을 고려한 사례이다(Reamer, 2006).

4) 책임성(Accountability)

사회복지사는 자신이 수행한 업무에 대해 클라이언트와 상급 기관, 그리고 사회 전반에 책임을 져야 한다. 이를 위해 정책이나 서비스가 실질적인 성과를 내고, 클라이언트의 만족도가 높은지 평가해야 한다. 예를 들면, 복지서비스가 종료된 후, 평가 보고서를 작성하여 해당 사업의 결과와 개선점을 명확히 제시해야 한다(Frederickson, 1997).

5) 효과성(Effectiveness)

사회복지행정은 궁극적으로 목표를 달성하고, 클라이언트의 삶의 질을 향상시키는 데 기여해야 한다. 효과성을 높이기 위해서는 목표를 명확히 설정하고, 이를 달성하기 위한 전략을 지속적으로 점검하며 조정해야 한다. 예를 들면, 청소년 지원 프로그램이 실제로 취업률 증가로 이어졌는지 평가하고, 필요 시 프로그램을 개편하는 방식으로 효과성을 제고한다(Dolgoff & Feldstein, 2013).

6) 참여와 협력(Participation and Collaboration)

사회복지행정에서는 클라이언트뿐만 아니라 지역사회, 관련 기관, 이해관계자들과의 협력과 참여가 필수적이다. 클라이언트와의 상호작용을 통해 그들의 의견을 반영하고, 지역사회와의 협력을 통해 자원을 최대한 활용할 수 있다. 예를 들면, 지역 사회복지관이 지역 주민과 공청회를 통해 필요한 복지서비스를 설계하는 경우가 이에 해당된다(Mayo, E., 1949).

7) 전문성(Professionalism)

사회복지사는 윤리적 기준과 전문적 지식을 바탕으로 행정을 수행해야 한다. 이를 위해 지속적인 교육과 훈련, 그리고 전문적인 판단을 내리는 능력이 요구된다. 예를 들면, 사회복지사가 정책 변화에 따라 새로운 법적 요구사항을 숙지하고 이를 실무에 반영하는 것이다(Clark, 1956).

8) 투명성(Transparency)

사회복지행정은 자원의 사용 및 서비스 제공 과정에서 높은 수준의 투명성을 유지해야 한다. 투명성은 신뢰를 구축하고, 조직의 정당성을 강화하는 데 필수적인 요소이다. 예를 들면, 복지서비스 신청 기준과 절차를 명확히 공개하여 서비스 제공의 공정성과 투명성을 확보해야 한다(Kettner, Moroney & Martin, 2017).

이러한 사회복지행정의 원칙은 상호 연관되어 있으며, 사회복지행정의 성공적인 수행을 위한 중요한 지침으로 작용한다. 이러한 원칙들을 사회복지행정에 잘 반영함으로써 복지서비스의 품질과 효과를 높이고, 사회적 신뢰를 구축할 수 있다.

2. 사회복지행정의 과정

POSDCoRBE는 행정학자 Luther Gulick이 제시한 행정 기능을 체계적으로 설명하는 모델로, 행정 과정의 주요 요소를 정의하고 있다. 이는 사회복지행정에서도 조직의 목표 달성을 위해 계획 수립부터 평가에 이르기까지 체계적인 관리를 수행하는 데 유용한 틀로 활용된다.

1) POSDCoRBE의 구성 요소

(1) P: Planning(계획)

계획은 목표를 설정하고 이를 달성하기 위한 행동 방안을 수립하는 과정이다. 사회복지조직에서는 복지서비스 프로그램의 목표와 방향성을 설정하고, 필요한 자원을 배분하는 과정이다. 예로는 노인복지센터의 신규 프로그램을 설계하고 필요한 예산과 인력을 배정하는 것을 들 수 있다(Gulick & Urwick, 1937).

(2) O: Organizing(조직화)

조직화는 자원을 조정하고 역할과 책임을 명확히 하여 효율적인 조직 구조를 설계하는 과정이다. 사회복지행정에서는 사회복지사, 자원봉사자, 행정직원의 역할과 업무를 명확히 정의하는 것이다. 예를 들면, 팀별로 복지 프로그램 담당자를 지정하고 권한을 위임하는 것이다(Robbins & Coulter, 2009).

(3) S: Staffing(인사관리)

인사관리는 적합한 인재를 채용, 교육, 배치하여 조직의 목표를 달성하도록 지원하는 과정이다. 사회복지행정에서는 사회복지사들의 전문성을 강화하기 위한 교육 프로그램을 운영한다. 예를 들면, 신규 직원을 채용하고 직무 교육을 제공하는 것이다(Dessler, 2013).

(4) D: Directing(지휘)

지휘는 조직 구성원들에게 동기를 부여하고, 목표 달성을 위해 활동을 조정하는 과정이다. 사회복지행정에서는 구성원들이 목표와 방향성을 이해하고 적극적으로 참여하도록 유도한다. 예를 들면, 정기 회의를 통해 목표를 공유하고, 구성원의 의견을 반영하는 것이다(Yukl, 2013).

(5) Co: Coordinating(조정)

조정은 조직 내 다양한 부서와 구성원의 활동을 일치시키고 조화를 이루게 하는 과정이다. 사회복지행정에서는 프로그램 간 자원 충돌을 방지하고, 팀 간 협력을 촉진한다. 예를 들면, 아동복지팀과 청소년복지팀 간 자원을 공유하는 것이다(Mintzberg, 1993).

(6) R: Reporting(보고)

보고는 조직의 활동과 성과를 상위 관리층 또는 이해관계자에게 전달하는 과정이다. 사회복지행정에서는 복지 프로그램의 결과를 정부나 후원자에게 보고하여 신뢰를 확보한다. 예를 들면, 연례 보고서를 작성하고 배포하는 것이다(Anthony & Young, 2019).

(7) B: Budgeting(예산 편성)

예산 편성은 조직의 재정을 계획하고 관리하여 자원의 적절한 배분을 보장하는 과정이다. 사회복지행정에서는 예산안을 수립하고, 승인된 예산 내에서 자금을 운영한다. 예를 들면, 연간 예산안을 작성하여 승인받고, 프로그램별로 배분한다(Finkler & Ward, 2019).

(8) E: Evaluating(평가)

평가는 조직 활동의 성과와 효과를 분석하여 개선 방안을 모색하는 과정이다. 사회복지행정에서는 복지 프로그램의 성공 여부를 평가하고 개선 사항을 도출하는 것이다. 예를 들면, 청소년 상담 프로그램의 효과를 설문조사를 통해 분석한다(Kaplan & Norton, 1996).

2) POSDCoRBE의 중요성

(1) 체계적 관리

사회복지행정의 모든 행정 과정을 논리적이고 순차적으로 관리하는 것이 가능해진다.

(2) 효율적 자원 배분

사회복지행정에서 조직 내 자원과 인력을 최적화하여 사용할 수 있다.

(3) 성과 중심 접근

사회복지행정에서 각 과정의 결과를 평가하여 지속적인 개선과 발전을 도모할 수 있다.

(4) 책임성과 투명성

사회복지행정에서 보고와 예산 관리 과정을 통해 조직의 책임성과 신뢰성을 강화할 수 있다.

3) POSDCoRBE의 한계와 극복 방안

(1) 한계

사회복지행정에서 지나치게 구조화된 접근은 창의성과 유연성이 부족해질 수 있다. 따라서 실제 상황의 복잡성과 동적인 변화를 충분히 반영하지 못할 가능성도 있다.

(2) 극복 방안

현대적 관리기법 통합하여, POSDCoRBE를 기초로 참여적 리더십과 데이터 기반 의사결정 도입해야 하며, 유연성을 강화하기 위하여 예기치 못한 상황에 대비한 유연한 계획과 실행 전략을 채택해야 한다.

POSDCoRBE는 사회복지행정에서 조직 목표를 달성하기 위한 행정 과정의 기본 틀을 제공한다. 이 접근법은 계획, 조직화, 인사관리, 지휘, 조정, 보고, 예산 편성, 평가의 8단계를 통해 체계적인 관리와 효율성을 도모한다. 현대적 환경에서는 POSDCoRBE의 원칙에 유연성과 혁신성을 더하여 활용하는 것이 중요하다.

연습문제

01 사회복지행정의 개념에 대한 설명으로 옳지 않은 것은?

① 사회복지행정은 사회복지정책을 서비스로 전환시키는 과정을 포함한다.
② Trecker는 사회복지행정을 기관 내부의 조직관계와 활동에 대한 지도력 행사로 정의했다.
③ Skidmore는 사회복지행정을 정책 개발 중심의 행정적 과정으로 보았다.
④ Friedlander는 사회복지행정을 인적·물적 자원을 활용하여 사회적 서비스와 프로그램을 관리하는 과정으로 정의했다.

02 사회복지행정과 일반행정의 차이점으로 옳지 않은 것은?

① 사회복지행정은 사회적 약자를 대상으로 한다.
② 일반행정은 국가 전반의 정책을 총괄한다.
③ 사회복지행정은 물리적 인프라 구축을 중심으로 한다.
④ 일반행정은 법적 준수와 공공 책임성을 강조한다.

03 사회복지행정의 전문성이 중요한 이유로 적합한 것은?

① 정책 입안과 법률 제정 과정의 지원
② 복지서비스 제공의 효과성과 윤리적 기준 유지
③ 조직 외부 환경과의 갈등 관리
④ 복지서비스 이용자의 수 제한

04 사회복지행정의 원칙에 관한 설명으로 옳지 않은 것은?

① 공공성은 정책과 서비스의 투명성과 공정성을 유지하는 것을 포함한다.
② 효율성은 자원의 최적 활용을 통해 복지서비스의 품질을 높이는 것을 목표로 한다.
③ 형평성은 특정 지역에 더 많은 복지서비스를 제공하는 것을 원칙으로 한다.
④ 참여와 협력은 이해관계자들과의 협력적 관계를 강조한다.

정답 | 01 ④ 02 ③ 03 ② 04 ③

05 사회복지행정의 효율성(Efficiency) 실현 방안으로 적합한 것은?

① 복지서비스 대기 시간을 줄이기 위한 행정 절차 간소화
② 특정 프로그램의 성과 평가 생략
③ 지역사회의 모든 복지서비스에 균등 자원 분배
④ 디지털 시스템을 도입하지 않고 수작업 프로세스 유지

06 사회복지행정에서 "효과성" 평가의 주요 기준은?

① 목표와 성과 간의 연계성
② 자원의 효율적 사용 여부
③ 법적 기준 준수 여부
④ 윤리적 문제 해결 여부

07 사회복지행정의 투명성을 높이기 위한 조치로 적절하지 않은 것은?

① 복지서비스 제공 기준 명확화
② 재정 운영 성과를 외부에 보고
③ 자원 사용 내역 비공개
④ 정책 결정 절차 공개

08 사회복지행정과 일반행정의 공통점으로 적합하지 않은 것은?

① 공공서비스 제공
② 법적·제도적 기반 운영
③ 대상자의 권리 보호 강조
④ 조직 자원의 효율적 관리

정답 | 05 ① 06 ① 07 ③ 08 ③

참고문헌

김영모(2012). 사회복지정책론. 나남.
박차상(2013). 사회복지행정론. 공동체.
윤찬영(2010). 사회복지의 이해. 양서원.
이봉주(2007). 사회복지행정론. 나남.
이성기(2019). 사회복지행정론. 학지사
최성재, 남기민(2008). 사회복지행정론. 학지사.
황성동(1996). 사회복지행정론. 학지사.
Anderson, J. E. (2014). *Public Policymaking*. Cengage Learning.
Anthony, R. N., & Young, D. W. (2019). *Management Control in Nonprofit Organizations*. McGraw-Hill.
Clark, L. W. (1956). Social Administration.
Denhardt, R. B., & Denhardt, J. V. (2000). *The New Public Service: Serving, Not Steering*. Public Administration Review.
Dessler, G. (2013). *Human Resource Management*. Pearson.
Dolgoff, R., & Feldstein, D. (2013). *Understanding Social Welfare: A Search for Social Justice*. Pearson.
Finkler, S. A., & Ward, D. M. (2019). *Accounting Fundamentals for Health Care Management*. Jones & Bartlett Learning.
Frederickson, H. G. (1997). *The Spirit of Public Administration*. Jossey-Bass.
Friedlander, W. A. (1958). *Introduction to Social Welfare*. Prentice-Hall.
Friedlander, W. A. (1980). *Introduction to Social Welfare*. Prentice-Hall.
Gulick, L., & Urwick, L. (1937). *Papers on the Science of Administration*. Institute of Public Administration.
Johnson, L. C. (2001). *Social Work Practice: A Generalist Approach*. Pearson.
Kaplan, R. S., & Norton, D. P. (1996). *The Balanced Scorecard*. Harvard Business Review Press.
Kettner, P. M., Moroney, R. M., & Martin, L. L. (2017). *Designing and Managing Programs: An Effectiveness-Based Approach*. Sage.
Kindeigh, J. C. (1950). Social work administration – an area of social work practice? *Social work Journal*, 31.
Mayo, E. (1949). *The Social Problems of an Industrial Civilization*. Routledge.
Mintzberg, H. (1993). *Structure in Fives: Designing Effective Organizations*. Prentice Hall.
Osborne, D., & Gaebler, T. (1992). *Reinventing Government: How the Entrepreneurial Spirit is Transforming the Public Sector*. Addison-Wesley.
Reamer, F. G. (2006). *Ethical Standards in Social Work: A Review of the NASW Code of Ethics*.

NASW Press.
Robbins, S. P., & Coulter, M. (2009). *Management*. Pearson Education.
Simon, H. A. (1947). *Administrative Behavior*. Macmillan.
Skidmore, R. A. (1995). *Social Work Administration: Dynamic Management and Human Relationships*. Allyn & Bacon.
Trecker, H. B. (1971). *Social Work Administration: Principles and Practices*. Association Press.
Yukl, G. (2013). *Leadership in Organizations*. Pearson.

02 Chapter

사회복지행정의 역사

사회복지행정이 어떠한 역사적 과정을 거쳐 발전해 왔는지를 살펴보는 것은 사회복지행정을 이해하는 데 매우 중요한 부분이다. 사회복지행정의 현재의 모습은 사회복지행정의 과거의 모습과 연장선상에 있기 때문이다.

사회복지행정이 사회복지학 분야에서 하나의 독립된 학문으로 발전해 온 나라는 미국이다. 따라서 2장에서는 우선 미국에서 사회복지행정이 성립되고 발전해 온 과정을 살펴본 후, 우리나라에서 사회복지행정이 도입되고 발전해 온 과정을 살펴본다.

1절 미국 사회복지행정의 역사

미국은 자유를 찾아 신대륙으로 건너간 이민자들과 그 후손들이 세운 나라이다. 따라서 이들에게는 국가의 통치보다는 개인의 자유가, 국가의 간섭보다는 스스로의 자조가 더 중요한 가치였다. 미국의 역사를 관통하고 있는 두 개의 키워드는 '개인주의'와 '실용주의'이다. 따라서 미국에서는 사회복지에서도 국가보다는 민간이나 지역사회 차원의 '자발적인 접근'이 선호되었으며, 문제의 해결도 국가의 개입보다는 '개별적인 접근'이 강조되었다. 또한 사회문제의 해결에서도 정책적이고 제도적인 접근보다는 구체적인 대상자의 문제해결을 위한 '실용적인 접근'이 선호되었다. 그러나 미국은 1930년대 대공황을 겪으면서, 국가가 개인의 삶에 개입하는 뉴딜정책을 시행하게 되었으며, 제2차 세계대전 이후에는 경제성장에 따라 사회복지제도도 발전하게 된다. 미국 사회복지행정은 사회적 요구와 환경 변화에 따라 발전해 왔으며, 주요 시기를 다음과 같이 구분할 수 있다.

1. 사회복지행정의 형성기: 19세기 중후반 ~ 1930년대 초반

미국 사회복지행정의 형성기는 19세기 후반에서 20세기 초반까지의 기간으로, 산업화, 도시화, 이민자의 유입, 그리고 빈곤 문제 등이 주요 사회적 배경이 되었다. 이 시기는 공공 및 민간 영역에서 사회복지행정의 기초가 마련된 시기로 평가된다.

1) 역사적 배경

(1) 산업화와 도시화

19세기 후반, 미국은 급격한 산업화와 도시화를 경험하며 농촌 지역에서 도시로 인구가 이동했다. 이로 인해 도시 빈곤, 열악한 주거 환경, 아동 노동, 공중위생 문제 등이 사회문제로 대두되었다(Trattner, 1999).

(2) 이민자 문제

19세기 말부터 20세기 초까지 유럽에서 대규모 이민자가 유입되었다. 이들은 주로 도시지역에 정착하며 경제적 어려움에 직면했고, 이민자 지원 및 동화 정책이 사회복지의 주요 과제가 되었다(Katz, 1996).

(3) 빈곤에 대한 인식 변화

빈곤이 개인의 도덕적 결함 때문이라는 기존 관점에서 벗어나, 사회 구조적 문제로 인식하는 움직임이 시작되었다. 이러한 변화는 자선조직 활동(Charity Organization Movement)과 세틀먼트 하우스 활동(Settlement House Movement)의 확산으로 이어졌다(Bremner, 1971).

2) 주요 특징과 발전 과정

(1) 자선조직 활동

사신조직 활동은 체계적이고 과학적이고, 효율적인 자선활동을 추구하며, 자선조직협회(Charity Organization Society, COS)로 이어졌다. 이들은 '조사와 사례관리(casework)'라는 현대 사회복지사업(Social Work)의 기초 개념을 도입했다. 사례조사는 빈곤의 원인을 파악하고 개입방법을 설계하기 위해 사용되었다. COS는 이후 사회복지사(Social Worker)가 전문화되는 데 큰 영향을 미쳤다(Lubove, 1965).

(2) 세틀먼트 하우스 활동

세틀먼트 하우스 활동은 지역사회 기반의 복지 실천을 강조하며, Jane Addams가 설립한 시카고의 헐 하우스(Hull House)가 대표적인 사례다. 이러한 활동은 빈곤 완화를 위해 교육, 직업 훈련, 보건 프로그램을 제공했다(Addams, 1910).

(3) 정부와 민간의 협력

이 시기에는 복지가 민간 자선단체에 의해 주도되었으나, 점차 공공 영역으로 확장되었다. 1910년대에는 아동복지법과 같은 공공복지정책이 등장하며 정부의 역할이 증대되었다(Katz, 1996).

3) 사회복지행정 형성기의 한계

① 재정적 제약: 민간단체의 자금 조달에 의존하여 복지서비스 제공이 제한적이다.

② 차별적 관행: 이민자, 유색인종 등 소외된 집단은 배제되거나 차별을 받았다.

③ 전문성 부족: 사회복지행정이 체계적이지 않고 훈련된 전문가가 부족하였다.

미국 사회복지행정의 형성기는 현대적 사회복지제도의 기틀을 마련한 중요한 시기였다. 이 시기에 도입된 과학적 사례관리, 지역사회 중심의 복지 접근, 그리고 공공-민간 협력은 이후 사회복지의 실천과 정책에 지속적인 영향을 미쳤다.

2. 사회복지행정의 발전기: 1930년대 중후반 ~ 1950년대

1) 역사적 배경

(1) 대공황과 뉴딜 정책

1930년대 대공황은 미국 사회에 큰 경제적 · 사회적 충격을 가져왔다. 실업률이 급등하고 빈곤 문제가 심화되자, 연방정부는 기존의 자선적 접근을 넘어 체계적인 사회복지제도의 필요성을 인식했다. 이에 따라 Roosevelt 대통령은 뉴딜(New Deal) 정책을 시행하며 사회복지의 체계화를 촉진했다. 1935년에는 사회보장법(Social Security Act)이 제정되어, 연방 차원의 사회보험과 공공부조가 도입되었다. 대공황 이전에도 주(state)와 지역사회 단위에서 복지서비스가 제공되고 있었으나, 뉴딜 정책 이후에는 연방정부가 직접 개입하며 사회복지행정이 전국적으로 확대되었다.

(2) 제2차 세계대전의 영향

1940년대에는 제2차 세계대전으로 인해 정부의 행정시스템이 강화되었다. 전후 복지수요의 증가와 퇴역 군인 및 그 가족을 위한 프로그램 확대는 사회복지행정의 전문성을 높이는 계기가 되었다(Rubin, 1968).

2) 주요 특징과 발전 과정

(1) 행정 전문화와 조직화

1930~50년대는 사회복지행정의 전문화와 조직화가 이루어진 시기였다.

① 사회복지 전문가의 양성: 사회복지학과 공공행정학이 발전하며, 사회복지사와 행정가들이 체계적으로 교육을 받았다.

② 행정구조의 체계화: 뉴딜 정책과 함께 공공복지부서가 연방, 주, 지방 차원에서 설립되었다. 특히 연방 보건복지부(Department of Health, Education, and Welfare, HEW)가 1953년에 설립되어 사회복지행정의 체계화를 이끌었다(https://www.ssa.gov/history).

(2) 사회복지의 확장

이 시기에는 사회복지가 노동자, 노인, 아동, 빈곤층 등 다양한 계층으로 확대되었다.

① 사회보험 프로그램: 노령 연금, 실업보험 등이 시행되었다.

② 공공부조 프로그램: 저소득층 가정을 대상으로 한 지원이 강화되었다.

③ 특수 계층 복지: 퇴역 군인을 위한 GI법(1944년)이 도입되어, 수택구입, 교육, 재취업지원 등이 제공되었다.

(3) 공공-민간 협력의 중요성 강조

복지서비스의 제공에 있어 공공부문과 민간부문 간의 협력이 강조되었다. 특히, 비영리단체와 자선단체가 정부와 협력하여 프로그램을 실행하였다.

3) 한계

(1) 인종적 · 성별 차별 문제

사회복지행정의 발전에도 불구하고, 프로그램의 혜택이 모든 계층에게 공평하게 제공되지는 않았다. 흑인과 소수민족은 사회보장법의 주요 혜택에 접근하기 어려웠다. 또한 여성들은 주로 남성 가장의 부양가족으로 간주되어 직접적인 복지 혜택을 받기 어려운 구조였다.

(2) 지방 간 격차

연방정부가 사회복지행정을 주도했지만, 주와 지역 차원의 재정 및 행정 역량 차이로 인해 지역 간 복지서비스의 질적 차이가 발생했다.

(3) 재정적 지속 가능성 문제

복지서비스가 확대되면서 막대한 재정이 필요했으나, 대공황 이후 회복 중이던 경제 상황에서 재정적 부담이 한계로 작용했다. 특히, 공공부조 프로그램의 확대는 지속 가능성에 대한 논란을 불러일으켰다(Piven & Cloward, 1971).

1930~50년대는 미국 사회복지행정이 체계적이고 전문화된 제도로 발전한 시기였다. 대공황과 뉴딜 정책을 통해 복지의 필요성이 공감대를 얻었고, 전후 복지수요의 증가로 사회복지행정체계가 강화되었다. 하지만, 인종적 · 성별 차별, 지역 간 격차, 재정 문제와 같은 한계는 이후 사회복지행정의 개선 과제로 남았다(Gilbert & Terrell, 1997).

3. 사회복지행정의 정체기: 1960년대

1) 역사적 배경

(1) 사회적 변화

흑인 인권운동(Civil Rights Movement)이 절정에 달하면서 인종 평등과 사회 정의를 요구하는 목소리가 높아졌다. 여성운동과 반전운동 등이 활성화되며 사회적 불평등과 전쟁의 부당함에 대한 비판이 확대되었다(Piven & Cloward, 1971).

(2) 정책적 변화

Kennedy 정부의 "뉴 프론티어(New Frontier)"와 Johnson 정부의 "위대한 사회(The Great Society)" 프로그램을 통해 빈곤 감소와 사회복지 강화를 목표로 했다. 1964년에는 경제기회법(Economic Opportunity Act)을 비롯한 복지 프로그램이 시행되었으나, 실행 과정에서 행정적 비효율성과 체계적 문제들이 드러나며 한계에 직면하였다(U.S. Department of Health and Human Services, 1965).

(3) 행정학의 전환기

행정학은 과학적 관리와 효율성을 중시하는 이론에서 인간적 요소와 서비스 제공의 효과성을 강조하는 방향으로 전환 중이었다. 사회복지행정 분야도 이러한 변화의 영향을 받으면서 행정체계 개혁의 필요성이 대두되었다(Trattner, 1999).

2) 주요 특징과 발전 과정

(1) 분권화된 행정구조

1960년대 미국 사회복지행정은 주정부와 지방정부 중심의 분권화된 체계를 유지하고 있었다. 연방정부는 재정 지원과 정책 가이드라인을 제공했으나, 실질적 집행은 지방정부가 담당했다. 이로 인해 지역 간 서비스의 질적 차이가 발생하였다.

(2) 프로그램 확장과 자원 부족

'위대한 사회' 프로그램을 통해 빈곤 퇴치와 의료 서비스 확충을 위한 메디케어(Medicare)와 메디케이드(Medicaid)가 도입되었으나, 증가하는 수요를 충족하기 위한 행정적 자원과 인력이 부족했으며, 예산 역시 한계에 부딪혔다.

(3) 행정 전문성의 미흡

사회복지행정은 여전히 체계적인 전문성을 확보하지 못한 상태였다. 관리자의 교육 및 훈련이 부족했고, 서비스 전달체계의 비효율성이 문제로 지적되었다.

(4) 정치적 압력과 외부 간섭

냉전 시기의 정치적 맥락에서 사회복지는 이데올로기적 갈등의 대상이 되었다. 사회복지의 확충에 반대하는 보수 세력의 압력이 있었으며, 이는 정책 및 행정체계의 안정적 발전을 저해했다(Gilbert & Terrell, 1997).

3) 한계

(1) 행정적 비효율성

사회복지정책 설계와 실행 사이의 괴리가 컸다. 예컨대, 빈곤층 지원 프로그램이 실제 수혜자에게 충분히 도달하지 못하는 문제가 빈번했다.

(2) 불평등한 서비스 제공

지역 간 자원 배분의 차이로 인해 농촌 지역과 도시 지역의 복지 수준에 큰 격차가 있었다. 특히 흑인 등 소수집단은 차별적 대우를 받으며 복지 혜택에서 배제되는 경우가 많았다.

(3) 재정적 지속 가능성 부족

복지 프로그램의 확대에도 불구하고 재정 부족으로 인해 많은 프로그램이 축소되거나 중단되었다. 이는 사회복지정책의 일관성과 지속 가능성을 저해했다.

(4) 사회적 저항

복지 대상자에 대한 낙인 효과(Stigma)가 강화되었고, 이는 사회복지정책에 대한 대중의 부정적 인식을 초래했다. 정치적 논쟁과 이념 대립으로 인해 사회복지행정의 발전이 제한되었다(Fraser, 1989).

4. 사회복지행정의 확립기: 1970년대 ~ 1980년대

1) 역사적 배경

1970~80년대는 미국 사회복지행정의 체계가 정립된 시기로, 사회적, 정치적, 경제적 변화와 맞물려 발전이 이루어졌다(Gilbert & Terrell, 2005).

① 경제적 배경: 1970년대에는 석유 위기와 경제 불황이 심화되면서 실업률과 빈곤율이 증가하여, 이에 따라 사회적 안전망의 필요성이 대두되었다.

② 정치적 배경: 1960년대의 대규모 시민권 운동과 복지 확장 이후, 1970년대에는 보수적 반응이 나타났다. Nixon, Ford, Reagan 행정부는 복지의 효율성, 책임성, 예산 축소를 강조하며 공공부문과 민간부문의 협력을 중시하였다.

③ 사회적 배경: 도시화와 산업화로 인한 빈곤 문제와 인종, 젠더, 이민 문제 등 복잡한 사회 문제가 부상하였다. 이는 사회복지 행정의 전문성과 관리 능력 향상의 필요성을 촉진하였다(Dolgoff & Feldstein, 2012).

2) 주요 특징과 발전 과정

(1) 사회복지행정의 전문화

사회복지행정에 과학적 관리법, 정책 분석 기법, 프로그램 평가 도구가 도입되었다. 그리고 사회복지학 석·박사 과정에서 행정학 및 관리학 과목이 필수로 자리 잡으면서, 사회복지행정의 전문성이 강화되었다. 사회복지행정에 대한 NASW(National Association of Social Workers) 기준이 강화되었으며, 사회복지사 면허제도가 도입되고 전문적 인증 과정이 생겨났다.

(2) 탈중앙화와 민영화

Nixon 행정부의 신연방주의(New Federalism) 정책에 따라 권한과 자원이 연방정부에서 주정부 및 지방정부로 이전되었다. 민간부문과의 협력이 강화되며 비영리단체와 민간기관의 역할이 커졌다. 또한 계약제도(contracting-out)의 도입으로 사회복지서비스 제공이 공공기관에서 민간기관으로 위탁되었다.

(3) 성과 중심 행정

Reagan 행정부는 "작은 정부(small government)"를 지향하며 복지 예산을 삭감하고, 성과기반 관리(performance-based management)를 강화했다. 프로그램 평가, 목표 관리(Management by Objectives, MBO) 등 효율성과 성과를 측정하려는 시도가 이루어졌다(Jansson, 2011).

3) 한계

(1) 재정적 제약

1980년대 Reagan 행정부의 복지 예산 축소로 인해 사회복지 프로그램이 축소되거나 폐지되었다. 저소득층과 소외 계층에 대한 서비스가 충분히 제공되지 못해 빈곤과 불평등이 심화되었다.

(2) 민영화의 부작용

민영화와 탈중앙화로 인해 복지서비스의 품질과 접근성에 지역 간 격차가 발생했으며, 민간 기관의 상업화로 인해 공공 복지의 본질이 훼손되었다는 비판도 제기되었다.

(3) 효율성 강조의 한계

성과 중심의 접근은 단기적 목표 달성에 치중하며, 사회복지의 장기적 · 질적 성과를 간과할 우려가 있었다. 행정의 과도한 관료화로 인해 복지 대상자의 요구를 반영하지 못하는 경우가 발생했다(Fisher, 1983).

5. 사회복지행정의 도전과 모색기: 1990년대 이후

1) 역사적 배경

(1) 신자유주의의 대두

1980년대부터 시작된 신자유주의는 1990년대에도 지속되어, 정부의 역할을 축소하고 시장 중심의 정책을 강화하는 방향으로 나아갔다. 이에 따라 사회복지 정책은 공공부문에서 민간 및 비영리 부문으로 점차 이관되었다. 이러한 변화는 사회복지행정에도 효율성과 성과를 강조하는 행정적 접근법의 채택을 가져왔다(Harvey, 2005).

(2) 복지개혁의 추진

1996년 Clinton 행정부는 "개인 책임과 근로 기회 조정법(PRWORA)"을 도입하여, 복지정책의 방향을 근로 중심으로 전환했다. 이 법안은 "영구적 복지"를 방지하고 수혜자들이 자립할 수 있도록 독려하며, 주정부의 재량권을 확대했다(DeParle, 2004).

2) 주요 특징과 발전 과정

1990년대 이후 미국 사회복지행정의 주요 특징은 다음과 같다.

(1) 성과 중심의 행정

사회복지행정에서 성과관리와 계량적 평가가 강조되었다. 비영리조직과 민간기관이 공공복지서비스를 위탁받으면서 행정적 책임성과 투명성을 강화하기 위한 관리도구들이 도입되었다. 결과기반 관리(Outcome-Based Management)와 성과평가 체계(Performance Evaluation System)가 활용되었다(Poister, 2010).

(2) 민간 및 비영리 부문과의 협력

복지서비스 제공의 책임이 주 정부와 지역사회 기반 기관들로 분산되면서, 민관 협력(Public-Private Partnership)이 활성화되었다. 비영리 단체와 위탁기관이 복지서비스를 제공하면서 정부의 행정 부담을 줄이는 역할을 했다(Salamon, 1995).

(3) 정보기술(IT)의 활용

21세기에 접어들며 정보기술(IT)이 사회복지행정에 도입되었다. 복지자원의 배분을 효율화하고, 서비스 대상자와 소통을 개선하기 위해 데이터 기반 의사결정(Data-Driven Decision Making)이 강화되었다(Gilbert & Terrell, 2012).

3) 한계

(1) 복지 사각지대 문제

근로 중심의 복지개혁은 자립을 장려했으나, 동시에 복지수혜 요건이 엄격해지면서 복지 사각지대가 발생했다. PRWORA 이후 일부 저소득층 가정은 최소한의 지원조치 받지 못하게 되었으며, 빈곤층과 소외계층의 불평등이 심화되었다(Schram & Soss, 2001).

(2) 민영화와 서비스 질 저하

민간 및 비영리 기관의 복지서비스 제공 확대는 효율성을 높이는 데 기여했지만, 이윤 추구가 복지서비스의 질을 저하시킬 수 있다는 우려도 제기되었다(Alexander, 2000).

(3) 행정적 복잡성 증가

연방정부와 주정부 간, 그리고 민관 파트너십 간의 협력이 증가함에 따라 행정적 복잡성과 조정 문제가 심화되었다(Kettl, 2005).

2절 한국 사회복지행정의 역사

한국에서 근대적 의미의 사회복지는 1945년 이전 미국 선교단체의 간헐적인 활동에서 시작되었으나, 이에 관한 기록은 거의 남아 있지 않다. 1945년 이후 미군정은 해방과 함께 돌아온 많은 귀국 동포를 위한 응급구호에 치중하였다. 1948년 대한민국 정부 수립 이후 사회부를 중심으로 사회복지행정이 시작될 무렵, 1950년 한국전쟁이 발발하여 모든 행정 기능은 전쟁 수행과 전재민의 구호에 집중되었다. 1950년대는 전후 복구에 전념하였으며, 1960년대에 산업화에 매진하였고, 1970년대 이후 경제성장이 압축적으로 이루어지면서 많은 문제가 발생하였다. 1980년대 후반에는 민주화와 함께 사회복지가 본격적으로 논의되기 시작했으며, 1990년대 말 외환위기를 거치면서 사회복지는 정착되어 가고, 사회복지행정도 이러한 경로를 따라 발전하였다.

1. 사회복지행정의 태동기: 정부 수립 이전

한국 사회복지행정의 역사에서 정부 수립 이전 시기는 크게 전통적 자선과 구휼의 시기와 일제강점기 그리고 미군정 시기로 나누어 볼 수 있다. 이 시기는 한국 사회복지행정의 기틀이 형성되기 이전의 단계로, 주로 민간 중심의 전통적 복지와 외래적 복지체계의 도입이 이루어졌던 시기이다.

1) 전통적 사회의 자선과 구휼

전통적 사회에서는 자선과 구휼이 지역사회 내에서 자연스럽게 이루어졌다. 주로 유교적 가치관에 기반하여, 가족과 이웃 간의 상부상조가 중심이 되었다(김태성 · 송정부, 2012).

(1) 가족주의와 상부상조

유교적 가치관은 가족을 중심으로 하는 책임을 강조했다. 노인, 병자, 아동 등 사회적 약자는 가족의 보호 아래 있었으며, 가족 단위의 상부상조가 이루어졌다.

(2) 향촌 사회에서의 상호부조

농경 중심의 향촌 사회에서는 마을 단위의 상부상조 조직인 두레, 계 등이 존재하여, 주민 간의 경제적 지원과 공동체적 상호부조가 이루어졌다.

(3) 국가 차원의 구휼 제도

고려와 조선 시대에는 재난 시 구호를 위한 기구와 정책이 존재했다. 대표적으로, 조선의 의창과 상평창은 기근 때 식량을 공급하거나 생계를 지원하는 역할을 했다. 의창은 곡식을 저장하여 흉년 시 백성에게 대출해 주는 기관이고, 상평창은 물가 안정과 민생 보호를 위해 곡식을 관리하던 기관이다. 이러한 전통적 구휼제도는 농업 중심의 경제와 민간 중심의 구조의 특징을 잘 보여준다.

2) 일제강점기

1910년부터 1945년까지 일제강점기는 한국 사회복지행정의 구조적 변화를 가져온 시기였다. 일제는 한국의 전통적인 구호체계를 해체하고, 자국의 구호정책을 이식하며 식민통치를 강화하는 도구로 사용했다(윤홍식, 2012).

(1) 사회사업의 제도화와 통제

일제는 구호정책을 식민 통치를 위한 수단으로 이용했다. 대표적으로 1922년 도입된 조선 사회사업령은 일본 본국에서 시행되던 사회사업법을 한국에 적용한 사례로, 빈곤층을 구제하고 노동력을 통제하기 위한 목적이 강했다.

(2) 구호시설의 설립

이 시기에는 고아원, 양로원과 같은 구호시설이 일부 설립되었다. 그러나 이러한 시설은 주로 일본인이 운영하거나 일본의 통제하에 있었으며, 한국인의 자발적 참여는 제한적이었다(송정부, 2005).

(3) 민간 복지 활동의 위축

일제의 통제 아래, 한국인의 전통적 구호활동은 크게 제한받았다. 또한, 기독교 선교사들에 의해 일부 구호 활동이 이루어졌지만, 이는 일제의 엄격한 감시 아래 제한적으로 진행되었다(김영순, 2015).

3) 미군정 시기

미군정 시기(1945~1948)는 한국 사회복지행정의 초석을 다진 시기로, 서구적 사회복지제도가 도입되었고, 현대적 사회복지의 기틀을 형성한 시기였다(박광준, 2004).

(1) 역사적 배경

1945년 8월 15일 광복 이후 한반도는 남북으로 분단되었고, 남한에 미국 군정청(United States Army Military Government in Korea, USAMGIK)이 설치되었다. 미군정은 일본 제국주의가 남긴 사회적 혼란과 경제적 붕괴 속에서 남한의 정치, 경제, 사회 체계를 재구축해야 했다. 특히, 미군정은 일본 통치 기간의 구호제도를 활용하면서도 서구적 사회복지 개념을 점진적으로 도입했다.

(2) 주요 사회복지 정책 및 제도

미군정은 한국 사회의 빈곤 문제와 전쟁으로 발생한 난민, 전쟁고아, 부상자 등 긴급 구호의 필요성을 해결하기 위해 다양한 조치를 시행했다.

① 사회복지행정 구조

미군정은 일제 총독부의 사회국을 계승하여 사회부를 설치하였다. 이 부서는 공공부조, 보건위생, 교육 등을 담당하며 사회복지정책을 총괄했다. 지방 행정조직은 도, 군, 면 단위의 지방 행정기관을 통해 사회복지사업을 현장에서 실행했다.

② 긴급구호 사업

미군정은 식량 배급과 의료 지원 등 긴급 구호사업을 실시했다. 또한 국제구호단체인 유엔구제부흥청(United Nations Relief and Rehabilitation Administration, UNRRA)과 협력하여 난민, 전쟁고아, 빈곤층을 지원하였다. 특히, UNRRA의 지원을 받아 배급 체계를 강화하고 의료 물자를 보급했다(UNRRA, 1948).

③ 보건 및 위생 사업

일제 통치기간의 공중보건체계를 일부 유지하면서도 서구식 보건제도를 도입하였다. 전염병 예방을 위해 백신 접종과 위생 개선 캠페인을 진행했으며, 주요 도시에 의료 시설을 확충했다.

④ 사회복지 이념 도입

서구적 사회복지 이념과 제도를 한국 사회에 소개하였다. 이는 현대적 공공부조의 개념과 사회보험제도의 도입 기반이 되었다. 개인의 권리와 복지를 강조하는 자유주의적 가치관이 사회복지행정에도 반영되었다.

(3) 한계

미군정 시기의 사회복지행정은 현대적 제도를 도입하는 데 기여했지만, 여러 한계점도 있었다.

① 구조적 제약: 일본 제국주의의 잔재가 남아 있었고, 행정체계가 비효율적임
② 자원의 부족: 사회복지 예산과 인력이 부족하여 구호사업의 효과가 제한적임
③ 사회적 갈등: 좌우 이념 대립과 정치적 불안정이 사회복지의 안정적 추진을 어렵게 함

4) 의의

미군정 시기는 한국 사회복지역사에서 현대적 제도의 기반을 다진 시기로 평가된다. 특히, 공공부조와 사회보험의 초기 모델이 형성되고, 사회복지에 대한 공공 책임 개념이 도입되었다는 점에서 중요한 전환점으로 작용했다(김영모, 2008).

2. 사회복지행정의 형성기: 정부 수립 이후 1950년대까지

사회복지행정의 형성기는 대한민국 정부 수립(1948년) 이후부터 1950년대까지를 말하며, 이 시기는 한국 사회복지행정의 기틀이 마련된 시기로 평가된다. 이 시기의 특징은 전쟁과

경제적 혼란 속에서 국가의 사회복지 역할이 처음으로 제도화되었다는 점이다.

1) 역사적 배경

(1) 정부 수립과 헌법 제정

1948년 대한민국 정부가 수립되면서, 헌법 제정에서 사회복지의 기본 방향이 제시되었다. 제헌 헌법은 "모든 국민은 인간다운 생활을 할 권리를 가지며, 국가는 이를 보장할 의무가 있다"라고 명시하여, 국가가 사회복지를 책임져야 한다는 기초를 마련했다(대한민국 제헌헌법, 1948). 사회복지행정은 당시 미군정(1945~1948)의 영향을 받아 서구식 사회복지 모델을 수용하며 발전했다(Shin, 2015).

(2) 한국전쟁(1950~1953)의 영향

전쟁으로 인한 대규모 난민, 고아, 전상자 등 사회적 약자가 급증하면서 사회복지 수요가 급격히 증가했다. 이에 따라 정부는 전쟁 직후 구호와 재건 중심의 복지행정을 전개하였다(Lee, 2013).

2) 주요 특징

(1) 구호 중심의 사회복지

당시 사회복지행정은 구호 활동을 중심으로 이루어졌다. 전쟁고아, 전상자, 미망인, 난민 등 취약계층에 대한 긴급 구호와 생계 지원이 주요 내용이었다(Lee, 2005). 외국 원조 기관, 예를 들면, UNKRA, 미국 민간 구호단체 등의 지원을 받아 구호 활동이 이루어졌다(UNKRA, 1955).

(2) 국가 주도와 민간 협력

사회복지행정은 정부 주도로 이루어졌으나, 민간 자선단체와 종교단체가 주요한 역할을 담당했다. 예를 들어, 전쟁고아와 난민 지원에는 미국 선교단체와 구호단체의 영향이 컸다(Cho, 2011).

(3) 사회복지법제의 초기 도입

1950년대 중반, 사회복지 관련 법률이 제정되기 시작했다. 대표적으로 「아동복리법」(1961년 제정, 1962년 시행)과 같은 법제화가 이후 사회복지 제도의 기반을 다졌다.

3) 발전 과정

(1) 미군정의 사회복지행정 도입

미군정 시기부터 사회복지행정의 기초적 틀이 마련되었다. 미군정은 서구적 복지 개념을 도입하고, 중앙행정기관을 통해 구호정책을 전개했다(Kim, 1997).

(2) 외국 원조를 통한 복지 활동

전쟁 이후 외국 원조를 통해 사회복지사업이 확장되었다. UNKRA(United Nations Korean Reconstruction Agency), 미국 크리스천 구호단체 등이 주요 원조기관으로 활동하며 사회복지 분야에 기여했다(UNKRA, 1955).

(3) 사회복지 행정체계의 초기 형성

중앙정부와 지방정부의 협력을 통해 초기의 사회복지 행정체계가 형성되었다. 구호 대상자 명부 작성, 식량 및 생필품 배분 등이 주요 활동이었다(Lee, 2009).

4) 한계

(1) 구호 중심의 제한적 사회복지

사회복지가 긴급 구호와 원조에 집중되어, 체계적이고 지속 가능한 사회복지행정이 부족했다. 구조적 접근보다 일시적 지원에 초점이 맞춰졌다(Shin, 2015).

(2) 제도적 기반 미흡

사회복지 관련 법과 제도가 충분히 마련되지 않아, 체계적인 정책 수립과 실행이 어려웠다(Lee, 2013). 당시 사회복지행정은 중앙정부의 제한된 예산과 인력 부족으로 인해 비효율적이었다.

(3) 과도한 민간 의존

정부가 주도적 역할을 하기보다는 민간 단체나 외국 원조에 의존하는 경향이 강했다(Cho, 2011).

(4) 전문성 부족

사회복지행정을 담당하는 공무원과 실무자의 전문성이 부족하여, 복지 프로그램의 효과성이 낮았다(Kim, 2004).

한국 사회복지행정의 형성기는 구호 중심의 초기 단계로, 국가와 민간 단체가 협력하여 전쟁과 경제적 혼란 속에서 복지서비스를 제공하는 데 초점을 맞추었다. 이 시기의 경험은 1960년대 이후 복지제도의 제도화와 전문화를 위한 기초가 되었다.

3. 사회복지행정의 도입기: 1960~1970년대

사회복지행정의 도입기는 1960~1970년대에 걸쳐 형성된 시기로, 사회적, 정치적 변화와 경제발전 속에서 초기 사회복지 행정체계를 구축한 중요한 시기이다.

1) 역사적 배경

(1) 6.25 전쟁 이후 복지수요의 증가

한국전쟁(1950~1953)으로 인해 고아, 미망인, 장애인 등 사회적 약자의 수가 급격히 증가했으며, 이에 따라 사회복지의 필요성이 확대되었다. 정부는 전쟁 복구와 경제 개발에 집중했지만, 복지문제는 국제 원조에 의존했다(Kim, 1997).

(2) 국제 원조와 외국의 영향

이 시기에도 국제 기구(UNICEF, UNKRA 등)와 외국 원조단체의 도움으로 복지서비스가 초기 단계에서 운영되었다. 미국의 사회복지 모델이 도입되어 행정체계와 서비스 구조가 형성되었다(Midgley, 1984).

(3) 경제개발계획과의 연계

1962년 시작된 제1차 경제개발 5개년 계획은 경제 발전과 복지 확장을 병행하려는 초기 시도였다. 사회복지행정은 주로 경제개발의 보조적 역할로 간주되었다(Kwon, 2005).

2) 주요 특징

(1) 정부 주도 복지체계 형성

중앙집권적 행정체계로, 사회복지정책과 서비스가 정부 주도로 이루어졌다. 사회복지사업법(1963년)이 제정되어 법적 틀을 마련했으며, 민간 복지 시설과 정부 간 협력이 강조되었다(Lee, 2002).

(2) 제한된 서비스 범위

복지 대상자는 전쟁 피해자, 고아, 장애인 등 특정 취약계층으로 제한되었으며, 보편적 복지가 아닌 선별적 복지가 주류를 이루었다(Choi, 1997).

(3) 국제 원조 의존

사회복지 프로그램은 국제원조 기관 및 외국 단체에 의존하여 운영되었으며, 정부 재정이 충분히 투입되지 않았다(Midgley, 1984).

3) 발전 과정

(1) 사회복지사업법 제정

1963년 제정된 사회복지사업법은 사회복지행정의 법적 토대를 마련한 중요한 전환점이었다. 이 법은 복지시설의 설립과 운영 기준을 정하고, 정부와 민간부문의 협력 체계를 규정했다(Lee, 2002).

(2) 민간 복지기관의 증가

국제 원조와 함께 민간 주도의 복지기관이 증가했으며, 정부는 이를 지원하는 형태로 운영되었다. 민간시설은 주로 아동복지, 장애인복지에 초점을 맞췄다(Kwon, 2005).

(3) 경제개발과 사회복지의 통합

경제개발 계획과 복지정책이 통합적으로 추진되었으나, 복지는 여전히 보조적 역할로 간주되었다(Kim, 1997).

4) 한계

(1) 재정적 한계

정부의 복지예산은 경제개발 우선정책으로 인해 제한적이었으며, 복지서비스의 질적 수준이 낮았다(Choi, 1997).

(2) 국제 원조 의존

초기 사회복지행정은 국제원조에 지나치게 의존했으며, 독자적인 사회복지체계 구축은 미흡했다(Midgley, 1984).

(3) 사회적 인식 부족

사회복지가 정부와 국민 모두에게 낮은 우선순위를 가지며, 복지서비스에 대한 사회적 인식이 부족했다(Lee, 2002).

(4) 제한적 대상

복지대상자가 전쟁 피해자와 같은 특정 계층에 한정되었으며, 보편적 복지제도의 도입은 논의되지 않았다(Kwon, 2005).

1960~1970년대는 한국 사회복지행정의 초기 도입기로, 법적 기반 마련과 복지체계의 형성에서 중요한 진전을 이루었다. 그러나 국제원조 의존, 제한된 서비스 범위, 낮은 재정투입 등 여러 한계가 존재했다. 이러한 시기의 경험은 이후 한국 복지체계의 발전과 보편적 복지제도의 도입에 중요한 교훈을 제공하였다.

4. 사회복지행정의 전환기: 1980년대

1980년대는 한국 사회복지행정의 체계화와 제도적 확장이 본격적으로 이루어진 시기로, 복지정책과 행정이 국가운영의 중요한 요소로 자리 잡기 시작한 시기이다.

1) 역사적 배경

1980년대 한국은 정치적 불안과 경제적 성장이라는 두 가지 축을 중심으로 변화가 이루어졌다.

(1) 정치적 변화

군부 쿠데타로 인한 제5공화국 출범(1980)과 함께 권위주의적 정치체제가 강화되었으며, 사회 안정과 통합을 강조하면서 복지정책이 정치적 수단으로 활용되었다. 또한, 사회적 불만을 완화하기 위해 복지서비스의 확대가 필요하다는 인식이 확산되었다(Kim, 2007).

(2) 경제적 성장

1980년대 중반 이후 경제성장이 계속되면서, 정부의 재정여력이 확대되어 복지지출 증가가 가능해졌다(Kwon, 1999).

(3) 국제적 압력

국제기구와 선진국의 영향을 받아 사회보장제도의 확충과 행정체계의 개선이 요구되었다(Jones, 1990).

2) 주요 특징

(1) 사회복지행정의 제도화

1981년 사회복지사업법 개정을 통해 사회복지행정의 법적 · 제도적 기반이 강화되었으며, 지방자치단체를 중심으로 복지서비스 전달체계가 확립되었다(Korean Ministry of Health and Welfare, 1981).

(2) 복지 예산의 증대

사회복지 예산의 확대와 함께 국민기초생활보장제도 등 사회적 안전망을 강화하기 위한 기초 작업이 시작되었다(Kwon, 1999).

(3) 공공과 민간의 협력

정부와 민간 복지기관 간의 협력체제가 도입되면서, 민간의 자율성과 공공의 책임이 조화를 이루기 시작하였다(Kang, 1986).

3) 발전 과정

(1) 사회복지 전달체계의 구축

지방자치단체와 지역 사회복지시설의 네트워크가 형성되며, 서비스의 접근성이 개선되었다(Kim, 1988).

(2) 사회보험제도의 확대

1988년 국민연금제도가 도입되어 사회복지의 제도적 기반이 강화되었으며, 건강보험의 전국민 확대와 같은 중요한 제도적 진전이 이루어졌다(Lee, 2002).

(3) 사회복지 전문인력의 양성

사회복지학과가 전국 대학에 설립되기 시작하며, 사회복지행정의 전문성이 제고되기 시작하였다(Kim, 2007).

4) 한계

(1) 사회복지의 정치적 도구화

사회복지정책이 정치적 정당성을 확보하기 위한 도구로 사용되면서, 사회복지정책의 일관성과 지속 가능성이 부족했다(Kwon, 1999).

(2) 재정의 한계

경제적 발전에도 불구하고, 복지예산의 상대적 부족으로 서비스의 질적 개선이 더디게 이루어졌다(Kang, 1986).

(3) 서비스 전달체계의 미비

공공과 민간 간의 협력에도 불구하고, 서비스 전달의 중복 및 비효율성이 문제로 지적되었다(Kim, 1988).

1980년대는 한국 사회복지행정의 전환기로서, 사회복지사업법 개정, 국민연금제도 도입 등 복지체계의 제도적 기반이 구축된 시기이다. 그러나 정치적 도구화와 재정적 한계 등으로 인해 완전한 복지국가로의 전환에는 여전히 많은 과제가 남아 있었다. 이 시기의 경험은 이후 복지국가로의 발전을 위한 중요한 교훈을 제공했다.

5. 사회복지행정의 발전기: 1990년대

1990년대는 한국 사회복지행정의 질적 · 양적 성장과 체계화가 본격적으로 이루어진 시기이다. 이 시기는 사회복지 관련 법률과 제도가 정비되고, 공공부문과 민간부문의 협력이 활성화되며, 사회복지행정이 국가의 중요한 정책 과제로 자리 잡은 전환점으로 평가된다.

1) 역사적 배경

(1) 사회적 변화

1987년 민주화 이후 사회적 요구가 다양해지고, 사회적 약자와 취약계층에 대한 관심이 확대되었다. 산업화와 도시화로 인해 새로운 사회문제가 대두되며, 복지의 필요성이 급격히 증가했다(Song, 2001).

(2) 경제적 변화

1988년 올림픽 이후 경제성장의 결과로 국민소득이 증가하고, 중산층이 확대되면서 복지에 대한 요구가 증대되었다. 그리고 IMF 외환위기(1997년)는 실업과 빈곤 문제를 심화시키며 사회안전망의 필요성을 절감하게 했다(Kwon, 1999).

(3) 정책적 변화

제6공화국 출범 이후 복지국가 개념이 처음으로 정책 의제로 포함되며, 정부의 복지예산 증가와 법률 제정이 이루어졌다. 주요 복지법으로는 국민연금법(1988년 시행), 장애인복지법 개정(1990년), 노인복지법 개정(1993년) 등이 있다(Lee, 2006).

2) 주요 특징

(1) 공공 사회복지체계 확립

공공부문의 사회복지 역할이 확대되며, 지방자치단체와 공공기관이 사회복지행정에 적극적으로 참여했다. 예를 들면, 국민기초생활보장법(1999년) 시행으로 공공부문 주도의 사회안전망 구축하는 것이다(Kim, 2010).

(2) 민간부문과의 협력 강화

민간단체(NGO)와의 협력이 강조되며, 복지서비스 제공 과정에서 민간의 역할이 확대되었다(Cho, 2002).

(3) 사회복지행정의 전문화와 체계화

사회복지공무원 제도가 도입되어 사회복지행정의 전문성이 강화되었으며, 사회복지행정의 전산화 및 데이터베이스 구축이 이루어졌다(Rhee, 2004).

3) 발전과정

(1) 법률 제정과 제도 정비

1990년대 초반, 사회복지 관련 법률의 제정과 개정이 활발히 이루어졌다. 예를 들면, 장애인복지법(1990), 노인복지법(1993), 국민기초생활보장법(1999) 등이다(Lee, 2006).

(2) 재정적 투자 증가

사회복지 예산이 확대되며, 국민연금과 건강보험 등 주요 복지제도의 재정 안정성이 강화되었다(Kwon, 1999).

(3) 사회복지기관 및 시설의 확대

공공 및 민간 복지시설이 급격히 증가하며, 복지서비스의 접근성이 개선되었다. 예를 들면, 노인복지관, 장애인종합복지관, 지역사회복지관 등이 증가하였다(Kim, 2010).

(4) 복지정책의 다각화

노인, 아동, 장애인 등 다양한 대상별 복지 프로그램이 도입되며, 대상별 맞춤형 서비스가 확대되었다(Cho, 2002).

4) 한계

(1) 재정적 지속 가능성의 문제

급격한 사회복지의 확대와 경제 위기로 인해, 재정 적자와 지속 가능성 문제가 대두되었다(Song, 2001).

(2) 복지 사각지대의 발생

공공부문의 사회복지 행정체계가 미비하여 복지 혜택에서 배제된 계층이 발생하였다(Lee, 2006).

(3) 민관 협력의 한계

민간단체와 정부 간 협력 부족으로 인해 복지서비스의 중복 제공 및 자원 낭비의 사례가 발생하였다(Rhee, 2004).

(4) 전문 인력의 부족

사회복지 공무원 수가 부족하며, 복지행정의 전문성이 제한적이었다(Kim, 2010).

1990년대는 한국 사회복지행정이 공공복지체계를 확립하고 민관 협력을 통해 다각화된 복지서비스를 제공하며 성장한 시기였다. 그러나 재정적 지속 가능성과 행정체계의 효율성 문제는 여전히 도전 과제로 남아 있다. 향후 지속 가능한 복지체계를 위해 체계적인 계획과 전문 인력 양성이 필요하다.

6. 사회복지행정의 도약기: 2000년대 이후 현재까지

사회복지행정의 도약기는 사회복지행정이 본격적으로 체계화되고, 복지정책과 행정의 전문성이 강화된 시기이다. 이 시기는 복지국가로의 전환과 사회복지 수요 증가에 따라 정부와 민간이 협력하며 사회복지행정의 새로운 패러다임을 도입한 시기로 평가받고 있다.

1) 역사적 배경

(1) 경제적 성장과 복지수요 증가

1997년 외환위기 이후 경제적 불평등이 심화되면서 복지 확대의 요구가 커졌다. 경제협력개발기구(OECD) 가입 이후에는 복지 수준을 국제 기준에 맞추려는 노력도 지속되었다(Kwon, 2005).

(2) 국가 복지정책의 강화

2000년 국민기초생활보장제도(NBLSS) 도입으로 공공부조 체계가 강화되었다. 또한 사회보험제도가 확대되어 건강보험의 통합(2000년)과 고용보험의 적용 확대 등이 이루어졌다(Lee, 2007).

(3) 지방자치제도 활성화

1995년 지방자치제 시행 이후, 2000년대에 접어들며 지역별 사회복지 행정체계가 강화되었다. 지역 사회복지협의체가 설립되며 지역 중심의 복지서비스 제공이 본격화되었다(Lee & Moon, 2004).

2) 주요 특징

(1) 사회복지의 보편화 추구

이전의 선별적 복지에서 벗어나 보편적 복지를 목표로 하는 정책적 전환이 이루어졌다. 예를 들면, 기초연금의 도입(2014년), 아동수당의 지급(2018년) 등이 있다(Choi, 2012).

(2) 정보화와 전산화

2000년대 초반부터 복지서비스의 전산화 시스템이 구축되었다. 예를 들면, 사회보장정보시스템(행복e음) 도입으로 서비스 제공의 효율성이 증가하였다(Kim, 2011).

(3) 민관 협력 강화

공공과 민간이 협력하여 복지서비스를 제공하는 체계가 확립되었다. 예를 들면, 사회복지공동모금회, 자원봉사센터의 역할이 확대된 것이다(Jeong, 2015).

3) 발전 과정

(1) 법적 · 제도적 기반 강화

2007년 장애인차별금지법, 2011년 한부모가족지원법 등 복지 관련 법률이 다수 제정되었다. 그리고 사회복지사 자격제도와 교육이 강화되어 전문인력 양성체계가 구축되었다(Ministry of Health and Welfare, 2019).

(2) 복지서비스의 다양화

노인, 장애인, 아동, 다문화 가족 등 대상별 맞춤형 복지서비스가 도입되었다. 예를 들면, 노인장기요양보험(2008년), 다문화가족지원센터 운영(2006년) 등이 있다(Kim & Lee, 2018).

(3) 재정 확대

국가 예산에서 사회복지 예산이 차지하는 비중이 지속적으로 증가하고 있다. 2000년대 초반 10% 수준에서 2020년대 초반에는 30%에 근접하고 있다(National Assembly Budget Office, 2021).

4) 한계

(1) 지속 가능성에 대한 우려

사회복지 지출의 급격한 증가로 재정 부담이 가중되고 있다(Lee & Kim, 2020).

(2) 복지서비스의 질적 편차

지역 간, 민간과 공공 간의 복지서비스의 품질 격차가 존재한다(Moon, 2016).

(3) 사회복지행정의 효율성 부족

복잡한 절차와 중복된 업무로 인해 사회복지행정의 효율성이 저하되고 있다(Kim & Park, 2014).

(4) 노령화와 인구구조 변화

고령화와 저출산 문제로 복지 수요는 증가하나, 이를 뒷받침할 재원이 부족하다(Lee & Choi, 2019).

2000년 이후 한국의 사회복지행정은 양적 성장과 질적 변화를 동시에 경험하며 도약기를 맞이했다. 복지정책과 복지서비스는 다양화되고 확대되었으나, 재정적 지속 가능성과 행정 효율성 강화라는 과제를 안고 있다. 향후에는 지속 가능한 복지 모델 개발과 서비스 품질 향상을 위한 노력이 필요하다.

연습문제

01 1930년대 대공황 시기의 사회복지행정 변화로 적합하지 않은 것은?

① 연방정부의 뉴딜 정책 시행
② 사회보장법의 제정과 공공부조 도입
③ 민간 자선활동의 역할 감소
④ 지역사회의 자율적 복지서비스 제공 증가

02 1970~80년대 미국 사회복지행정에서 민영화의 부작용으로 옳지 않은 것은?

① 민간 기관의 상업화로 공공 복지의 본질 훼손
② 지역 간 복지서비스 질의 격차 발생
③ 공공부문과 민간부문의 협력 체계 붕괴
④ 이윤 추구로 인한 복지서비스 품질 저하

03 신연방주의(New Federalism) 정책이 사회복지행정에 미친 영향으로 적합하지 않은 것은?

① 권한과 자원의 지방정부 이양
② 민간부문의 복지 참여 증가
③ 중앙정부 주도의 복지서비스 확대
④ 계약제도 도입으로 민간 기관 활용 증가

04 사회복지행정의 도전과 모색기에서 정보기술(IT)의 주요 활용 사례로 적합하지 않은 것은?

① 복지 자원의 배분 효율화
② 데이터 기반 의사결정 강화
③ 지역사회 기반 서비스의 물리적 확장
④ 클라이언트와의 소통 개선

정답 | 01 ④ 02 ③ 03 ③ 04 ③

05 한국 사회복지행정의 정부수립 이전 시기에서 나타난 특징 중 가장 적절한 설명은?

① 일본의 구호체계에 의해 국가 차원의 구호 제도가 처음 도입되었다.
② 가족주의와 상부상조에 기반하여 민간 중심의 복지활동이 이루어졌다.
③ 유교적 가치관에 의한 구호활동은 일제강점기에 더욱 강화되었다.
④ 향촌 사회에서 자선적 구호활동보다 민간 복지시설이 중심이 되었다.

06 1960년대 경제개발과 함께 이루어진 복지정책의 특징은?

① 복지서비스가 민간 중심에서 국가 주도로 전환되었다.
② 보편적 복지체계가 완성되었다.
③ 국제 원조 없이 독자적으로 복지제도가 운영되었다.
④ 경제개발 계획과 복지정책은 분리되어 진행되었다.

07 1997년 외환위기 이후 사회복지행정에서 나타난 변화로 옳은 것을 모두 고르시오.

① 복지 예산이 급격히 감소하였다.
② 국민기초생활보장제도가 도입되었다.
③ 복지서비스의 전산화 시스템이 도입되었다.
④ 지방자치제의 활성화로 지역 중심의 복지 행정체계가 강화되었다.

08 2000년 이후 사회복지행정의 전산화와 정보화가 가져온 주요 효과로 적합하지 않은 것은?

① 복지서비스 제공의 효율성이 증가하였다.
② 복지행정의 투명성과 책임성이 강화되었다.
③ 민간단체의 의존도가 감소하였다.
④ 사회보장정보시스템 도입으로 업무 중복이 완전히 해소되었다.

정답 | 05 ② 06 ① 07 ④ 08 ④

참고문헌

김영모(2008). 한국사회복지사상. 집문당.

김영순(2015). 한국사회복지사의 역사적 이해. 동아출판사.

김태성, 송정부(2012). 사회복지행정론. 나남출판.

대한민국 제헌헌법(1948).

박광준(2004). 미군정기 한국 사회복지정책의 형성과 전개. 한국사회복지학, 제59권, 23-45.

송정부(2005). 한국사회복지발달사. 나남출판.

윤홍식(2012). 한국사회복지행정사. 나남출판.

Addams, J. (1910). *Twenty Years at Hull-House*. Macmillan.

Alexander, J. (2000). *Adaptive Strategies of Nonprofit Human Service Organizations in an Era of Devolution and New Public Management*. Nonprofit Management and Leadership.

Bremner, R. H. (1971). *The Public Good: Philanthropy and Welfare in the Civil War Era*. Knopf.

Cho, M. (2002). The Role of NGOs in Korean Social Welfare Development. *Journal of Asian Studies*.

Cho, M. H. (2011). *The Influence of Foreign Aid on Korean Social Welfare Development*. Ewha Womans University Press.

Choi, Y. (1997). The Development of Social Welfare in Korea. *Korea Journal*, 37(1), 108-126.

Choi, Y. J. (2012). The Development of Universal Welfare in Korea. *Asian Social Work and Policy Review, 6*(2), 87-101.

DeParle, J. (2004). *American Dream: Three Women, Ten Kids, and a Nation's Drive to End Welfare*. Penguin Books.

Dolgoff, R., & Feldstein, D. (2012). *Understanding Social Welfare: A Search for Social Justice*. Pearson.

Fisher, R. (1983). History and Development of Social Welfare Administration in the United States. *Journal of Social Work, 28*(1), 1-19.

Fraser, N. (1989). *Unruly Practices: Power, Discourse and Gender in Contemporary Social Theory*. Minneapolis: University of Minnesota Press.

Gilbert, N., & Terrell, P. (1997). *Dimensions of Social Welfare Policy*. New York: Allyn & Bacon.

Gilbert, N., & Terrell, P. (2005). *Dimensions of Social Welfare Policy*. Pearson.

Gilbert, N., & Terrell, P. (2012). *Dimensions of Social Welfare Policy*. Pearson.

Harvey, D. (2005). *A Brief History of Neoliberalism*. Oxford University Press.

Jansson, B. S. (2011). *The Reluctant Welfare State: Engaging History to Advance Social Work Practice in Contemporary Society*. Cengage Learning.

Jeong, B. G. (2015). Public-Private Partnership in Welfare. *Korean Journal of Public Administration, 53*(1), 101-123.

Jones, C. (1990). Korean Social Welfare: A Historical Overview. *Journal of Social Development in*

Asia, 6(2), 17–30.

Kang, T. S. (1986). Public and Private Cooperation in Korean Social Welfare. *Korean Journal of Social Welfare Studies, 15*(1), 43–56.

Katz, M. B. (1996). *In the Shadow of the Poorhouse: A Social History of Welfare in America*. Basic Books.

Kettl, D. F. (2005). *The Global Public Management Revolution*. Brookings Institution Press.

Kim, C. H. (1997). American Influence on the Korean Welfare System. *Journal of East Asian Welfare Studies, 4*(2), 45-62.

Kim, D. S. (1988). The Establishment of Welfare Delivery Systems in Korea. *Korean Public Administration Review, 22*(3), 91–115.

Kim, H. (2007). The Historical Development of Social Welfare in South Korea. *Asian Social Work and Policy Review, 1*(1), 31–45.

Kim, H. K., & Lee, J. (2018). Diversification of Social Services in Korea. *Journal of Social Policy Studies, 25*(2), 59–78.

Kim, J. H. (2004). Challenges in Early Korean Social Welfare Administration. *Korean Journal of Social Welfare Policy, 10*(2), 40-52.

Kim, S. (2011). *Information Systems in Social Welfare Administration*. Seoul: Korean Association of Social Welfare Administrators.

Kim, S. H., & Park, J. (2014). Administrative Efficiency in Welfare Service Delivery. *Social Welfare Review, 30*(4), 137–152.

Kim, S. Y. (2010). Public Welfare Administration in South Korea. *Korean Journal of Social Welfare*.

Kim, W. J. (1997). *Korean Social Welfare History*. Ewha Womans University Press.

Korean Ministry of Health and Welfare. (1981). *Social Welfare Act Amendments Report*.

Kwon, H. J. (1999). *The Welfare State in Korea: The Politics of Legitimation*. Macmillan.

Kwon, H. J. (1999). Welfare Reform in Korea: Lessons from International Experiences. *International Journal of Social Welfare*.

Kwon, H. J. (2005). Transforming the Developmental Welfare State in East Asia. *Development and Change, 36*(3), 477–497.

Kwon, H. J. (2005). *Transforming the Developmental Welfare State in East Asia*. UNRISD.

Lee, H. J. (2013). *History of Social Work in Korea*. 한국사회복지학회.

Lee, J. (2002). *Development of the Korean Welfare State*. Yonsei University Press.

Lee, J. W., & Kim, S. (2020). Fiscal Sustainability of Welfare Expansion in Korea. *Journal of Korean Public Policy, 15*(3), 91–110.

Lee, K. H. (2005). The Role of Emergency Relief in the Development of Korean Social Welfare. *Korean Journal of Social Welfare History, 22*(1), 15-30.

Lee, K. S., & Moon, H. R. (2004). *Local Government and Social Welfare*. Seoul: Pakyoungsa.

Lee, S. (2002). *Social Welfare in Korea*. Yonsei University Press.

Lee, S. H. (2007). Social Policy Expansion in South Korea. *International Journal of Social Welfare*,

16(4), 281-288.

Lee, S. J. (2006). *Social Welfare Development in South Korea: Institutional and Political Analysis*. Social Policy Review.

Lee, S. Y. (2009). Local Government's Role in Early Korean Social Welfare Administration. *Journal of Korean Public Administration History, 8*(1), 20-35.

Lee, S. Y., & Choi, Y. J. (2019). Aging Society and Social Welfare Challenges. *Journal of Gerontology and Social Welfare, 27*(2), 31-49.

Lubove, R. (1965). *The Professional Altruist: The Emergence of Social Work as a Career, 1880-1930*. Harvard University Press.

Midgley, J. (1984). *International Social Welfare*. SAGE Publications.

Ministry of Health and Welfare (2019). *History of Social Welfare Development in Korea*. Seoul: MOHW.

Moon, H. J. (2016). Regional Disparities in Welfare Services. *Korean Journal of Social Policy, 23*(1), 45-67.

National Assembly Budget Office (2021). *Social Welfare Budget Trends*. Seoul: NABO.

Piven, F. F., & Cloward, R. A. (1971). *Regulating the Poor: The Functions of Public Welfare*. New York: Pantheon Books.

Poister, T. H. (2010). *The Future of Strategic Planning in the Public Sector: Linking Strategic Management and Performance*. Public Administration Review.

Rhee, O. Y. (2004). *Information Systems in Social Welfare Administration*. Korean Public Administration Review.

Rubin, L. B. (1968). *The Dilemma of Public Welfare*. Harper & Row.

Salamon, L. M. (1995). *Partners in Public Service: Government-Nonprofit Relations in the Modern Welfare State*. Johns Hopkins University Press.

Schram, S. F., & Soss, J. (2001). Success Stories: Welfare Reform, Policy Discourse, and the Politics of Research. *ANNALS of the American Academy of Political and Social Science.*

Shin, Y. J. (2015). *Social Welfare in Korea: Historical Perspectives and Challenges*. Seoul National University Press.

Social Security Administration. (n.d.). History of the Social Security Act. (https://www.ssa.gov/history)

Song, H. J. (2001). *The Evolution of Social Welfare Policy in South Korea*. Asian Social Science.

Trattner, W. I. (1999). *From Poor Law to Welfare State: A History of Social Welfare in America*. New York: Free Press.

U.S. Department of Health and Human Services (1965). *Economic Opportunity Act and Social Welfare Programs*. Washington, D.C.

United Nations Relief and Rehabilitation Administration(UNRRA), Final Report on Relief Operations in Korea, *UN Archives*, 1948.

UNKRA. (1955). *Final Report of the United Nations Korean Reconstruction Agency*. UN Publications.

03
Chapter

사회복지행정의 이론

사회복지행정에서는 조직에 관하여 어떠한 이론적 관점을 갖는가에 따라, 조직을 설계하고 운영하며, 직원들에게 동기를 부여하는 방법도 달라진다. 사회복지조직의 관리도 일반적인 조직의 관리와 다르지 않다. 따라서 일반적인 조직에 관한 이론을 사회복지조직에 적용하는 것은 당연하고 또 필요한 것이다.

일반적으로 조직에 관한 이론은 조직 자체에 초점을 맞춘 이론과 조직을 환경 내에서 파악하는 이론으로 나눌 수 있다. 조직에 관한 초기 연구는 주로 조직 자체에 초점을 두었다. 가장 대표적인 연구는 과학적 관리법이며, 이후 조직 내의 인간관계에 주안점을 둔 인간관계론이 등장하였다. 그리고 연구의 대상은 점차 조직과 환경 등 외부 요인으로 확대되어 갔다. 조직에 관한 이론은 경영학이 가장 앞서 있다. 따라서 사회복지행정에서 다루는 조직 이론도 대부분 경영학에서 발전한 이론들이다. 또한 사회복지조직의 상업화가 진전되고 공공복지조직과 민간비영리 및 민간영리 조직의 경계가 흐려지면서, 사회복지조직은 경영조직에서 개발된 경영관리 실천과 원칙을 더 많이 채택하라는 압박을 받고 있다.

3장에서는 주로 경영학에서 발전된 조직관리이론을 중심으로 사회복지조직의 이론에 대해 살펴본다. 1절에서는 조직에 관한 전통적 이론인 과학적 관리론, 관료제이론, 인간관계이론, 체계이론을 다룬다. 2절에서는 현대적 이론으로 현대조직이론인 목표관리이론, 총체적 품질관리(TQM), 학습조직이론을 분석해 보고, 3절에서는 조직환경이론인 상황이론, 정치경제이론, 신제도이론, 조직군 생태이론을 살펴본다.

1절 전통적 이론

조직에 관한 전통적 이론은 주로 조직 자체에 초점을 두고 있다. 가장 대표적인 이론은 조직을 기계처럼 과학적으로 관리하고자 하는 과학적 관리론이며, 이후 조직 내의 인간관계에 주안점을 둔 인간관계론이 등장한다. 그리고 대규모 조직의 합법적 운영에 초점을 맞춘 관료제 이론과 조직을 하나의 체계로 이해하는 체계이론 등이 있다.

1. 과학적 관리론

과학적 관리론(Scientific Management Theory)은 20세기 초 Taylor에 의해 제안된 이론으로, 조직의 효율성을 극대화하기 위해 작업 과정을 표준화하고, 과학적 원칙에 따라 관리하는 접근법이다. 사회복지행정에서 과학적 관리론은 복지서비스의 질적 향상과 자원의 효율적 배분을 위해 적용될 수 있는 중요한 이론적 토대 중 하나이다.

1) 과학적 관리론의 개념

과학적 관리론은 조직의 효율성과 생산성을 극대화하기 위해 노동 과정을 체계적으로 분석하고, 과학적 방법론을 활용하여 작업 표준화, 시간 관리, 동기부여 등을 최적화하는 이론이다. Taylor는 조직의 성과를 높이기 위해 작업자를 적절히 훈련하고, 작업 절차를 간소화하며, 보상을 통해 동기를 부여해야 한다고 주장했다. 과학적 관리론의 주요 원칙은 다음과 같다(Taylor, 1911).

① 작업의 과학적 분석: 작업을 세부적으로 분해하고, 효율적인 절차와 방법을 개발한다.
② 노동자와 작업의 적합성: 작업자의 능력에 따라 적합한 작업을 배정한다.
③ 훈련과 개발: 작업자에게 효율적인 작업 수행 방법을 교육한다.
④ 관리와 노동자의 협력: 관리자가 작업자를 감독하고 협력하여 목표를 달성한다.
⑤ 성과 기반의 보상: 성과에 따른 공정한 보상을 통해 동기를 부여한다.

2) 과학적 관리론의 적용

사회복지행정에서 과학적 관리론은 복지서비스의 효율적 운영과 자원 관리에 적용될 수 있다. 다음은 사회복지행정에서의 주요 응용 사례이다.

(1) 업무의 표준화

복지서비스의 제공 절차를 표준화하여 서비스의 질과 일관성을 확보할 수 있다. 예를 들면, 클라이언트 상담 절차와 사례관리 프로세스를 표준화하는 것이다(Taylor, 1911).

(2) 성과 기반의 관리

사회복지기관 직원의 성과를 평가하고, 결과에 따라 인센티브를 제공하여 동기를 부여한다. 예를 들면, 사례 종결 건수에 따라 보너스를 지급하는 것이다(Drucker, 1990).

(3) 시간 및 자원의 관리

복지서비스의 제공 시간을 분석하고, 자원을 효율적으로 배분하여 낭비를 최소화한다. 예를 들면, 클라이언트 한 명당 상담 시간을 할당한다(Gilbreth & Gilbreth, 1922).

(4) 훈련 프로그램의 개발

사회복지사가 업무를 효과적으로 수행할 수 있도록 표준화된 훈련을 제공한다. 신규 사회복지사를 사례관리 워크숍에 참여시키는 것은 좋은 예이다(Riggio, 2014).

3) 과학적 관리론의 장점과 한계

과학적 관리론의 장점과 한계는 다음과 같다(Kanigel, 1997).

(1) 장점

① 효율성 증대: 자원과 시간의 효율적 활용을 통해 조직의 성과를 높인다.

② 서비스 품질 향상: 표준화된 절차를 통해 복지서비스의 일관성과 품질을 보장한다.

③ 업무 명확화: 작업자의 역할과 책임을 명확히 정의하여 혼란을 줄인다.

④ 성과 중심 조직문화 형성: 목표 달성을 위한 동기부여와 결과 평가를 강화한다.

(2) 한계

① 인간적 요소 부족: 작업자를 기계적 존재로 간주하여 심리적 · 정서적 요구를 간과한다.

② 유연성 부족: 표준화된 절차로는 변화하는 사회복지 환경에 적응하기 어려울 수 있다.

③ 창의성 저해: 직원의 창의적 문제 해결 능력을 제한한다.

④ 과도한 통제: 작업 과정에 대한 지나친 통제로 인해 업무 만족도가 감소한다.

4) 과학적 관리론의 현대적 해석과 활용

(1) 현대적 해석

과학적 관리론은 효율성과 표준화를 강조하는 장점을 현대 조직 관리에 접목할 수 있으나, 인간 중심적 접근과 결합하여 유연성을 높이는 방식으로 발전하고 있다(Wren & Bedeian, 2009).

(2) 사회복지행정에서 활용

① 기술 기반의 서비스 제공: IT 기술을 활용한 표준화된 사례관리 시스템을 도입한다.

② 성과 중심의 평가 체계: 성과를 측정하고 데이터 기반으로 의사결정을 한다.

③ 교육과 훈련의 강화: 최신 사회복지 기술과 윤리적 지침에 따른 전문 교육을 제공한다.

과학적 관리론은 사회복지행정에서 효율적 자원 활용, 업무 표준화, 성과 평가 등의 강점을 통해 조직 운영의 체계성을 높이는 데 기여한다. 그러나 사회복지조직의 인간 중심적 특성을 고려하여, 유연성과 창의성을 결합한 현대적 접근법이 필요하다. 과학적 관리론의 원칙을 적절히 적용하면 복지서비스의 품질과 효율성을 동시에 달성할 수 있다.

2. 관료제 이론

관료제 이론(Bureaucracy Theory)은 조직이 구조적이고 체계적인 방식으로 운영되어 효율성과 예측 가능성을 극대화할 수 있다는 이론이다. 이는 Max Weber에 의해 체계적으로 정립되었으며, 사회복지행정에서 공공성과 책임성을 강조하는 조직관리 모델로 주로 활용된다.

1) 관료제 이론의 개념

Max Weber는 관료제를 "합리적-법적 권위에 기반한 조직 운영 방식"으로 정의하며, 효율성과 안정성을 극대화하기 위해 공식적인 규칙과 절차를 강조했다. 관료제 이론은 다음의 주요 원칙으로 구성된다(Weber, 1947).

① 명확한 계층 구조: 조직 내 명확한 권한과 책임을 계층적으로 배분한다.

② 공식화된 규칙과 절차: 업무 수행을 위한 표준화된 규정과 절차를 마련한다.

③ 전문화: 역할과 직무의 분업 및 전문성을 강화한다.

④ 비인격성: 개인의 감정이나 관계가 아닌, 규칙과 절차에 따라 업무를 수행한다.

⑤ 문서화: 모든 의사결정과 업무 과정은 문서로 기록한다.

2) 관료제 이론의 특징

관료제 이론의 특징은 다음과 같다(Blau & Meyer, 987).

(1) 구조적 특징

조직 내 계층적 구조를 통해 권한과 책임을 명확히 규정한다. 예를 들면, 사회복지조직에서 관리자와 실무자 간의 권한을 분리하는 것이다.

(2) 표준화된 절차

모든 업무는 공식화된 규칙과 절차에 따라 수행한다. 예를 들면, 복지서비스 제공 과정에서 신청, 평가, 승인 절차를 표준화한다.

(3) 전문성

업무의 분업과 전문화로 업무의 효율성과 품질 향상을 꾀한다. 예로는 노인복지, 아동복지, 장애인복지 등 세분화하여 부서를 운영하는 것이다.

(4) 비인격성

업무 수행 시 개인적 관계나 감정이 아닌 규정과 기준에 따라 행동한다. 즉, 복지서비스의 제공에서도 모든 클라이언트에게 동일한 기준을 적용하는 것이다.

3) 관료제 이론의 장점과 한계

관료제 이론이 갖는 장점과 한계는 다음과 같다(Crozier, 1964).

(1) 장점

① 효율성: 표준화된 규칙과 절차를 통해 업무 처리 속도와 품질을 향상시킨다.
② 책임성: 명확한 권한 구조와 문서화된 기록으로 업무 책임을 명확하게 한다.
③ 안정성: 조직 운영이 예측 가능하고 지속 가능하게 한다.
④ 공정성: 비인격적 운영을 통해 차별과 편파성을 방지한다.

(2) 한계

① 유연성 부족: 표준화된 규칙이 변화하는 환경에 대한 적응력을 저하시킨다.
② 비효율성: 지나치게 복잡한 절차로 인해 관료주의적 병목 현상이 발생한다.
③ 구성원의 소외: 비인격적 운영이 구성원의 동기와 만족도를 저하시킨다.
④ 창의성 저하: 규칙과 절차의 강조로 인해 혁신과 창의성이 제한한다.

4) 관료제 이론의 적용

관료제 이론을 실제 조직 운영에 적용해 보면, 다음과 같은 효과가 있다(Gulick & Urwick, 1937).

(1) 사회복지조직의 공공성 강화

관료제이론은 사회복지조직의 공공성과 책임성을 강조하며, 정부 및 공공기관에서 주로 활용된다. 예를 들면, 복지서비스의 신청과 승인 과정에서 투명성과 공정성을 확보할 수 있다.

(2) 효율적인 자원 관리

자원의 제한적인 사용 환경에서 관료제적 구조는 업무 효율성을 극대화하는 데 기여한다. 예를 들면, 예산 편성과 집행, 인력 관리 등에 활용할 수 있다.

(3) 표준화된 서비스 제공

복지서비스의 표준화를 통해 클라이언트 간의 형평성을 유지할 수 있다. 이는 동일한 기준에 따라 복지급여를 산정하고 제공하기 때문이다.

(4) 위기관리와 안정성

명확한 계층 구조와 문서화를 통해 위기 상황에서도 조직의 안정적 운영을 보장한다. 즉, 재난 상황에서도 복지지원프로세스를 운영할 수 있다.

5) 관료제 이론의 비판과 보완

관료제 이론에 대한 비판과 이를 보완하는 방안은 다음과 같다(Osborne & Gaebler, 1992).

(1) 비판

① 과도한 규제: 절차와 규칙에 얽매여 유연한 대응이 어렵다.
② 클라이언트 중심의 부족: 복지서비스 제공 시 클라이언트의 특수성을 반영하기 어렵다.
③ 소통 장애: 계층적 구조가 의사소통의 병목현상을 초래한다.

(2) 보완 방안

① 유연한 조직 구조의 도입: 팀 기반 접근법과 네트워크형 조직으로 보완이 가능하다.
② 클라이언트 중심의 서비스: 표준화를 유지하면서도 개인 맞춤형 서비스를 제공한다.
③ 기술 활용: 정보기술(IT)을 활용하여 절차의 효율성을 향상하고 접근성을 강화한다.

관료제 이론은 사회복지행정에서 조직의 효율성, 공정성, 안정성을 보장하는 중요한 관리 모델로 활용된다. 그러나 현대의 복잡한 환경과 변화하는 클라이언트 요구에 대응하기 위해 유연성과 창의성을 강화하는 방식으로 보완되어야 한다. 이는 관료제적 운영의 장점을 살리면서도, 동시대의 요구에 맞는 복지서비스를 제공할 수 있는 길을 제시한다.

3. 인간관계론

인간관계론(Human Relations Theory)은 조직의 성과와 생산성이 구성원 간의 상호작용, 심리적 만족, 사회적 관계 등에 의해 크게 영향을 받는다는 점에 중점을 둔 이론이다. 이 이론은 1930년대부터 1940년대에 걸쳐 호손 연구(Hawthorne Studies)를 통해 발전하였으며, 조직의 생산성을 향상시키기 위해 인간적인 요인을 고려하는 것이 중요하다는 점을 강조한다.

1) 인간관계론의 배경과 개념

(1) 배경

인간관계론은 산업혁명 이후 등장한 과학적 관리법(Scientific Management)이 조직 구성원의 감정적, 사회적 요구를 간과했다는 점에 대한 비판에서 시작되었다. 호손 연구(Hawthorne Studies)는 1924년부터 1932년까지 웨스턴 일렉트릭사의 호손 공장에서 Elton Mayo와 그의 동료들이 진행한 연구로, 작업환경의 변화가 직원 생산성에 미치는 영향을 분석하였다. 연구 결과, 작업 환경보다 직원 간의 상호작용과 심리적 요인이 생산성에 더 큰 영향을 미침을 발견하였다(Mayo, 1933).

(2) 개념

인간관계이론은 조직 내 구성원의 심리적 만족, 사회적 상호작용, 의사소통 등이 조직의 생산성과 성과를 결정하는 주요 요인이라고 본다. 주요 가정은 다음과 같다(Mayo, 1933).

① 사람은 사회적 존재로, 조직 내에서 인정받고 소속감을 느낄 때 성과를 발휘한다.
② 상사와 부하 간의 긍정적 관계는 조직의 효율성을 높인다.
③ 공식적 조직 구조 외에도 비공식적 조직과 네트워크가 중요한 역할을 한다.

2) 인간관계론의 주요 원칙(Roethlisberger & Dickson, 1939)

(1) 사회적 상호작용

조직 내 구성원 간의 관계와 소통이 생산성 향상에 큰 영향을 미친다. 예를 들면, 비공식적인 동료 네트워크가 업무 만족도를 높이고, 협업을 촉진한다.

(2) 구성원의 심리적 만족

구성원이 인정받고 가치 있는 존재로 여겨질 때, 동기부여가 증가하고 조직에 대한 몰입도가 높아진다. 예를 들면, 직원들의 의견을 경청하고, 의사결정 과정에 참여시키는 것이다.

(3) 리더십의 중요성

상사의 인간적이고 협력적인 리더십 스타일은 구성원의 신뢰와 존중을 이끌어낸다. 즉, 명령적 리더십보다 참여적 리더십이 더 효과적이다.

3) 인간관계론의 특징

(1) 심리적 요인의 강조

직원의 감정, 태도, 동기부여가 조직 성과에 큰 영향을 미친다(Herzberg, 1959).

(2) 비공식적 조직의 중요성

비공식적 네트워크가 공식적 규칙만큼 조직 운영에 중요한 영향을 미친다(Barnard, 1938).

(3) 참여적 의사결정

구성원의 참여를 통해 조직의 목표와 개인의 목표를 조화롭게 통합한다(Likert, 1961).

4) 인간관계론의 장점과 단점(Perrow, 1979)

(1) 장점

① 구성원의 심리적 요구를 충족하여 동기부여와 생산성을 향상시킨다.
② 조직 내 긍정적 관계와 협업을 촉진한다.
③ 비공식적 조직의 중요성을 인식하여 조직 운영을 현실적으로 이해한다.

(2) 단점

① 심리적 요인에 과도한 중점을 둠으로써 조직의 구조적, 기술적 측면을 간과한다.
② 구성원의 감정과 관계를 지나치게 강조하여 실제 성과와 연결이 약화된다.

5) 인간관계론의 적용(Drucker, 1990)

(1) 클라이언트 중심의 서비스

사회복지사는 클라이언트와의 긍정적인 관계를 통해 신뢰를 구축하고, 효과적인 서비스를 제공할 수 있다. 예를 들면, 클라이언트의 요구와 의견을 경청하고, 이들을 서비스 계획에 적극적으로 참여시킨다.

(2) 조직 내 상호작용

직원 간의 협력과 소통이 서비스 품질과 조직 성과를 높이는 데 기여한다. 정기적인 팀 미팅과 워크숍을 통해 구성원의 의견을 수렴한다.

(3) 참여적 리더십

관리자와 사회복지사 간의 신뢰와 존중을 바탕으로, 참여적 리더십을 통해 조직의 효율성과 만족도를 높인다. 예를 들면, 의사결정 과정에서 현장 직원의 의견을 반영한다.

인간관계이론은 사회복지행정에서 직원과 클라이언트 간의 상호작용, 심리적 만족, 비공식적 네트워크의 중요성을 강조한다. 이 이론은 조직 운영에서 구성원의 인간적인 요소를 중시하며, 참여적이고 협력적인 조직 문화를 형성하는 데 유용한 틀을 제공한다. 그러나 심리적 요인만으로 조직 성과를 설명하기 어려운 한계도 존재하므로, 구조적 · 기술적 요소와의 균형 있는 접근이 필요하다.

4. X, Y, Z 이론

사회복지행정에서 X, Y, Z 이론은 조직 관리 및 인사 관리를 이해하는 데 도움을 주는 중요한 개념이다. 이 세 이론은 인간의 동기와 행동을 어떻게 이해하고 관리할 것인지에 따라 조직의 운영과 성과에 큰 영향을 미친다고 한다.

1) X 이론(Theory X)

X 이론은 1960년 Douglas McGregor가 제시한 이론으로, 인간의 부정적 가정을 바탕으로 한다. 이 이론은 인간이 기본적으로 일을 싫어하며, 최소한의 노력으로 생계를 유지하려 한다는 관점에서 시작된다(McGregor, 1960).

(1) 주요 가정

① 일에 대한 거부감: 인간은 본질적으로 일을 싫어하며, 가능하면 회피한다.

② 통제와 지시 필요: 구성원은 감독과 지시가 없으면 조직의 목표에 기여하지 않는다.

③ 동기 부여의 한계: 외적 보상(급여, 승진)에만 반응하며, 자기주도적 동기가 부족하다.

④ 책임 회피: 인간은 책임을 회피하고, 변화와 위험을 회피한다.

(2) 적용 사례

① 권위적 리더십: 관리자는 엄격한 규율과 강력한 통제를 통해 조직을 운영한다.

② 제한적 활용: X 이론은 조직 내 갈등과 불만을 초래하여 사회복지조직에는 부적합하다.

2) Y 이론(Theory Y)

Y 이론은 X 이론과 대조적으로, 인간의 긍정적 가정을 바탕으로 한다. McGregor는 Y 이론을 통해 인간이 기본적으로 일에 대한 내재적 동기를 가지고 있으며, 적절한 환경에서 스스로 책임을 지고 목표를 달성하려 한다고 주장한다(McGregor, 1960).

(1) 주요 가정

① 자기실현적 동기: 인간은 일 자체를 통해 만족을 느끼고, 스스로 동기를 부여한다.

② 책임 수용: 구성원은 적절한 지원과 신뢰를 받으면 책임을 기꺼이 수용한다.

③ 창의성과 혁신: 인간은 창의적이며, 문제 해결을 위한 다양한 방법을 모색한다.

④ 통제의 최소화: 엄격한 통제 대신 자율성과 권한 부여가 필요하다.

(2) 적용 사례

① 참여적 리더십: 관리자가 구성원과 협력하며, 의견을 존중하고 의사결정에 참여한다.

② 사회복지조직의 적합성: 구성원의 자율성과 동기를 촉진하는 데 유용하다.

3) Z 이론(Theory Z)

Z 이론은 William Ouchi가 1981년에 제시한 이론으로, 일본식 관리방식을 기반으로 한 조직관리 이론이다. 이는 미국의 개인주의적 문화와 일본의 집단주의적 문화를 융합한 형태로, 조직과 구성원 간의 신뢰와 장기적 관계를 강조한다(Ouchi, 1981). 이후 Lundstedt는 Ouchi의의 Z 이론을 사회복지조직의 맥락에서 재구성하였다.

(1) 주요 특징

① 장기 고용: 구성원과의 장기적인 관계를 유지하며, 안정적 고용을 보장한다.
② 의사결정 참여: 구성원이 의사결정 과정에 적극적으로 참여하여 책임감을 향상시킨다.
③ 조직 문화의 강조: 조직의 가치와 문화를 공유된 구성원 간 협력을 촉진한다.
④ 전인적 접근: 구성원의 개인적, 직업적 발전을 통합적으로 관리한다.
⑤ 집단주의와 협력: 개인의 성과보다 팀과 조직 전체의 성과를 중시한다.

(2) 적용 사례

① 사회복지조직의 활용: 조직 내 협력과 공동체 의식을 강화하는 데 효과적이다.
② 장기적 성과 추구: 구성원의 만족도를 높이고, 조직의 지속 가능성을 강화한다.

〈표 3-1〉 X, Y, Z 이론의 비교

이론	인간에 대한 가정	조직 관리 방식	사회복지조직과의 적합성
X이론	인간은 일을 싫어하고, 감독이 필요	권위적, 엄격한 통제	낮음
Y이론	인간은 자율적이고, 동기부여가 가능	참여적, 자율성 부여	높음
Z이론	인간은 장기적 관계와 협력을 중시	협력적, 문화 기반 관리	높음

4) X, Y, Z 이론의 적용

① X 이론: 위기 상황이나 비상사태에서 단기적으로 사용이 가능하다.

② Y 이론: 구성원의 자율성과 창의성을 존중하는 사회복지조직에 적합하다.
③ Z 이론: 장기적인 클라이언트와의 관계 및 지속 가능한 서비스 제공에 유용하다.

X, Y, Z 이론은 조직 관리와 인간 동기에 대한 서로 다른 접근 방식을 제공하며, 사회복지행정에서 상황에 따라 적절히 활용될 수 있다. 특히 Y 이론과 Z 이론은 사회복지조직의 협력적이고 인간 중심적인 특성과 잘 부합하며, 구성원의 참여와 자율성을 촉진하여 조직의 목표를 효과적으로 달성하는 데 기여한다.

5. 체계이론

체계이론(Systems Theory)은 사회복지행정에서 조직과 환경을 상호작용하는 하나의 체계로 바라보며, 다양한 구성 요소들이 유기적으로 연결되어 있음을 강조하는 이론이다. 이 이론은 조직의 목표 달성과 효율적인 서비스 제공을 위해 구성 요소 간의 조화로운 작동과 외부 환경과의 상호작용을 이해하는 데 유용하다.

1) 체계이론의 개념

체계이론은 "서로 연결된 구성 요소들이 상호작용하여 하나의 전체를 형성하고, 이를 통해 환경과의 상호작용을 통해 지속적으로 변화하고 적응하는 구조"로 정의된다. 이는 조직을 고립된 독립체가 아닌, 외부 환경과 끊임없이 영향을 주고받는 열린 체계(Open System)로 간주하며, 주요 개념은 다음과 같다(Bertalanffy, 1968).

① 체계(System): 상호 의존적인 요소들로 구성된 조직이다.
② 환경(Environment): 체계의 외부에 존재하며 체계에 영향을 미치는 모든 요소이다.
③ 투입(Input): 조직이 외부로부터 받아들이는 자원(인적, 재정적, 물질적 자원 등)이다.
④ 과정(Throughput): 조직 내부에서 자원을 변환하여 목표를 실현하는 활동이다.
⑤ 산출(Output): 조직이 환경에 제공하는 서비스나 결과물이다.
⑥ 피드백(Feedback): 산출이 환경에 미치는 영향을 평가하고, 조직운영에 반영하는 과정이다.

2) 체계이론의 특징(Argyris, 1977)

(1) 상호의존성(Interdependence)

조직의 모든 구성 요소는 상호 연결되어 있으며, 한 부분의 변화가 전체에 영향을 미친다. 예를 들면, 예산 부족은 서비스 품질과 조직 운영 효율성에 영향을 미친다(Parsons, 1951).

(2) 환경과의 상호작용

조직은 환경으로부터 자원을 투입받아 산출물을 제공하며, 이를 통해 환경과 지속적으로 상호작용한다. 따라서 정부 정책 변화나 지역사회의 요구는 조직 운영 방식에 영향을 미친다(Katz & Kahn, 1978).

(3) 개방성(Openness)

체계이론은 조직을 폐쇄 체계가 아닌, 외부와의 상호작용이 필수적인 열린 체계로 간주한다. 예를 들면, 클라이언트의 요구와 사회 변화에 따라 서비스 전략도 조정되어야 한다(Emery & Trist, 1965).

(4) 목표 지향성(Goal Orientation)

조직은 명확한 목표를 가지고 있으며, 이를 달성하기 위해 자원을 활용하고 구조를 조정한다(Simon, 1947).

(5) 피드백 메커니즘(Feedback Mechanism)

체계는 피드백을 통해 운영 결과를 평가하고, 이를 개선하기 위한 변화를 도모한다. 예를 들면, 클라이언트 만족도 조사 결과를 반영하여 서비스 품질을 개선한다.

3) 체계이론의 적용(Pincus & Minahan, 1973)

(1) 조직의 구조와 운영의 이해

체계이론은 조직의 구조와 운영 방식을 분석하여, 비효율적인 요소를 발견하고 개선책을 제시한다. 예로는 사회복지조직 내의 부서 간 협력 강화를 들 수 있다.

(2) 환경 변화에 대한 적응

체계이론은 조직이 환경 변화(정책 변화, 예산 삭감 등)에 민감하게 반응하도록 지원한다. 예를 들면, 새로운 법규에 맞추어 서비스 프로그램을 조정한다.

(3) 통합적 서비스의 제공

클라이언트의 다양한 요구를 충족시키기 위해 조직 내외부 자원을 통합적으로 활용한다. 예를 들면, 지역사회 기관과 협력하여 다차원적 서비스를 제공한다.

(4) 성과평가와 피드백

서비스 제공 후 피드백을 수집하여, 향후 정책과 프로그램에 반영한다. 예를 들면, 클라이언트의 피드백을 기반으로 서비스를 개선한다.

4) 체계이론의 장점과 한계(Scott, 1987)

(1) 장점

① 통합적 접근: 조직의 구성 요소와 외부 환경 간의 상호작용을 체계적으로 분석한다.

② 유연성: 환경 변화에 민감하게 반응하여 적응력을 강화한다.

③ 문제 해결 촉진: 조직 내 상호작용 문제를 발견하고 개선책을 제시한다.

(2) 한계

① 복잡성: 체계의 구성 요소와 상호작용을 모두 분석하기 어렵다.

② 구체성 부족: 실질적인 실행 방안을 제공하기보다는 거시적 관점을 제공한다.

③ 정량적 평가의 어려움: 상호작용의 질적 측면을 수치화하기 어렵다.

(3) 활용 사례: 아동복지센터(Hepworth, Rooney & Larsen, 2016)

① 투입: 정부 지원금, 기부금, 직원 및 자원봉사자의 노력이 필요하다.

② 과정: 아동 상담 프로그램 운영, 가족 지원 서비스를 제공한다.

③ 산출: 클라이언트 만족도 증가, 아동복지를 향상시킨다.

④ 피드백: 지역사회 및 정부로 부터 프로그램 평가 결과를 수집하고, 개선 방안을 마련한다.

체계이론은 사회복지행정에서 조직의 구성 요소와 외부 환경 간의 상호작용을 통합적으로 분석하는 데 유용한 틀을 제공한다. 이를 통해 조직은 효율적으로 자원을 활용하고, 변화하는 환경에 적응하며, 보다 효과적인 서비스를 제공할 수 있다. 체계이론은 특히 복잡한 사회문제를 다루는 사회복지조직의 운영과 관리에 필수적인 관점을 제공한다.

2절 현대조직이론

Mayo의 인간관계론 이후, 조직 연구는 사회과학적 지식과 기술을 활용하여 더욱 정교하게 되었으며, 인간관계론은 행동과학(behavioral science)으로 발전해 나갔다. 행동과학은 두 가지 새로운 방향을 제시하였다. 하나는 인간에 대한 이해와 동기부여에 관한 방법을 더욱 발전시킨 것이고, 다른 하나는 인간 행동을 현장이나 상황과 연관시켜 나간 것이다(이성기, 2019).

본 절에서는 행동과학에 바탕을 둔 현대조직 이론으로는 목표관리론, 총체적 품질관리, 학습조직이론을 분석해 본다.

1. 목표관리론

목표관리론(Management by Objectives, MBO)은 조직 구성원들이 조직의 목표를 명확히 이해하고, 이를 달성하기 위해 각자의 역할과 책임을 설정하며, 성과를 체계적으로 관리하는 이론이다. 이 이론은 사회복지행정에서 조직의 효율성을 높이고, 구성원들의 참여와 책임감을 증진시키기 위해 활용된다.

1) 목표관리론의 개념

목표관리론은 Drucker에 의해 1954년 처음 제안되었으며, 조직의 상사와 구성원이 공동으로 목표를 설정하고, 정기적으로 성과를 평가하며, 이를 기반으로 다음 목표를 수립하는 순환적인 과정으로 정의된다. 주요 특징은 다음과 같다(Drucker, 1954).

① 공동 목표 설정: 상사와 구성원이 협력하여 목표를 설정한다.

② 성과 측정 가능성: 명확하고 측정 가능한 목표를 강조한다.

③ 자율성과 책임성: 구성원이 목표 달성을 위한 방법을 자율적으로 선택한다.

④ 정기적 평가와 피드백: 성과를 평가하고 이를 바탕으로 목표를 재조정한다.

2) 목표관리론의 주요 단계

목표관리론의 주요 단계는 다음과 같다(Locke & Latham, 1990).

(1) 목표 설정

조직의 비전과 미션에 부합하는 구체적이고 측정 가능한 목표를 설정한다. 사회복지조직의 예로는 "3개월 내에 지역 내 저소득층 아동 100명을 대상으로 학습 지원 프로그램 제공"을 들 수 있다.

(2) 역할과 책임 할당

각 구성원이 목표 달성을 위해 담당할 역할과 책임을 명확히 정의한다. 사회복지조직에서는 사회복지사가 프로그램 설계와 실행을 담당하고, 행정 직원은 자원 관리 및 보고서를 작성하는 것이다.

(3) 성과 평가

목표 달성 여부와 성과를 정기적으로 평가한다. 평가 방법은 목표 대비 실제 성과 비교, 클라이언트 피드백, 성과 지표 분석 등이 있다.

(4) 피드백과 수정

평가 결과를 바탕으로 문제점을 분석하고, 다음 목표 설정 과정에 반영한다.

3) 목표관리론의 활용

목표관리론의 활용 방안은 다음과 같다(Rainey, 2014).

(1) 목표 설정을 통한 조직의 방향성 강화

사회복지조직은 다양한 이해관계자와 협력하며 여러 서비스를 제공해야 하므로, 명확한 목표 설정이 필수적이다. 예를 들면, 노인복지센터가 "지역 내 65세 이상 독거노인의 주거환경 개선"이라는 구체적 목표를 설정하고, 이를 달성하기 위한 활동 계획을 수립하는 것이다.

(2) 구성원 동기 부여

구성원들은 목표를 명확히 이해하고, 자율적으로 이를 달성하기 위해 노력하며 동기부여를 받는다. 사회복지사의 자율성과 창의성을 활용하여 클라이언트 맞춤형 서비스를 제공할 수 있다.

(3) 성과관리와 책임성 강화

목표 달성 여부를 정기적으로 평가함으로써 구성원의 책임감과 조직의 투명성을 높인다. 예를 들면, 기부금 사용의 투명성과 성과를 기부자에게 보고하는 것이다.

4) 목표관리론의 장점과 한계

목표관리론의 장점과 한계는 다음과 같다(Rainey, 2014).

(1) 장점

① 조직의 방향성 강화: 모든 구성원이 조직목표를 공유하여 일관된 활동을 수행한다.

② 성과 평가 체계 구축: 구체적인 목표를 설정하고 이를 기반으로 성과를 평가한다.

③ 구성원의 자율성 증대: 목표달성을 위해 자율적으로 활동한다.

④ 의사소통 개선: 상사와 구성원 간의 협력적 관계를 강화한다.

(2) 한계

① 구체적 목표 설정의 어려움: 사회복지조직의 목표는 추상적이고 정량화하기 어렵다.

② 단기 목표에 치중: 장기적인 비전보다 단기 목표 달성에 집중할 위험이 있다.

③ 조직문화와 부합 문제: 비효율적이거나 수직적인 조직문화에서는 적용이 어렵다.

5) 목표관리론 적용 사례

지역사회복지센터의 교육 프로그램에 목표관리이론을 적용한 사례를 보면 다음과 같다(Poister, 2010).

① 목표: "6개월 동안 지역 내 저소득층 청소년 50명에게 무료 영어 교육 제공"

② 역할 할당: 사회복지사는 교육 프로그램 기획 및 실행, 자원봉사자는 교육을 진행한다.

③ 성과 평가: 프로그램 참여자 수와 참여율, 청소년들의 성적 변화를 분석한다.
④ 피드백: 성적 향상 여부에 따라 교육 내용과 범위를 조정한다.

목표관리론은 사회복지행정에서 조직의 방향성과 구성원의 성과를 체계적으로 관리하기 위한 유용한 도구이다. 명확한 목표 설정, 자율성과 책임성 부여, 성과 평가를 통해 조직의 효율성을 높이고, 클라이언트에게 더 나은 서비스를 제공할 수 있다. 다만, 정량화하기 어려운 목표와 조직 문화에 따른 한계를 고려하여 상황에 맞는 유연한 적용이 필요하다.

2. 총체적 품질관리

총체적 품질관리(Total Quality Management, TQM)는 조직 전체의 품질 향상을 목표로 구성원의 참여를 통해 지속적으로 서비스와 운영 프로세스를 개선하는 경영 이론이다. 이는 사회복지행정에서 서비스 품질을 높이고, 클라이언트의 만족도를 향상시키는 데 중요한 역할을 한다.

1) 총체적 품질관리(TQM)의 개념

총체적 품질관리는 조직 내 모든 구성원이 참여하여 품질 향상을 도모하며, 클라이언트와 조직의 요구를 충족시키는 것을 목표로 한다. TQM은 품질 개선이 조직의 경쟁력과 지속 가능성을 확보하는 핵심 요소라고 간주하며, 핵심 개념은 다음과 같다(Deming, 1986).

(1) 전 구성원 참여(All Employee Involvement)

품질관리는 조직 내 모든 구성원이 참여해야 한다.

(2) 클라이언트 중심(Client-Centered)

서비스와 제품이 클라이언트의 요구를 중심으로 설계되고 제공되어야 한다.

(3) 지속적 개선(Continuous Improvement)

품질 향상은 지속적이고 반복적인 과정이어야 한다.

(4) 데이터 기반 의사결정(Data-Driven Decision Making)

품질 관리와 의사결정은 데이터와 분석에 기반해야 한다.

2) TQM의 적용

(1) 클라이언트 중심 서비스

사회복지행정에서 TQM은 클라이언트의 필요와 만족을 최우선으로 고려한다. 구체적인 방법으로는 클라이언트의 피드백을 수집하고 이를 서비스 설계와 제공 과정에 반영하는 것이다. 예를 들면, 클라이언트 만족도 조사 결과에 따라 맞춤형 프로그램을 설계하는 것이다(Lewis, Packard & Lewis, 2012).

(2) 프로세스 개선

프로세스 개선은 행정 절차와 서비스 제공 과정을 지속적으로 분석하고 개선하는 것이다. 즉, 업무 흐름 분석(flowcharting)이나 문제해결을 위한 워크숍을 개최하여, 복잡한 클라이언트 등록절차를 간소화하는 것이다(Juran, 1989).

(3) 팀 기반 접근

팀 기반 접근은 팀워크를 통해 품질 개선을 도모하는 것으로, 구체적인 방법으로는 품질개선팀(Quality Improvement Teams)을 구성하여 문제를 해결하기도 한다. 특정 프로그램의 효율성을 분석하기 위한 부서 간 협력을 추진하는 것도 좋은 사례가 될 수 있다(Crosby, 1979).

(4) 측정 및 피드백

측정 및 피드백은 서비스의 품질을 측정하고, 데이터를 기반으로 품질을 개선하는 것이다. 이를 위하여 주요 성과 지표(Key Performance Indicators, KPI)를 도입하기도 한다. 예를 들면, 서비스 제공 시간과 클라이언트 만족도 점수 등을 측정하고 결과를 피드백한다(Kaplan & Norton, 1996).

3) TQM의 장점과 한계

TQM의 장점(Deming, 1986)과 한계(Juran, 1989)는 다음과 같다.

(1) 장점

① 서비스 품질 향상: 클라이언트 만족도를 높이고 서비스의 신뢰성을 증대한다.
② 효율성 증가: 업무 프로세스의 개선으로 시간과 비용을 절약한다.
③ 구성원 몰입 증대: 전 구성원의 참여를 유도하여 조직 내 협력을 강화한다.
④ 지속 가능성 확보: 품질 관리로 조직의 장기적 발전 가능성을 높인다.

(2) 한계

① 적용의 복잡성: 사회복지조직은 서비스 특성상 품질을 정량적으로 평가하기 어렵다.
② 구성원의 저항: 기존 업무 방식에서의 변화를 꺼리는 구성원이 저항할 수 있다.
③ 시간과 비용: 초기 도입 시 많은 시간과 비용이 필요하다.

4) TQM의 적용 원칙

(1) 리더의 적극적 참여

리더가 품질 개선을 위해 명확한 비전과 전략을 제시하여야 한다(Crosby, 1979).

(2) 명확한 목표 설정

품질 개선을 위한 구체적이고 측정 가능한 목표를 설정하여야 한다(Kaplan & Norton, 1996).

(3) 구성원 교육 및 참여

모든 구성원이 품질 개선 과정의 중요성을 이해하고 참여하도록 교육하여야 한다(Lewis, Packard & Lewis, 2012).

(4) 지속적인 피드백 제공

품질 개선의 결과를 평가하고, 지속적으로 개선점을 반영하여야 한다(Juran, 1989).

사회복지행정에서 총체적 품질관리(TQM)는 서비스의 품질 향상과 클라이언트 만족도를 증대시키는 중요한 접근 방식이다. 조직 내 모든 구성원의 참여와 지속적인 프로세스 개선을 통해 사회복지조직은 효과적이고 지속 가능한 서비스를 제공할 수 있다. 성공적인 TQM 적용을 위해서는 명확한 목표 설정, 구성원 교육, 리더십의 지지가 필수적이다.

3. 학습조직이론

학습조직이론(Learning Organization Theory)은 조직 구성원들이 지속적으로 학습하며, 변화하는 환경에 적응하고 혁신을 추구하는 조직 운영 방식이다. 이는 사회복지행정에서 특히 중요하며, 복지서비스의 품질 향상과 조직의 지속 가능성을 위한 효과적인 접근 방식으로 주목받고 있다.

1) 학습조직이론의 개념

학습조직(Learning Organization)은 "모든 구성원이 지속적으로 학습하고, 이를 통해 조직 전체가 발전하며 환경 변화에 적응하는 조직"으로 정의된다. 이 개념은 Peter Senge에 의해 체계화되었으며, 조직이 스스로 학습하고 변화할 수 있는 역량을 강조한다(Senge, 1990).

2) 학습조직의 주요 구성 요소

(1) 개인적 숙련(Personal Mastery)

이는 구성원 개개인이 자신의 기술과 지식을 지속적으로 개발하는 과정이다. 사회복지사들이 새로운 정책과 실무 기술을 배우고 적용하는 것을 사례로 들 수 있다(Senge, 1990).

(2) 정신모형(Mental Models)

정신모형은 개인과 조직이 세상을 바라보는 방식과 사고방식을 의미한다. 사회복지조직에서는 클라이언트에 대한 선입견을 제거하고, 다양성을 존중하는 사고방식이 필요하다(Argyris & Schon, 1978).

(3) 공유된 비전(Shared Vision)

조직 구성원은 공통의 목표와 비전을 공유하며 이를 실현하기 위해 협력해야 한다. 사회복지조직에서 "사회적 약자의 권익 증진"이라는 비전을 중심으로 협력하는 것이 사례이다(Senge, 1990).

(4) 팀 학습(Team Learning)

팀 학습은 조직 내 팀 구성원이 공동의 문제를 해결하기 위해 서로 학습하고 협력는 것이다. 예를 들면, 사례 회의(case conference)를 통해 다양한 관점에서 클라이언트 문제를 논의하는 것이 있다(Katzenbach & Smith, 1993).

(5) 시스템 사고(System Thinking)

시스템 사고는 조직의 모든 요소를 상호 연결된 시스템으로 이해하고, 문제를 근본적으로 해결하려는 접근 방식이다. 예를 들면, 지역사회의 빈곤 문제를 단순히 지원금 제공이 아닌, 고용, 교육, 주거 등 종합적 문제로 접근하는 것이다(Forrester, 1961).

3) 학습조직이론의 적용

(1) 사회복지사의 전문성 개발

직무 교육, 세미나, 워크숍 등을 통해 최신 복지정책과 서비스 기법을 학습하여, 개인의 역량을 강화하고 클라이언트에게 더 나은 서비스를 제공한다(Cummings & Worley, 2014).

(2) 조직의 문제 해결 역량 강화

복잡한 클라이언트 문제를 팀 학습과 협력을 통해 해결한다. 예를 들면, 다문화가족 지원 프로그램에서 다양한 관점을 반영하여 문제를 해결하는 것이다(Katzenbach & Smith, 1993).

(3) 서비스 품질 향상

학습조직은 지속적으로 새로운 아이디어와 혁신을 추구하여 서비스 품질을 높여야 한다. 예를 들면, IT 기술을 활용하여 클라이언트 데이터를 관리하고 서비스를 맞춤화한다(Garvin, 1993).

(4) 환경 변화에 적응

사회복지조직은 정책 변화, 재정 압박, 클라이언트 요구 변화 등 외부 환경 변화에 민첩하게 대응한다. 예를 들면, 팬데믹 기간 동안에는 원격 복지서비스 제공하는 방식을 도입하는 것이다(Heifetz & Linsky, 2002).

4) 학습조직이론의 장점과 한계

학습조직이론의 장점과 한계는 다음과 같다(Argyris, 1999).

(1) 장점

① 혁신 촉진: 조직이 새로운 지식을 습득하고 이를 실제 업무에 적용한다.

② 조직 문화 강화: 협력과 신뢰 기반의 조직 문화를 형성한다.

③ 성과 향상: 지속적 학습을 통해 서비스 품질과 성과가 향상된다.

(2) 한계

① 시간과 자원의 필요성: 학습조직 구축에는 상당한 시간과 재정적 자원이 필요하다.

② 구성원의 저항: 변화에 대한 구성원의 저항이 발생할 가능성이 있다.

③ 성과 측정의 어려움: 학습 활동의 결과를 정량적으로 평가하기 어렵다.

5) 학습조직 구축의 성공 요인

(1) 리더의 지원

리더가 학습조직의 필요성을 인식하고 이를 적극 지원해야 한다.

(2) 지속적인 학습환경 조성

조직 내에서 학습활동이 자연스럽게 이루어질 수 있는 환경을 구축한다.

(3) 성과 피드백 체계 마련

학습 결과를 평가하고 개선 방향을 제시하는 체계를 개발한다(Senge, 1990).

학습조직이론은 사회복지행정에서 조직 구성원들의 지속적인 학습과 혁신을 통해 복지서비스의 질을 향상시키고, 변화하는 환경에 적응하는 데 중요한 역할을 한다. 이는 클라이언트 중심의 복지서비스를 강화하고, 조직의 지속가능성을 높이는 데 기여한다.

3절 조직환경이론

사회복지행정의 조직환경이론으로는 상황이론, 정치경제이론, 신제도이론, 조직군 생태이론을 분석한다.

1. 상황이론

상황이론(Contingency Theory)은 조직이 처한 상황에 따라 적합한 관리 및 운영 방식이 달라져야 한다는 이론이다. 이 이론은 사회복지행정에서 조직이 다양한 외부 환경, 내부 자원, 목표, 기술 등에 따라 유연하게 대응할 필요가 있음을 강조한다. 상황이론은 획일적인 관리 방식의 한계를 극복하고, 조직의 성과를 극대화하는 데 초점을 맞춘다.

1) 상황이론의 기본 개념

상황이론은 “조직의 효과성은 특정 상황에 적합한 구조와 관리 방식을 채택했을 때 높아진다”라는 전제에 기초한다. 이 이론은 보편적이고 정형화된 관리 원칙을 따르기보다는 조직의 상황적 요인에 따라 다르게 적용되는 접근 방식을 제안한다. 주요 가정은 다음과 같다(Fiedler, 1967).

(1) 보편적 정답은 없다

모든 상황에 적합한 단일한 관리방식은 존재하지 않는다.

(2) 상황 요인의 중요성

조직의 성과는 외부 환경, 내부 자원, 기술, 목표 등 다양한 요인에 의해 결정된다.

(3) 조직-환경 적합성

조직 구조와 관리 방식은 조직이 처한 상황적 요인과 일치해야 한다.

2) 상황이론의 주요 요소

(1) 외부 환경(External Environment)

환경의 안정성, 불확실성, 복잡성 등이 조직 구조에 영향을 미친다. 따라서 급변하는 사회적 요구(예: 재난 복지서비스)에는 유연한 조직 구조가 필요하다(Lawrence & Lorsch, 1967).

(2) 조직 규모(Organization Size)

조직의 크기에 따라 적합한 구조와 관리 방식이 달라진다. 소규모 조직에서는 비공식적이고 유연한 구조를 선호하고, 대규모 조직에서는 공식적이고 계층적인 구조를 선호한다(Mintzberg, 1979).

(3) 기술과 업무(Technology and Task)

조직이 사용하는 기술과 업무의 특성이 구조와 관리 방식에 영향을 미친다. 일상적이고 반복적인 업무는 관료적 구조에 적합하고, 비정형적이고 창의적인 업무는 유연한 구조에 적합하다(Woodward, 1965).

(4) 조직 목표(Organizational Goals)

조직의 목표와 전략이 상황적 요인에 따라 구조적 결정을 이끈다. 예를 들며, 사회복지조직에서 클라이언트 중심 목표는 협력적이고 분산된 관리 방식이 필요하다(Drucker, 1990).

(5) 구성원의 특성(Characteristics of Members)

조직 구성원의 역량, 기대, 동기부여 수준에 따라 관리방식이 달라진다(Hersey & Blanchard, 1977).

3) 상황이론의 적용

(1) 조직 구조의 설계

환경 변화에 따른 구조 조정에서는 안정적 환경에서는 계층적 구조가 적합하고, 불확실한 환경에서는 네트워크형 구조가 적합하다. 예를 들면, 지역 사회복지조직은 네트워크 중심으로 운영되며, 정부 조직은 계층적 구조를 유지한다.

(2) 리더십 스타일 선택

상황이론에서는 리더십 스타일이 상황적 요인에 따라 달라져야 함을 강조한다. 위기 상황에서는 지시적 리더십을, 안정된 상황에서는 민주적 리더십을 선택한다(Fiedler, 1967).

(3) 자원 배분 및 관리

자원의 희소성이나 불확실성에 따라 자원 배분 전략이 변화한다. 경제 위기 시에는 효율성을 강조하고, 자원이 풍부한 상황에서는 서비스 품질을 강조한다.

(4) 복지서비스의 제공

사회적 요구와 클라이언트의 필요가 빠르게 변화할 경우에는, 상황에 맞는 서비스를 제공하는 전략을 설계한다. 코로나19 팬데믹과 같은 상황에서는 원격 상담 및 지원 서비스가 필요하다.

4) 상황이론의 장단점(Mintzberg, 1979)

(1) 장점

① 유연성 제공: 조직이 변화하는 환경에 적응할 수 있는 유연성을 강조한다.

② 실용성 강조: 실제 운영 과정에서 효과적인 의사결정과 관리방식을 제안한다.

③ 성과 중심: 상황에 맞는 구조와 전략을 통해 조직 성과를 극대화한다.

(2) 단점

① 복잡성 증가: 다양한 상황적 요인을 고려해야 하므로 관리가 복잡해진다.

② 표준화 어려움: 보편적 원칙을 제시하지 않아 관리자가 스스로 적합성을 판단한다.

③ 실행의 어려움: 상황 분석이 부정확할 경우, 적합한 관리방식 선택이 어렵다.

사회복지행정에서 상황이론은 조직이 환경, 기술, 규모, 목표 등 다양한 상황적 요인에 따라 유연하게 대응할 수 있도록 돕는 실용적 접근법이다. 이 이론은 변화하는 환경에 적응해야 하는 사회복지조직의 특성과 잘 맞으며, 조직의 효과성과 성과를 향상시키는 데 중요한 역할을 한다.

2. 정치경제이론

정치경제이론(Political Economy Theory)은 사회복지행정을 정치적 · 경제적 환경 속에서 이해하려는 이론적 접근이다. 이 이론은 조직의 자원 확보와 서비스 제공이 정부, 시장, 지역사회와 같은 외부 환경의 영향을 강하게 받는다고 본다. 따라서 조직의 생존과 효과성은 외부 환경과의 상호작용, 정치적 영향력, 그리고 자원의 흐름에 따라 결정된다.

1) 정치경제이론의 개념

정치경제이론은 사회복지조직이 환경 속에서 활동하는 "열린 체계(open system)"로 작동한다고 가정한다. 정치적 환경은 정책, 입법, 정부 지원, 정치적 영향력 등 조직의 활동에 직접적으로 영향을 미치는 요인이며, 경제적 환경은 자원의 분배, 재정 상태, 기부금, 시장 조건 등 조직의 재정적 안정성과 자원 확보에 영향을 미치는 요인이다. 기본 가정은 다음과 같다(Pfeffer & Salancik, 1978).

① 사회복지조직은 외부 환경과 상호작용하며 자원을 확보해야 한다.

② 정치적 · 경제적 변화는 조직의 구조와 운영에 영향을 미친다.

③ 조직의 생존은 환경 변화에 적응하는 능력에 달려 있다.

2) 정치경제이론의 주요 구성 요소

(1) 정치적 요인

사회복지조직은 정부의 법률과 규제에 따라 운영된다. 예를 들면 아동복지법, 장애인복지

지원법 등이다. 또한 정부 보조금과 같은 재정적 지원은 정치적 지지에 따라 달라질 수 있다(Hasenfeld, 2010).

(2) 경제적 요인

사회복지조직은 자원(기부, 정부 보조금, 민간 후원 등)의 확보와 효율적 사용이 필수적이다. 그리고 지역 경제 상황, 실업률 등은 클라이언트의 수요와 조직의 자원에 영향을 미친다(Salamon, 1995).

(3) 환경 적응

사회복지조직은 정치적 변화(정부의 우선순위 변경, 예산 축소)와 경제적 변화(기부 감소, 물가 상승)에 적응해야 한다. 그리고 다른 기관과의 협력을 통해 자원을 확보하거나 영향력을 확대한다(DiMaggio & Powell, 1983).

3) 정치경제이론의 적용

(1) 자원 의존성(Resource Dependence)

사회복지조직은 생존을 위해 외부 자원(재정, 인력, 정보)에 의존한다. 예를 들면, 정부 보조금 의존도가 높은 사회복지조직이 있다(Pfeffer & Salancik, 1978).

(2) 권력과 정치(Power and Politics)

정치적 영향력이 강한 조직일수록 자원을 더 많이 확보할 가능성이 높다. 따라서 정치적 로비를 통해 특정 법안을 통과시키는 활동을 한다(Stone, 2002).

(3) 환경 적합성(Environmental Fit)

성공적인 조직은 외부 환경과 조화를 이루며, 환경 변화에 민첩하게 대응한다. 경제 위기 시에는 긴급구호 프로그램을 도입한다(Scott, 2003).

4) 정치경제이론의 장단점

정치경제이론의 장점과 단점은 다음과 같다(Salamon, 1995).

(1) 장점

① 현실 반영: 사회복지조직이 외부 환경과 밀접하게 상호작용하는 현실을 반영한다.

② 전략적 통찰 제공: 자원 확보 및 외부 환경 적응의 중요성을 강조한다.

③ 정책적 분석에 유용: 정부 정책과 조직 간의 관계를 이해하는 데 유용하다.

(2) 단점

① 내부 요인의 간과: 조직 내부의 문화, 구조, 인간관계 등의 중요성을 간과한다.

② 환경 의존성의 과대평가: 모든 조직이 외부 환경에 똑같이 의존하지 않는다.

③ 구체적 실행의 어려움: 정치적 · 경제적 환경 분석이 복잡하여 실질적 적용이 어렵다.

5) 정치경제이론의 활용

① 정부와의 협력 강화: 정부 정책에 영향을 미치고, 정책 변화에 민첩하게 대응한다.

② 재정 다각화: 정부 지원 외에도 민간 기부, 기업 후원 등 다양한 자원을 확보한다.

③ 정책 옹호 활동: 정치력을 발휘하여 사회복지조직의 필요성을 알린다.

정치경제이론은 사회복지조직이 외부 환경의 변화 속에서 자원을 확보하고, 정책적 · 경제적 요구에 대응하기 위한 전략적 관점을 제공한다. 이 이론은 조직의 생존과 성공이 외부 환경과의 상호작용에 달려 있다는 점을 강조하며, 사회복지행정에서의 실질적 응용 가능성을 제공한다.

3. 신제도이론

신제도이론(Neo-Institutional Theory)은 조직이 환경 속에서 제도적 규범과 규칙, 사회적 기대에 어떻게 적응하는지를 설명하는 이론이다. 이 이론은 사회복지행정에서 조직이 단순히 목표 달성과 효율성을 위해 존재하는 것이 아니라, 더 큰 사회적 맥락 속에서 제도적 규범과 문화적 기대에 의해 형성되고 유지된다는 점에 주목한다.

1) 신제도이론의 개념과 배경

신제도이론은 1970년대 후반 Meyer와 Rowan(1977), DiMaggio와 Powell(1983)에 의해 정립되었다. 이 이론은 조직이 단순히 효율성을 극대화하는 도구적 체계가 아니라, 환경의 제도적 압력에 따라 변화하고 적응하는 사회적 시스템으로 작동한다는 점을 강조한다. 핵심 개념은 다음과 같다.

(1) 제도적 동형화(Institutional Isomorphism)

제도적 동형화는 조직이 환경의 규범적, 문화적 압력에 의해 유사해지는 과정이다.

(2) 합리적 신화(Rationalized Myths)

합리적 신화는 조직이 사회적 정당성을 얻기 위해 따르는 제도적 규범이다.

(3) 제도적 환경(Institutional Environment)

제도적 환경은 조직에 영향을 미치는 규범, 가치, 법률 등의 외부 환경이다.

2) 신제도이론의 주요 요소

(1) 제도적 동형화(Institutional Isomorphism)

조직이 사회적 정당성을 얻기 위해 외부 환경에 적응하면서 서로 비슷해지는 과정을 설명한다. 동형화의 유형은 다음과 같다(DiMaggio & Powell, 1983).

① 강압적 동형화(Coercive Isomorphism): 법적 규제, 정책, 외부 권력에 의해 발생한다. 예를 들면, 정부가 사회복지조직에 특정 보고서 형식을 요구하는 것이다.

② 모방적 동형화(Mimetic Isomorphism): 불확실성을 줄이기 위해 성공한 조직을 모방한다. 예를 들면, 특정 비영리단체의 모금 전략을 다른 단체가 모방하는 것이다.

③ 규범적 동형화(Normative Isomorphism): 전문성에 기반한 규범과 기준이 확산된다. 예를 들면, 사회복지사 자격 기준과 윤리 강령을 표준화하는 것이다.

(2) 합리적 신화(Rationalized Myths)

조직이 실제 효율성과 관계없이, 사회적 정당성을 얻기 위해 특정 관행과 규범을 수용한다. 예를 들면, 사회복지조직이 클라이언트 중심 서비스를 제공한다고 홍보하지만, 실제로는 제한된 자원으로 운영되는 경우이다(Meyer & Rowan, 1977).

(3) 제도적 환경(Institutional Environment)

조직의 구조와 행동을 형성하는 법적, 사회적, 문화적 규범의 총체를 말한다. 예를 들면, 사회복지조직이 정부의 규정, 기부자의 기대, 지역사회 요구에 동시에 부응하는 것이다(Scott, 2014).

3) 신제도이론의 적용

(1) 사회적 정당성 확보

사회복지조직은 정부, 기부자, 지역사회의 신뢰를 얻기 위해 사회적 기대와 규범에 부응한다. 즉, 윤리적 기준을 준수하고, 투명한 재정 관리를 한다.

(2) 정책 준수

법적 요구사항과 규정을 따르는 강압적 동형화가 사회복지조직에 필수적이다. 예를 들면, 보조금을 받기 위하여 연례 보고서를 제출한다.

(3) 전문성 강화

규범적 동형화 과정에서 사회복지사의 자격 요건과 교육 기준이 제도화된다. 사회복지학 학위와 전문 자격증을 요구하는 것이 예이다.

(4) 효율성과 정당성 간의 갈등

사회복지조직은 효율성(자원 관리)과 정당성(사회적 기대 충족) 사이에서 균형을 맞춰야 한다. 즉, 서비스 품질을 유지하면서 제한된 예산을 관리해야 한다.

4) 신제도이론의 장점과 한계

신제도이론의 장점과 한계는 다음과 같다(Greenwood, Suddaby & Sahlin-Andersson, 2008).

(1) 장점

① 사회적 맥락의 중요성 강조: 조직이 사회적 규범과 환경적 압력에 적응하는지 이해한다.

② 정당성 확보의 과정 설명: 조직의 생존과 성장에 필요한 외부의 신뢰 확보 과정을 설명한다.

(2) 한계

① 내부 역동성 간과: 조직 내부의 갈등과 의사결정 과정을 충분히 설명하지 못한다.

② 과도한 외부 의존 강조: 조직의 주체적 행동 가능성을 축소한다.

5) 신제도이론의 사례

(1) 공공 사회복지조직

정부가 사회복지조직에 특정 회계보고 형식을 요구하면서, 해당 조직들이 이를 따르기 위해 구조를 조정하는 것은 강압적 동형화이다.

(2) 비영리단체의 모방 전략

성공한 사회복지조직의 클라이언트 서비스 모델을 다른 조직이 모방하여 채택하는 것은 모방적 동형화이다.

신제도이론은 사회복지조직이 단순히 내부적 효율성을 추구하는 것이 아니라, 외부의 제도적 압력과 사회적 규범에 적응하며 정당성을 확보해야 함을 강조한다. 이를 통해 조직의 생존과 성과를 이해하고, 사회적 환경 변화에 대한 유연한 대응 전략을 마련할 수 있다.

4. 조직군 생태이론

조직군 생태이론(Organizational Ecology Theory)은 조직이 환경과 상호작용하며 적응하거나 도태되는 과정을 설명하는 이론으로, 조직군의 생존과 변화를 분석하는 데 초점을 맞춘다.

이 이론은 생물학적 생태학의 개념을 조직 연구에 적용하여, 조직이 환경에 의해 선택되고 적응하는 과정을 이해하는 데 중점을 둔다.

1) 조직군 생태이론의 개념

조직군 생태이론은 특정 환경 내에서 유사한 자원과 시장을 공유하는 조직들의 집합인 조직군(Organizational Population)이 시간에 따라 어떻게 생존하고 변화하는지를 설명한다. 이 이론은 개별 조직보다는 조직군에 초점을 맞추며, 조직의 설립, 성장, 쇠퇴, 사멸 과정을 분석한다. 이론의 주요 가정은 다음과 같다(Hannan & Freeman, 1977).

(1) 환경적 제약

조직의 생존 가능성은 환경적 자원의 가용성과 제약에 크게 영향을 받는다.

(2) 조직의 정체성

조직은 초기 설립 시의 구조와 전략적 선택이 지속적으로 영향을 미친다.

(3) 선택과 생존

환경은 생존에 적합한 조직을 선택하며, 적합하지 않은 조직은 도태된다.

2) 조직군 생태이론의 주요 요소

(1) 조직의 탄생(Birth)

조직은 환경의 자원 가용성과 사회적 요구에 따라 설립된다. 초기 생존 가능성은 자원의 확보와 시장 진입의 성공 여부에 달려 있다(Carroll & Hannan, 2000).

(2) 성장과 경쟁(Growth and Competition)

조직은 성장하면서 자원을 확보하기 위해 경쟁하며, 유사한 목표를 가진 다른 조직들과 자원 경쟁을 벌인다. 경쟁은 주로 동일한 조직군 내에서 발생하며, 자원의 희소성이 경쟁을 심화시킨다(Aldrich, 1999).

(3) 쇠퇴와 사멸(Decline and Death)

조직이 환경 변화에 적응하지 못하거나 자원을 확보하지 못하면 쇠퇴하거나 사멸한다. 기술 변화, 자원 부족, 규제 변화 등이 주요 요인으로 작용한다(Hannan & Freeman, 1989).

(4) 변이(Variation), 선택(Selection), 보존(Retention)

조직군 생태이론의 중심 개념으로, 조직군 내에서 다음 세 가지 과정을 통해 변화가 이루어진다:

① 변이: 환경적 요구에 따라 조직이 다양한 형태로 나타난다.

② 선택: 환경에 적합한 조직만 생존한다.

③ 보존: 성공적인 조직의 특성이 조직군 내에서 유지되고 복제된다.

3) 조직군 생태이론의 적용

(1) 사회적 환경과 정책 변화

사회복지조직은 정부의 정책 변화와 사회적 요구에 민감하게 반응한다. 예를 들면, 아동복지서비스 조직은 정부의 지원정책 변화에 따라 성장하거나 사멸할 수 있다(DiMaggio & Powell, 1983).

(2) 자원 의존성과 경쟁

사회복지조직은 정부 기금, 민간 기부, 자원봉사와 같은 제한된 자원을 확보하기 위해 경쟁한다. 자원의 분배는 조직군 내에서 일부 조직이 성장하고, 다른 조직이 사멸하는 데 영향을 미친다(Pfeffer & Salancik, 1978).

(3) 조직의 정체성과 지속 가능성

사회복지조직은 설립 초기의 목표와 가치가 조직의 구조와 활동에 지속적으로 영향을 미친다. 예를 들면, 비영리단체가 초기 설립 목적을 유지하지 못하면 자원 봉사자와 기부자의 신뢰를 잃을 수 있다(Carroll & Hannan, 2000).

4) 조직군 생태이론의 장점과 한계(Hannan & Freeman, 1989)

(1) 장점

① 환경 중심 분석: 조직이 환경의 영향을 어떻게 받는지 체계적으로 분석한다.

② 조직군 수준의 연구: 개별 조직이 아닌 조직군 전체에 대한 포괄적 이해를 제공한다.

③ 역동성 강조: 조직의 탄생, 성장, 쇠퇴 과정을 설명한다.

(2) 한계

① 개별 조직의 주도성 무시: 조직군에 초점을 맞추다 보니 개별 조직의 전략적 선택이 간과될 수 있다.

② 변화 속도의 과소평가: 환경 변화가 조직군 내에 미치는 영향을 느리게 평가한다.

③ 정량적 분석의 어려움: 조직군 내의 역학 관계를 계량적으로 측정하기 어렵다.

조직군 생태이론은 사회복지조직이 환경에 적응하거나 도태되는 과정을 이해하는 데 중요한 틀을 제공한다. 이 이론은 사회복지조직의 설립과 성장, 자원 경쟁, 환경 적응 과정을 분석하며, 조직군 내에서 지속 가능한 조직이 어떤 특성을 갖추어야 하는지에 대한 통찰을 제공한다. 그러나 이 이론은 개별 조직의 주도성을 충분히 설명하지 못하는 한계를 가지므로, 다른 조직 이론과 보완적으로 활용될 필요가 있다.

연습문제

01 다음 중 Taylor의 과학적 관리론이 사회복지행정에 적용된 예로 적합하지 않은 것은?

① 클라이언트 상담 절차를 표준화한다.
② 업무 성과에 따른 인센티브를 제공한다.
③ 직원의 창의성을 반영한 유연한 근무제도를 도입한다.
④ 복지서비스 제공 시간을 최적화한다.

02 Y이론이 사회복지조직에 적합한 이유로 가장 적절한 것은?

① 권위적 리더십을 통해 효율적인 의사결정을 할 수 있다.
② 구성원의 자율성과 책임감을 촉진할 수 있다.
③ 단기적 성과를 중심으로 운영할 수 있다.
④ 구성원의 외적 보상만을 중시하는 체계를 강조한다.

03 목표관리이론의 단계 중 "성과 평가"의 주요 활동이 아닌 것은?

① 목표 대비 실제 성과 분석
② 클라이언트 피드백 수집
③ 성과 지표 분석
④ 조직 내부 보고 생략

04 총체적 품질관리(TQM)의 "클라이언트 중심" 원칙의 주요 활동은?

① 클라이언트 요구를 무시
② 서비스 설계 시 클라이언트 피드백 반영
③ 서비스 제공 절차 단순화 생략
④ 데이터 분석에만 초점

05 학습조직이론의 "팀 학습(Team Learning)"의 사례로 적합한 것은?

① 팀 구성원의 독립적 목표 설정
② 다양한 관점의 클라이언트 문제 해결 논의
③ 클라이언트 피드백 배제
④ 팀 간 의사소통 약화

정답 | 01 ③ 02 ② 03 ④ 04 ② 05 ②

06 조직군 생태이론에서 "변이-선택-보존" 과정 중 "변이(Variation)"의 정의는?

① 환경에 적합한 조직만 생존한다.
② 성공적인 조직 특성이 조직군 내에서 유지된다.
③ 조직이 다양한 형태로 나타난다.
④ 자원의 분배가 균등하게 이루어진다.

07 정치경제이론의 적용으로 적합하지 않은 것은?

① 민간 기부와 기업 후원을 통한 재정 다각화
② 정치적 로비 활동을 통한 자원 확보
③ 내부 자원만을 이용한 생존 전략
④ 정부 정책 변화에 민첩하게 대응

08 신제도이론의 "사회적 정당성 확보"의 주요 활동은?

① 윤리적 기준 준수와 투명한 재정 관리
② 법적 규정 생략 및 내부 규정 강화
③ 조직의 독립적 운영 강조
④ 외부 환경과의 상호작용 제한

정답 | 06 ③ 07 ③ 08 ①

참고문헌

Aldrich, H. E. (1999). *Organizations Evolving*. Sage.

Argyris, C. (1977). *Double-Loop Learning in Organizations*. Harvard Business Review.

Argyris, C. (1999). *On Organizational Learning*. Blackwell Publishers.

Argyris, C., & Schon, D. A. (1978). *Organizational Learning: A Theory of Action Perspective*. Addison-Wesley.

Barnard, C. I. (1938). *The Functions of the Executive*. Harvard University Press.

Baum, J. A. C., & Singh, J. V. (1994). *Evolutionary Dynamics of Organizations*. Oxford University Press.

Bertalanffy, L. (1968). *General System Theory: Foundations, Development, Applications*. George Braziller.

Blau, P. M., & Meyer, M. W. (1987). *Bureaucracy in Modern Society*. Random House.

Carroll, G. R., & Hannan, M. T. (2000). *The Demography of Corporations and Industries*. Princeton University Press.

Crosby, P. B. (1979). *Quality is Free*. McGraw-Hill.

Crozier, M. (1964). *The Bureaucratic Phenomenon*. University of Chicago Press.

Cummings, T. G., & Worley, C. G. (2014). *Organization Development and Change*. Cengage Learning.

Deming, W. E. (1986). *Out of the Crisis*. MIT Press.

DiMaggio, P. J., & Powell, W. W. (1983). *The Iron Cage Revisited: Institutional Isomorphism and Collective Rationality in Organizational Fields*. American Sociological Review.

Drucker, P. F. (1954). *The Practice of Management*. Harper & Row.

Drucker, P. F. (1990). *Managing the Non-Profit Organization*. HarperCollins.

Emery, F. E., & Trist, E. L. (1965). *The Causal Texture of Organizational Environments*. Human Relations.

Fiedler, F. E. (1967). *A Theory of Leadership Effectiveness*. McGraw-Hill.

Forrester, J. W. (1961). *Industrial Dynamics*. MIT Press.

Garvin, D. A. (1993). *Building a Learning Organization*. Harvard Business Review.

Gilbreth, F. B., & Gilbreth, L. M. (1922). *Applied Motion Study*. Macmillan.

Greenwood, R., Oliver, C., Suddaby, R., & Sahlin-Andersson, K. (2008). *The SAGE Handbook of Organizational Institutionalism*. Sage Publications.

Gulick, L., & Urwick, L. (1937). *Papers on the Science of Administration*. Institute of Public Administration.

Hannan, M. T., & Freeman, J. (1977). The Population Ecology of Organizations. *American Journal of Sociology*.

Hannan, M. T., & Freeman, J. (1989). *Organizational Ecology*. Harvard University Press.

Hasenfeld, Y. (2010). *Human Services as Complex Organizations*. SAGE Publications.

Heifetz, R. A., & Linsky, M. (2002). *Leadership on the Line: Staying Alive through the Dangers of Leading*. Harvard Business School Press.

Hepworth, D. H., Rooney, R. H., & Larsen, J. A. (2016). *Direct Social Work Practice: Theory and Skills*. Cengage Learning.

Hersey, P., & Blanchard, K. H. (1977). *Management of Organizational Behavior: Utilizing Human Resources*. Prentice Hall.

Herzberg, F. (1959). *The Motivation to Work*. Wiley.

Juran, J. M. (1989). *Juran on Leadership for Quality*. Free Press.

Kanigel, R. (1997). *The One Best Way: Frederick Winslow Taylor and the Enigma of Efficiency*. Viking.

Kaplan, R. S., & Norton, D. P. (1996). *The Balanced Scorecard*. Harvard Business Review Press.

Katz, D., & Kahn, R. L. (1978). *The Social Psychology of Organizations*. Wiley.

Katzenbach, J. R., & Smith, D. K. (1993). *The Wisdom of Teams*. Harvard Business School Press.

Lawrence, P. R., & Lorsch, J. W. (1967). *Organization and Environment*. Harvard Business School Press.

Lewis, J. A., Packard, T. R., & Lewis, M. D. (2012). *Management of Human Service Programs*. Brooks/Cole.

Likert, R. (1961). *New Patterns of Management*. McGraw-Hill.

Locke, E. A., & Latham, G. P. (1990). *A Theory of Goal Setting and Task Performance*. Prentice Hall.

Mayo, E. (1933). *The Human Problems of an Industrial Civilization*. Macmillan.

McGregor, D. (1960). *The Human Side of Enterprise*. McGraw-Hill.

Meyer, J. W., & Rowan, B. (1977). Institutionalized Organizations: Formal Structure as Myth and Ceremony. *American Journal of Sociology*.

Mintzberg, H. (1979). *The Structuring of Organizations*. Prentice Hall.

Osborne, D., & Gaebler, T. (1992). *Reinventing Government*. Addison-Wesley.

Ouchi, W. G. (1981). *Theory Z: How American Business Can Meet the Japanese Challenge*. Addison-Wesley.

Parsons, T. (1951). *The Social System*. Free Press.

Perrow, C. (1979). *Complex Organizations: A Critical Essay*. McGraw-Hill.

Pfeffer, J., & Salancik, G. R. (1978). *The External Control of Organizations: A Resource Dependence Perspective*. Harper & Row.

Pincus, A., & Minahan, A. (1973). *Social Work Practice: Model and Method*. Peacock Publishers.

Poister, T. H. (2010). *Performance Measurement in Nonprofit and Public Organizations*. Wiley.

Rainey, H. G. (2014). *Understanding and Managing Public Organizations*. Jossey-Bass.

Riggio, R. E. (2014). *Introduction to Industrial/Organizational Psychology*. Pearson.

Roethlisberger, F. J., & Dickson, W. J. (1939). *Management and the Worker*. Harvard University Press.

Salamon, L. M. (1995). *Partners in Public Service: Government-Nonprofit Relations in the Modern Welfare State*. Johns Hopkins University Press.

Scott, W. R. (1987). *Organizations: Rational, Natural, and Open Systems*. Prentice Hall.

Scott, W. R. (2003). *Organizations: Rational, Natural, and Open Systems*. Pearson.

Scott, W. R. (2014). *Institutions and Organizations: Ideas, Interests, and Identities*. Sage Publications.

Senge, P. M. (1990). *The Fifth Discipline: The Art and Practice of the Learning Organization*. Doubleday.

Senge, P. M. (2006). *The Fifth Discipline Fieldbook: Strategies and Tools for Building a Learning Organization*. Crown Business.

Simon, H. A. (1947). *Administrative Behavior*. Macmillan.

Stone, D. (2002). *Policy Paradox: The Art of Political Decision Making*. W. W. Norton.

Taylor, F. W. (1911). *The Principles of Scientific Management*. Harper & Brothers.

Weber, M. (1947). *The Theory of Social and Economic Organization*. Free Press.

Weber, M. (1968). *Economy and Society*. University of California Press.

Woodward, J. (1965). *Industrial Organization: Theory and Practice*. Oxford University Press.

Wren, D. A., & Bedeian, A. G. (2009). *The Evolution of Management Thought*. Wiley.

04 Chapter

사회복지행정의 체계

사회복지행정은 '추상적인 사회복지정책을 구체적인 복지서비스로 전환하여 복지서비스를 필요로 하는 대상자에게 제공하는 활동'이라고 할 수 있다. 사회복지행정이 이러한 활동을 효과적이고 효율적으로 수행하기 위해서는 적절한 행정체계와 전달체계를 갖추어야 한다.

4장 1절에서는 사회복지 행정체계를 공공과 민간부문으로 나누어 살펴보고, 공공부문과 민간부문의 역할분담에 대하여 논의한다. 그리고 2절에서는 사회복지 전달체계의 개념과 원칙, 그리고 개선전략을 분석해 본다.

1절 사회복지 행정체계

사회복지 행정체계는 공공부문과 민간부문으로 나눌 수 있다. 공공부문과 민간부문은 주체는 다르지만, 비영리를 목적으로 복지를 위해 활동한다는 점에서는 유사하다. 즉, 양자는 모두 공익을 위해 시민에게 복지서비스를 제공하는 복지공급자(welfare providers)라는 것이다.

사회복지 행정체계를 공공과 민간으로 구분하는 전통적인 기준은 운영 주체와 재정조달 방식이다. 공공부문의 운영 주체는 정부(중앙정부 및 지방정부)이며, 정부는 지배적이고 독점적인 권한을 행사한다. 민간부문의 운영 주체는 민간이며, 민간단체가 정부의 간섭 없이 자율적으로 운영한다. 그리고 공공부문은 재정을 조세로 충당하고, 민간부문은 자체자금, 후원금, 기부금, 이용자 부담금 등 기업과 시민사회, 개인의 지원금으로 재정을 조달한다. 그러나 신자유주의 이후 이런 전통적인 구분에 변화가 생겼다. 순수 공공부문과 순수 민간부문이 혼합된 혼합부문(welfare mix)이 나타난 것이다(이성기, 2019).

1. 공공 사회복지 행정체계

공공 사회복지 행정체계는 국가와 지방정부가 주도적으로 복지서비스를 기획, 관리, 제공하는 체계를 의미한다. 이는 공공부문에서 사회적 안전망을 구축하고, 사회적 약자와 취약계층을 보호하며, 국민의 기본적 복지수준을 보장하기 위한 핵심적인 역할을 수행한다.

1) 공공 사회복지 행정체계의 개념과 특징

(1) 개념

공공 사회복지 행정체계는 정부가 법적, 재정적 권한을 바탕으로 사회복지정책을 수립하고, 이를 실행하기 위해 필요한 조직, 인력, 재정을 운영하는 체계이다(Gilbert & Terrell, 2013).

(2) 특징(Midgley, 1997)

① 법적 기반: 공공 사회복지 행정체계는 헌법, 법률, 시행령 등을 기반으로 운영된다.

② 재정 지원: 정부 예산 및 국민 세금을 주요 재원으로 사용한다.

③ 책임성과 투명성: 국민의 세금으로 운영되므로 높은 책임성과 투명성을 요구받는다.

④ 보편성과 형평성: 복지서비스가 국민 모두에게 공정하게 제공되도록 보장한다.

2) 공공 사회복지 행정체계의 구성 요소

(1) 법적 체계

공공 사회복지행정은 사회복지 관련 법률에 기반하여 운영된다. 주요 법률은 다음과 같다(Pierson & Thomas, 2010).

① 사회보장법: 사회복지 정책의 기본 틀을 제공한다.

② 아동복지법: 아동의 권리 보호와 복지를 증진한다.

③ 노인복지법: 노인의 삶의 질 향상을 위한 법적 지원을 한다.

(2) 조직 체계

① 중앙정부: 사회복지정책을 수립하고, 법을 제정하고 재정을 지원하며, 보건복지부, 고용노동부 등이 대표적 기관이다.

② 지방정부: 중앙정부의 정책을 지역사회에 적용하고 운영하며, 시·도나 시·군·구의 복지부서가 이에 속한다.

③ 공공기관 및 준공공기관: 중앙 및 지방정부와 협력하여 복지서비스를 제공하는 것으로, 국민건강보험공단, 한국장애인개발원 등이 있다.

(3) 재정 체계

주요 재원은 정부의 일반 세수, 사회보험료(예: 국민연금, 건강보험), 국고보조금 및 지방비 등이다(Barr, 2012).

(4) 인적 자원

공무원과 사회복지 전담인력이 주요 역할을 수행하며, 사회복지전담 공무원, 사회복지사,

사례관리자, 복지상담사 등이 있다(Barker, 2003).

3) 공공 사회복지 행정체계의 주요 기능

(1) 정책 수립

국가와 지방정부는 사회적 요구와 문제를 분석하고, 이에 적합한 정책을 수립한다. 예를 들면, 고령화 대응 정책이나 아동학대 예방 프로그램을 수립하는 것이다(Titmuss, 1974).

(2) 재정 관리

사회복지 예산을 확보하고, 프로그램과 서비스를 효과적으로 배분한다. 예로는 노인복지 예산, 장애인 지원 예산 등이 있다(Finkler & Ward, 2019).

(3) 서비스 제공

공공기관을 통해 보편적이고 형평성 있는 복지서비스를 제공한다. 예를 들면, 국민기초생활보장급여, 의료급여, 아동보호 서비스 등을 제공한다(Pierson & Thomas, 2010).

(4) 조정 및 협력

중앙정부, 지방정부, 민간부문 간의 협력 체계를 구축하고 조정한다. 즉, 민관 협력 모델을 만들고, 지역복지 네트워크를 구성하는 것이다(Midgley, 1997).

4) 공공 사회복지 행정체계의 과제

(1) 재정 부족

날로 증가하는 복지수요에 비해 재정 자원은 한계가 있다(Barr, 2012).

(2) 서비스 형평성 문제

지역 간 복지서비스의 격차가 여전히 존재한다(Gilbert & Terrell, 2013).

(3) 복잡한 조직 구조

중앙정부와 지방정부 간의 역할 중복과 비효율성이 존재한다(Dolgoff & Feldstein, 2007).

(4) 인력 부족

전문적이고 숙련된 사회복지사와 행정인력이 부족하다(Barker, 2003).

공공 사회복지 행정체계는 국민의 복지를 증진하고, 사회적 안전망을 강화하는 데 필수적인 역할을 한다. 법적, 조직적, 재정적 체계를 통해 효율적으로 운영되는 것이 중요하며, 지속 가능한 재정과 형평성 있는 서비스 제공이 핵심 과제이다. 이를 위해 정부는 민간부문과의 협력을 강화하고, 정책의 효과성과 실행 가능성을 높이는 방향으로 나아가야 한다.

2. 민간 사회복지 행정체계

민간 사회복지 행정체계는 공공 사회복지 행정체계와 대비되며, 비영리단체, 비정부기구(NGO), 종교기관, 협동조합 등이 주도적으로 운영하는 복지서비스 제공체계이다. 이는 공공 행정체계의 한계를 보완하고, 다양하고 창의적인 방식으로 복지서비스를 제공하는 데 중점을 둔다.

1) 민간 사회복지 행정체계의 개념

민간 사회복지 행정체계는 정부의 직접적인 통제를 받지 않는 독립적인 조직들이 복지서비스의 기획, 실행, 평가 등을 담당하는 체계이다. 이 체계는 공공부문과 협력하거나 독립적으로 운영되며, 자발적이고 비영리적 성격을 띤다. 주요 특징은 다음과 같다(Salamon, 1999).

(1) 자발성

민간부문은 개인 또는 단체의 자발적인 참여와 기부를 기반으로 한다.

(2) 비영리성

민간부문은 영리 추구가 아니라 공익과 복지 증진을 목표로 한다.

(3) 독립성

민간부문은 정부와는 별도의 관리 체계를 가지며, 재정과 운영에 있어 자율성을 보유한다.

(4) 다양성

민간부문은 공공체계에서 다루기 어려운 다양한 서비스와 접근 방식을 제공한다.

2) 민간 사회복지 행정체계의 주요 유형

(1) 비영리단체(Non-Profit Organizations, NPOs)

비영리단체는 공익을 목적으로 설립된 조직으로, 지역사회 발전과 취약계층 지원에 중점을 둔다. 예를 들면, 지역아동센터, 노인복지관, 장애인 지원단체 등이다(Young, 2007).

(2) 비정부기구(Non-Governmental Organizations, NGOs)

국제적 또는 지역적 문제를 해결하기 위해 설립된 조직으로, 주로 환경보호, 인권, 긴급구호 등 특정 분야에 중점을 두며, 유니세프(UNICEF), 월드비전(World Vision) 등이 대표적이다(Vakil, 1997).

(3) 종교단체

종교적 가치와 윤리에 기반하여 사회복지서비스를 제공하며, 취약계층 지원에 강한 의지를 보이는 조직으로, 카리타스(Caritas), 구세군(The Salvation Army) 등이 있다(Clarke, 2006).

(4) 사회적 기업(Social Enterprises)

영리 활동을 통해 수익을 창출하지만, 이익의 대부분을 사회적 목적 달성을 위해 재투자하는 형태이다. 예로는 공정무역 조직, 장애인 일자리 창출 기업 등이 있다(Defourny & Nyssens, 2010).

3) 민간 사회복지 행정체계의 역할

(1) 복지 사각지대 해소

공공부문이 다루기 어려운 복지 사각지대의 문제를 보완한다. 예를 들면, 소외된 지역사회나 특정 소수자 집단에 대한 지원을 한다.

(2) 혁신적 서비스 제공

민간의 창의성과 유연성을 활용하여 새로운 복지서비스 모델 개발한다. 장애인의 자립 지원 프로그램이나 지역사회의 통합 돌봄 등이 있다.

(3) 시민 참여 촉진

지역사회 구성원의 자발적 참여를 이끌어내고, 공동체 의식을 고취시킨다. 예로는 자원봉사 활동이나 기부 문화 활성화 등이 있다.

(4) 정부와의 협력

공공부문과의 파트너십을 통해 자원을 공유하고, 복지서비스를 확대한다. 예를 들면, 정부 보조금을 통한 민간 시설을 운영한다(Salamon & Anheier, 1996).

4) 민간 사회복지 행정체계의 장점과 한계

민간 사회복지 행정체계의 장점과 한계는 다음과 같다(Young, 2007).

(1) 장점

① 신속성과 유연성: 정부 조직보다 빠르게 문제를 파악하고 해결이 가능하다.

② 다양한 자원 동원: 기부금, 후원금, 자원봉사 등 민간 자원을 활용한다.

③ 현장 중심의 서비스: 지역사회 및 클라이언트의 실질적 요구를 반영한다.

(2) 한계

① 재정적 불안정성: 기부금과 외부 지원에 의존하는 경우가 많아 지속 가능성이 약하다.

② 책임성 부족: 투명성과 책임성 확보가 어려운 경우가 발생한다.

③ 정부와 역할 중복: 공공부문과 민간부문의 역할 경계가 불명확해질 가능성이 있다.

5) 민간 사회복지 행정체계의 성공적 운영 조건

(1) 재정의 안정성 확보

다각적인 재원 조달 방식을 통해 지속 가능성을 강화한다(Finkler & Ward, 2019).

(2) 전문성 강화

민간 조직의 운영에 필요한 전문성을 갖춘 인력을 양성하고 교육한다(Drucker, 1990).

(3) 정부와 협력 강화

공공-민간 파트너십을 통해 상호 보완적인 관계를 구축한다(Salamon & Anheier, 1996).

(4) 투명성 및 책임성 강화

재정 관리와 서비스 제공 과정의 투명성을 확보하고 이해관계자들에게 보고한다(Mook & Quarter, 2007).

민간 사회복지 행정체계는 공공부문과 상호보완적 관계를 통해 복지 사각지대를 해소하고, 다양한 복지서비스를 제공하는 중요한 역할을 수행한다. 민간 체계의 지속 가능한 운영과 성과 향상을 위해 재정 안정성, 전문성, 투명성 등을 확보하는 노력이 필요하다.

3. 공공과 민간의 역할 분담

사회복지행정에서 공공과 민간은 서로 상호 보완적인 관계를 통해 복지서비스를 제공하며, 각기 다른 강점과 특징을 바탕으로 역할을 분담한다. 공공부문은 주로 법적 · 정책적 역할을 담당하며, 민간부문은 혁신성과 유연성을 바탕으로 서비스의 질과 다양성을 증진시키는 데 기여한다.

1) 역할 분담의 개념

사회복지행정에서 공공과 민간의 역할 분담은 '사회복지를 증진하기 위해 정부와 민간부문이 각자의 강점을 바탕으로 협력하는 체계'를 의미한다. 이는 사회적 자원의 효율적 활용과 다양한 복지 수요 충족을 위해 중요하다.

공공부문은 법적 권한과 재정을 바탕으로 사회복지 정책을 수립하고 시행하는 주체이다. 이는 사회복지서비스의 기본적인 틀을 제공하며, 모든 시민이 복지서비스에 접근할 수 있도록 보장하는 역할을 수행한다(Salamon, 1987).

민간부문은 창의적이고 유연한 방식으로 사회복지서비스를 제공하며, 공공부문이 다루기 어려운 영역을 보완한다. 이는 비영리 단체(NPO), 기업의 사회적 책임(CSR), 자원봉사 그룹 등으로 구성된다(Young, 2007).

2) 역할 분담의 유형

공공과 민간의 역할 분담은 다양한 형태로 나타나며, 협력의 정도와 방식에 따라 다음과 같은 유형으로 분류할 수 있다.

(1) 공공 주도형

공공부문이 주도적으로 복지서비스를 제공하며, 민간은 보조적 역할을 수행하는 유형이다. 이 유형은 공공부문이 정책과 자원을 주도적으로 관리하고, 민간은 제한된 범위에서 공공서비스를 지원하는 형태로, 기초생활보장제도가 이에 속한다(Gilbert & Terrell, 2013).

(2) 민간 주도형

민간부문이 주도적으로 복지서비스를 제공하며, 공공부문은 간접적으로 지원하는 유형이다. 이 유형에서는 민간이 특정 집단의 복지 요구를 창의적으로 충족시키고, 공공은 재정적, 행정적 지원을 제공하는 것이다. 예를 들면, 자원봉사 기반의 지역복지 프로그램이 이에 속한다(Anheier, 2005).

(3) 공공-민간 파트너십(Public-Private Partnership, PPP)

공공과 민간이 협력하여 복지서비스를 제공하는 유형이다. 이 유형은 공동 목표를 설정하고 자원을 공유하며, 민간의 창의성과 공공의 안정성을 결합하는 것이다. 노인복지센터의 운영에서 민간이 운영하고 공공이 재정을 지원하는 것이 대표적이다(Osborne, 2006).

(4) 계약 방식(Contracting Out)

공공부문이 민간에 복지서비스 제공을 위탁하는 방식이다. 이 유형은 공공이 재정과 감독을 담당하고, 민간이 서비스 제공을 실행하는 것으로, 공공 보유시설의 위탁 운영이 대표적인 예이다(Salamon, 1987).

(5) 완전 민영화 유형

이는 민간이 독립적으로 복지서비스를 제공하며, 공공부문은 관여하지 않는 형태이다. 이 유형은 민간의 완전한 자율성과 책임을 갖고, 시장 중심으로 접근하는 방식이다. 예를 들면, 민간 병원의 의료 서비스가 대표적이다(Young, 2007).

3) 역할 분담의 장점과 한계

공공과 민간의 역할 분담의 장점과 한계는 다음과 같다(Salamon, 1987).

(1) 장점

① 자원의 효율성: 공공과 민간의 강점을 결합하여 자원을 최적화한다.

② 서비스의 다양화: 민간의 유연성을 통해 다양한 복지 요구를 충족시킬 수 있다.

③ 책임성 강화: 이해관계자의 참여를 통해 투명성과 책임성을 제고한다.

(2) 한계

① 역할 중복과 갈등: 공공과 민간 간 역할 경계가 불명확할 경우, 갈등이 발생할 수 있다.

② 재정 의존성: 민간이 공공 재정에 과도하게 의존할 가능성이 있다.

③ 서비스의 질 관리 문제: 민간 서비스의 품질이 공공 기준에 미치지 못할 위험이 있다.

4) 역할 분담의 성공 조건

(1) 명확한 목표 설정

공공과 민간의 협력 목표를 명확히 정의한다(Osborne, 2006).

(2) 신뢰 구축

공공과 민간 간 신뢰와 상호 존중을 기반으로 협력 관계를 형성한다(Anheier, 2005).

(3) 성과 기반 평가

역할 분담의 성과를 정기적으로 평가하고, 개선점을 반영한다(Gilbert & Terrell, 2013).

사회복지행정에서 공공과 민간의 역할 분담은 복지 자원의 효율적 활용과 다양한 사회적 요구 충족을 위한 필수적인 전략이다. 공공은 안정적이고 보편적인 서비스를 제공하며, 민간은 창의적이고 지역 중심적인 서비스를 보완적으로 제공함으로써 상호 보완적인 관계를 유지해야 한다. 성공적인 역할 분담을 위해서는 명확한 협력 체계와 지속적인 성과관리가 중요하다.

2절 사회복지 전달체계

사회복지 전달체계는 복지서비스가 필요한 대상자에게 효과적이고 효율적으로 전달되도록 지원하는 조직적이고 체계적인 과정과 구조를 의미한다. 이는 복지서비스의 목표 달성에 있어 핵심적인 역할을 하며, 대상자와 서비스 제공자 간의 연결고리 역할을 수행한다.

1. 사회복지 전달체계의 개념

사회복지 전달체계(Social Welfare Delivery System)는 '복지서비스의 계획, 제공, 관리 및 평가를 포함하는 구조와 과정'을 의미한다. 이는 서비스 제공자와 대상자 간의 접점에서 작동하며, 대상자의 요구를 충족시키는 데 중점을 둔다.

1) Gilbert & Terrell의 정의

사회복지 전달체계는 '복지서비스를 적절한 대상자에게 효율적으로 전달하는 데 필요한 조직적 장치와 절차를 포함한다'라고 정의했다(Gilbert & Terrell, 2010).

2) Conos의 정의

사회복지 전달체계는 '사회적 자원과 서비스를 필요한 사람들에게 연결하는 과정과 구조'라고 정의한다(Conos, 1995).

2. 사회복지 전달체계의 구성 요소

1) 서비스 제공자(Service Providers)

서비스 제공자는 사회복지사, 상담사, 비영리단체, 정부기관 등이다(Payne, 2015).

2) 대상자(Target Population)

대상자는 도움이 필요한 클라이언트인 저소득층, 노인, 아동 등이다(Gilbert & Terrell, 2010).

3) 조직 구조(Organizational Structure)

조직 구조는 전달체계를 구성하는 공공 및 민간 조직의 역할 분담을 말한다(Hasenfeld, 2010).

4) 재정 및 자원(Financial and Resource Support)

재정 및 자원은 전달체계 운영에 필요한 예산, 기부금, 인력 및 시설 등이다(Young, 2007).

5) 정책 및 법률(Policy and Legislation)

정책 및 법률은 전달체계를 운영하는 데 필요한 법적 및 정책적 기반이다(Reamer, 2013).

3. 사회복지 전달체계의 원칙

사회복지 전달체계는 다음과 같은 주요 원칙에 따라 설계되고 운영된다.

1) 적합성(Appropriateness)

복지서비스는 대상자의 요구에 맞도록 설계되고 제공되어야 한다. 예를 들면, 아동 대상 프로그램에는 발달 수준과 교육적 요구가 반영되어야 한다(Hepworth, Rooney & Larsen, 2016).

2) 효율성(Efficiency)

사회복지 전달체계는 최소한의 자원으로 최대한의 효과를 달성해야 한다. 즉, 중복된 행정 절차를 줄이고 자원 낭비를 방지하여야 한다(Finkler & Ward, 2019).

3) 접근성(Accessibility)

복지서비스는 지리적, 경제적, 사회적 장벽이 없이 접근 가능해야 한다. 예를 들면, 교통 소외 지역의 대상자에게는 이동식 복지서비스가 제공되어야 한다(Reamer, 2013).

4) 책임성(Accountability)

사회복지 전달체계는 서비스 제공의 질과 결과에 대해 책임을 져야 한다. 예를 들면, 대상자에게 제공된 서비스는 반드시 서비스의 효과를 정기적으로 평가해야 한다(Anthony & Young, 2019).

5) 통합성(Coordination)

사회복지 전달체계는 다양한 서비스 간의 중복을 방지하고 협력체계를 구축해야 한다. 따라서 사회복지 공공기관과 민간단체 간의 네트워크를 강화해야 한다(Hasenfeld, 2010).

6) 지속 가능성(Sustainability)

사회복지 전달체계는 장기적으로 안정적으로 운영될 수 있는 재정적, 구조적 기반을 확보해야 한다(Young, 2007).

사회복지 전달체계는 복지서비스가 효과적으로 제공되도록 하는 데 중요한 역할을 한다. 이는 적합성, 효율성, 접근성, 책임성, 통합성, 지속 가능성 등의 원칙에 따라 설계되고 운영된다. 성공적인 전달체계는 자원의 효율적 활용과 대상자 중심의 서비스를 통해 사회복지의 목표를 실현하는 데 기여한다.

4. 사회복지 전달체계의 문제점과 개선전략

사회복지 전달체계(Social Welfare Delivery System)는 복지서비스가 필요한 대상자에게 적시에 효율적으로 제공되도록 조직화된 과정과 구조를 의미한다. 이 체계는 복지서비스의 접근성과 효과성을 결정짓는 핵심 요소이지만, 현실적으로 여러 문제점이 존재하며, 이를 개선하기 위한 전략이 요구된다.

1) 사회복지 전달체계의 문제점

(1) 중복성과 비효율성

중앙정부와 지방정부, 공공기관과 민간단체 간의 역할 중복과 비효율적 자원 분배가 발생할 수 있다. 예를 들면, 동일한 서비스가 여러 기관에서 제공되며, 대상자가 적합한 기관을 찾는 데 혼란을 겪는 것이다(Gilbert & Terrell, 2010).

(2) 서비스 접근성 부족

서비스 대상자가 필요한 정보에 접근하지 못하거나, 물리적 거리 및 시간 제약으로 인해 서비스를 받지 못하는 경우가 많다. 예를 들면, 농어촌 지역이나 소외 계층은 서비스 접근성이 특히 낮다(Kang, 2015).

(3) 대상자 중심의 서비스 부족

사회복지 전달체계가 공급자 중심으로 운영되며, 대상자의 개별적 필요가 충분히 반영되지 못한다. 예를 들어 표준화된 서비스가 제공되면, 대상자에게 맞는 맞춤형 지원이 어려울 수 있다(Hasenfeld, 2010).

(4) 인력 부족 및 전문성 결여

사회복지 전달체계를 운영하는 인력이 부족하며, 전문성이 미흡한 경우가 많다. 사회복지직은 고용 안정성이 낮아 숙련된 인력의 유입이 어렵고, 교육과 훈련 기회가 제한되는 경우가 있다(Lipsky, 1980).

(5) 재정적 제한

사회복지 전달체계의 운영 및 서비스 제공에 필요한 재원이 부족하다. 민간단체와 지방정부는 중앙정부에 의존하지만, 사회복지의 자원 분배가 제한적으로 이루어지는 경우가 많다(Young, 2007).

2) 사회복지 전달체계의 개선전략

(1) 통합적 전달체계의 구축

중앙정부, 지방정부, 공공기관, 민간단체 간의 역할을 명확히 하고, 서비스 중복을 방지하기 위해 전달체계를 통합하여야 한다. 구체적인 실천 방법으로는 통합된 데이터베이스 구축 및 정보 공유 시스템을 개발하고, 공공-민간의 파트너십(PPP)을 강화하여야 한다. 예를 들면, 미국의 No Wrong Door 정책은 대상자가 어느 기관에 접촉하든 적합한 서비스를 받을 수 있도록 체계를 통합한 사례이다(Gilbert & Terrell, 2010).

(2) 접근성 강화

농어촌 및 소외 계층 대상자에게 서비스 접근성을 높이기 위한 노력을 하여야 한다. 실천 방법으로는 모바일 복지서비스를 운영하거나, 지역사회를 기반으로 복지센터를 확충하는 방법이 있다. 최근에 한국의 찾아가는 복지서비스 사업은 지역사회를 직접 방문하여 서비스 접근성을 높인 좋은 예이다(Kang, 2015).

(3) 대상자 중심의 서비스 제공

대상자의 개별적 요구를 반영한 맞춤형 서비스를 제공하는 것으로, 구체적인 실천 방법으로는 클라이언트 중심의 사례관리를 강화하고 서비스 설계 과정에서 대상자 참여를 확대하는 것이다. 영국의 개인 예산제(Personal Budget System)는 대상자가 필요한 서비스를 선택하도록 지원한 좋은 예이다(Hasenfeld, 2010).

(4) 전문 인력의 양성 및 확보

사회복지 전달체계를 운영하는 인력의 전문성을 강화하고 안정적으로 확보하여야 한다. 따라서 직무별 교육과 훈련 프로그램을 개발하고, 사회복지사의 고용 안정성을 강화하고 처우를 개선하여야 한다. 예를 들면, 캐나다는 사회복지사의 전문성 강화를 위해 정기적인 교육 프로그램과 인증 제도를 운영하고 있다(Lipsky, 1980).

(5) 재정 지원의 확대

사회복지 전달체계의 운영과 서비스 제공을 위한 재정적 기반을 강화하여야 한다. 실천 방법으로는 중앙정부와 지방정부 간의 재정 분담 구조를 개선하고, 기부와 민간 후원을 활성화하기 위한 세제 혜택을 제공하여야 한다. 예를 들면, 독일은 지방정부가 연방정부로부터 안정적인 재정 지원을 받는 구조를 통해 지속 가능한 전달체계를 유지하고 있다(Young, 2007).

사회복지 전달체계는 복지서비스의 실효성을 좌우하는 중요한 요소이며, 중복성과 비효율성, 접근성 부족, 인력 문제 등 다양한 도전 과제를 안고 있다. 이를 해결하기 위해 통합적 체계 구축, 접근성 강화, 대상자 중심 서비스, 전문 인력 양성, 재정 지원 확대와 같은 개선전략이 필요하다. 이러한 노력을 통해 사회복지 전달체계는 더욱 공정하고 효율적으로 운영될 수 있을 것이다.

연습문제

01 공공 사회복지 행정체계에서 보편적 서비스의 예로 가장 적합하지 않은 것은?

① 국민기초생활보장급여
② 장애인 복지서비스
③ 지역사회 자원봉사 프로그램
④ 의료급여

02 공공과 민간의 역할 분담에서 공공 민간 파트너십의 주요 특징으로 적합하지 않은 것은?

① 공동 목표 설정
② 자원 공유
③ 민간의 재정 지원 강화
④ 공공의 안정성과 민간의 창의성 결합

03 공공과 민간의 역할 분담에서 완전 민영화의 예로 적합하지 않은 것은?

① 민간 병원의 의료 서비스
② 공공 보육시설의 위탁 운영
③ 민간 중심의 긴급 구호 프로그램
④ 자발적 지역 복지 활동

04 공공과 민간의 역할 분담에서 계약 방식의 특징으로 적합하지 않은 것은?

① 공공부문이 재정과 감독 담당
② 민간부문이 서비스 제공 실행
③ 민간이 공공 자원에 의존하지 않음
④ 공공 보육시설의 위탁 운영

정답 | 01 ③ 02 ③ 03 ② 04 ③

05 사회복지 전달체계의 원칙 중 효율성의 의미로 가장 적합한 것은?

① 서비스 제공의 접근성을 극대화한다.
② 최소한의 자원으로 최대한의 효과를 달성한다.
③ 대상자의 모든 요구를 충족한다.
④ 서비스 제공자가 필요로 하는 자원을 보장한다.

06 사회복지 전달체계에서 중복성과 비효율성을 해결하기 위한 전략으로 가장 적합한 것은?

① 복지서비스의 공급자 확대
② 공공 민간 협력의 강화 및 데이터베이스 통합
③ 복지 인프라의 물리적 확대
④ 민간 후원자의 자율성 보장

07 대상자 중심의 서비스 제공 방안으로 적합하지 않은 것은?

① 클라이언트 중심의 사례관리 강화
② 표준화된 서비스 설계만을 적용
③ 대상자의 개별적 요구 반영
④ 대상자의 서비스 설계 참여 확대

08 사회복지 전달체계에서 지속 가능성을 확보하기 위한 주요 전략으로 가장 적합하지 않은 것은?

① 민간 후원 활성화를 위한 세제 혜택 제공
② 지방정부의 독립적 재정 운영 강화
③ 중앙정부와 지방정부 간 재정 분담 구조 개선
④ 안정적인 재정 기반 확보

정답 | 05 ② 06 ② 07 ② 08 ②

참고문헌

Anheier, H. K. (2005). *Nonprofit Organizations: Theory, Management, Policy*. Routledge.

Barker, R. L. (2003). *The Social Work Dictionary*. NASW Press.

Barr, N. (2012). *Economics of the Welfare State*. Oxford University Press.

Clarke, G. (2006). Faith Matters: Faith-Based Organizations, Civil Society, and International Development. *Journal of International Development*.

Conos, T. (1995). *Social Work and the Delivery of Services*. Prentice Hall.

Defourny, J., & Nyssens, M. (2010). Social Enterprise in Europe: At the Crossroads of Market, Public Policies, and Third Sector. *Policy and Society*.

Dolgoff, R., & Feldstein, D. (2007). *Understanding Social Welfare: A Search for Social Justice*. Pearson.

Drucker, P. F. (1990). *Managing the Nonprofit Organization*. HarperCollins.

Finkler, S. A., & Ward, D. M. (2019). *Accounting Fundamentals for Health Care Management*. Jones & Bartlett Learning.

Gilbert, N., & Terrell, P. (2010). *Dimensions of Social Welfare Policy*. Pearson.

Gilbert, N., & Terrell, P. (2013). *Dimensions of Social Welfare Policy*. Pearson.

Hasenfeld, Y. (2010). *Human Services as Complex Organizations*. SAGE.

Kang, S. (2015). Social Welfare in Rural Areas: Accessibility Issues. *Journal of Rural Social Work*.

Lipsky, M. *(1980). Street-Level Bureaucracy: Dilemmas of the Individual in Public Services*. Russell Sage Foundation.

Midgley, J. (1997). *Social Welfare in Global Context*. Sage.

Mook, L., & Quarter, J. (2007). *Accounting for Social Value*. University of Toronto Press.

Osborne, S. P. (2006). *The New Public Governance?*. Routledge.

Payne, M. (2015). *Modern Social Work Theory*. Oxford University Press.

Pierson, J., & Thomas, M. (2010). *Dictionary of Social Work*. Open University Press.

Salamon, L. M. (1999). *America's Nonprofit Sector: A Primer*. The Foundation Center.

Titmuss, R. M. (1974). *Social Policy*. Allen & Unwin.

Vakil, A. C. (1997). Confronting the Classification Problem: Toward a Taxonomy of NGOs. *World Development*.

Young, D. R. (2007). *Financing Nonprofits: Putting Theory into Practice*. Harvard University Press.

PART 2

사회복지조직의 운영

2부는 사회복지조직을 실제로 운영하는 데 필요한 내용들로 구성되어 있다. 사회복지조직을 운영하는 데 필요한 기능은 크게 기획(planning), 조직화(organizing), 인사(staffing), 지시(directing), 조정(coordinating), 보고(reporting), 재정(budgeting), 평가(evaluating)로 나누어진다.

5장에서는 사회복지행정의 조직과 조직을 구성하는 조직화에 대해서 살펴본다. 6장에서는 사회복지조직의 기획과 의사결정에 대해서 알아보고, 7장에서는 사회복지조직의 직원을 지시하고 조정하는 리더십과 조직문화에 대하여 분석한다. 8장에서는 사회복지조직의 직원의 채용과 해고, 훈련과 업무조건에 관한 인사관리와 직원능력 개발을 다루고, 직원에 대한 동기부여와 소진, 그리고 슈퍼비전에 대해서 살펴본다. 9장에서는 사회복지조직의 운영에 소요되는 재원을 다루는 재무관리를 분석해 보고, 10장에서는 사회복지조직의 욕구조사와 프로그램에 대해서 알아본다. 11장에서는 사회복지조직의 책임성과 이에 대한 평가를 살펴보고, 12장에서는 사회복지조직의 마케팅과 홍보 그리고 모금에 대해서 알아보고, 13장에서는 사회복지조직의 환경관리와 정보관리에 대해서 분석해 본다.

05 Chapter

사회복지조직 및 조직화

헌대사회에서 사회복지행정은 사회복지조직을 통해서 이루어진다. 따라서 사회복지행정의 기본적인 단위는 사회복지조직이라고 할 수 있으며, 사회복지행정의 주요 관심사 중 하나는 사회복지조직을 이해하고, 효율적으로 구성하는 것이다.

5장 1절에서 사회복지조직의 개념과 구조 등을 살펴본 다음, 2절에서는 사회복지조직의 조직화에 대해서 분석해 본다.

1절 사회복지조직

사회복지행정은 사회복지조직을 통해서 이루어진다. 따라서 사회복지행정의 기본적인 단위는 사회복지조직이라고 할 수 있으며, 사회복지행정의 주요 관심사 중 하나는 사회복지조직을 이해하고, 효율적으로 구성하는 것이다.

1. 사회복지조직의 개념과 특성

조직(Organization)이란 '사람들이 공동의 목표를 달성하기 위해 구조화된 방식으로 협력하고 상호작용하는 사회적 집합체'를 의미한다. 사회복지조직은 사회적 문제를 해결하고, 복지서비스를 제공하며, 자원의 효율적 배분을 통해 클라이언트의 복지를 증진하기 위한 필수적인 매개체로 작용한다.

1) 조직의 정의

(1) Henri Fayol의 정의

조직은 "공통의 목표를 달성하기 위해 자원을 조정하고 구성원 간의 활동을 통합하는 체계"라고 정의하였다(Fayol, 1916).

(2) Chester Barnard의 정의

조직은 "공동의 목적, 협력적 활동, 의사소통 체계를 가진 사회적 단위"라고 정의하였다(Barnard, 1938).

(3) Max Weber의 정의

조직은 "권위와 책임이 명확히 규정된 계층적 구조를 가진 집단"으로 설명하였다(Weber, 1947).

(4) 사회복지조직의 정의

이러한 조직의 정의를 참고하여 사회복지조직을 정의하면, 사회복지조직은 '사회복지서비스를 제공하기 위하여 설립된 기관'이라고 할 수 있다. 여기에는 공공 및 민간 영역 모두 포함되며, 클라이언트의 복지 향상과 사회적 문제 해결에 기여하고자 하는 것이다(Netting, Kettner & McMurtry, 2004).

2) 사회복지조직의 특성

(1) 목적 지향성

조직은 특정 목표를 달성하기 위해 존재하며, 이 목표는 조직의 운영 방향과 활동을 결정한다. 예를 들면, 아동복지기관은 아동의 권리 보호와 복지 증진을 목표로 한다(Robbins & Coulter, 2009).

(2) 구조화된 체계

조직은 구성원의 역할과 책임을 명확히 정의하고, 이를 기반으로 활동을 체계화한다. 예를 들면, 사회복지사는 클라이언트 상담을 담당하고, 관리자는 예산과 자원을 관리한다(Weber, 1947).

(3) 조정과 협력

조직 내 구성원은 서로 협력하여 목표를 달성하며, 조정 메커니즘을 통해 활동의 효율성을 높인다. 예를 들면, 팀 단위로 문제를 해결하거나, 부서 간 협력을 통해 서비스를 제공하는 것이다(Mintzberg, 1979).

(4) 환경과의 상호작용

조직은 외부 환경(경제적, 정치적, 사회적 요인)에 영향을 받으며, 이에 따라 변화와 적응을 추구한다. 사회복지조직은 정부의 복지정책 변화에 따라 프로그램을 수정한다(Pfeffer & Salancik, 1978).

3) 사회복지조직의 기능

(1) 서비스 제공

사호복지조직은 클라이언트의 욕구를 충족시키기 위한 다양한 복지 프로그램과 서비스를 기획하고 실행한다(Drucker, 1990).

(2) 자원 관리

사회복지조직은 재정적, 인적, 물리적 자원을 효율적으로 관리하여 조직의 목표를 달성한다(Mintzberg, 1979).

(3) 옹호와 정책 제안

사회복지조직은 사회적 약자의 권리를 보호하고, 정책 개선을 위해 옹호 활동을 수행한다(Reamer, 2006).

(4) 연구와 평가

사회복지조직은 복지 프로그램의 효과를 평가하고, 지속적인 개선을 위한 연구를 수행한다(Payne, 2015).

조직은 사회복지행정에서 목표 달성과 서비스 제공을 위한 핵심 구조로 작용한다. 조직의 개념과 특성을 이해하는 것은 효율적인 사회복지서비스 운영과 관리를 위한 필수적인 지식이다. 사회복지조직은 공공, 민간, 영리조직으로 구성되며, 이들은 각각의 특성과 목표에 따라 다양한 방식으로 클라이언트의 복지 증진에 기여한다.

4) 사회복지조직의 유형

사회복지행정에서 조직의 유형은 조직의 설립 목적, 운영 방식, 제공하는 서비스의 성격에 따라 다양하게 구분된다. 조직의 유형에 따라 목표, 구조, 운영 전략이 달라지며, 각 조직 유형은 고유한 특성과 기능을 가지고 있다. 사회복지조직은 주로 다음의 기준에 따라 분류된다.

① 소유권: 공공 조직, 민간 조직(영리/비영리)

② 운영 범위: 지역 조직, 전국 조직, 국제 조직

③ 제공 서비스 성격: 직접 서비스 제공 조직, 지원 조직

(1) 공공 사회복지조직

공공 사회복지조직은 정부 또는 지방자치단체가 설립하고 운영하며, 사회복지서비스를 제공하는 조직이다. 공공재와 공공서비스를 제공하여 사회적 약자를 보호하고 복지 증진을 목적으로 한다. 공공 사회복지조직은 정부의 예산과 법적 권한에 의해 운영되며, 정책 변화와 정치적 환경에 영향을 받는다. 국민연금공단, 건강보험공단, 지역사회복지센터 등이 이에 속한다.

공공 사회복지조직의 장점은 안정적인 재정 지원과 법적 권한이 있으며, 대규모 서비스의 제공이 가능하다는 것이다. 단점으로는 관료주의적 경향과 유연성이 부족하다는 것이다 (Salamon, 1995).

(2) 민간 사회복지조직

민간 사회복지조직은 개인, 기업, 또는 비영리 단체가 설립하여 운영하는 사회복지조직으로, 유형은 다음과 같다(Anheier, 2014).

① 영리조직

영리조직은 복지서비스를 제공하면서, 이윤을 창출하는 조직으로, 민간 요양시설이나 사회적 기업을 들 수 있다. 장점은 시장 기반의 효율성이 있다는 것이며, 단점으로는 서비스의 형평성에 문제가 있다는 것이다.

② 비영리조직

비영리조직은 공공의 이익을 위하여 서비스를 제공하는 조직으로, 자선단체, NGO, 종교 기반의 복지기관 등이 있다. 장점으로는 높은 자율성과 사회적 신뢰를 가지고 있으나, 단점으로는 재정적 안정성이 낮을 수 있다는 것이다.

③ 지역 사회복지조직

지역 사회복지조직은 특정 지역의 주민 복지 향상을 목표로 설립된 조직으로, 지역 주민의

참여를 기반으로 하고 주민의 요구에 맞는 맞춤형 서비스를 제공하는 조직이다. 예를 들면, 지역 주민센터나 커뮤니티 재단 등이 있다(Midgley & Livermore, 2008).

④ 전국 및 국제 사회복지조직

전국 조직은 국가 단위로 복지서비스를 제공하는 조직으로 대한적십자사, 한국사회복지협의회가 이에 속한다. 국제 사회복지조직은 다국적 복지문제를 해결하는 것을 목표로 하며, UNICEF, WHO, 국제구호단체 등이 있다(Lyons & Passey, 2006).

⑤ 직접 서비스 제공 조직

직접 서비스 제공 조직은 클라이언트에게 직접적으로 복지서비스를 제공하는 조직으로 아동보호기관, 노인요양시설 등이 이에 속한다. 특징은 구성원의 전문성이 중요한 역할을 하며, 클라이언트와의 직접적인 상호작용을 한다는 것이다(Hepworth, Rooney & Larsen, 2016).

⑥ 지원조직(Intermediary Organization)

지원조직은 직접 서비스를 제공하지 않고, 다른 조직의 운영과 서비스를 지원하는 조직이다. 예를 들면, 사회복지 자원봉사센터, 사회복지연구소 등이 있다. 특징은 자원 연계, 교육 및 훈련 등을 제공하며, 사회복지정책 개발 및 연구를 수행한다(Edwards & Fowler, 2002).

〈표 5-1〉 사회복지조직의 유형별 장단점

유형	장점	단점
공공 조직	안정적 재정 지원, 대규모 서비스 제공 가능	관료주의적 운영, 유연성 부족
민간 비영리조직	높은 자율성, 사회적 신뢰	재정적 안정성 부족, 지속 가능성 문제
민간 영리조직	시장 기반 효율성, 신속한 서비스 제공서비스 형평성 문제, 상업화 우려	
지역 사회복지조직	지역 맞춤형 서비스 제공, 주민 참여 기반	재정 및 자원의 제한, 관리 체계 부족
국제 조직	글로벌 문제 해결, 대규모 자원 활용 가능	운영 비용 높음, 지역 문화와의 충돌 가능

사회복지조직의 유형은 각기 다른 목적과 운영 방식으로 구성되며, 각 유형은 고유한 장점

과 한계를 가지고 있다. 공공 및 민간 조직 간의 협력, 지역 및 국제 조직 간의 연계를 통해 복지서비스의 효과성과 효율성을 극대화할 수 있다. 조직의 유형에 따라 적절한 전략과 자원 배분이 이루어져야 하며, 이를 통해 사회적 요구를 충족시키는 지속 가능한 복지서비스를 제공할 수 있다.

2. 사회복지조직의 구조

사회복지행정에서 조직의 구조는 목표 달성을 위해 조직 내 자원과 역할을 체계적으로 배치하는 방식으로 정의된다. 이는 복지서비스의 효율성과 효과성을 극대화하기 위해 필수적이며, 조직 내 권한, 의사소통, 책임, 업무 흐름을 결정하는 중요한 요소이다.

1) 사회복지조직 구조의 개념

조직 구조란 조직의 목표를 효과적으로 달성하기 위해 구성원 간의 업무, 권한, 책임을 배분하고, 이를 체계적으로 배열하는 방법을 말한다. 이는 의사소통, 의사결정, 자원 배분의 방식을 규정하여 조직의 운영 효율성을 결정짓는 요소로 작용한다. 사회복지행정에서 조직 구조의 중요성은 다음과 같다(Robbins & Coulter, 2009).

① 효율적 자원 배분: 한정된 재정과 인적 자원을 최적으로 활용한다.

② 책임성 강화: 역할과 책임을 명확히 정의하여 업무 흐름을 간소화한다.

③ 효율적 의사소통: 명확한 보고 체계와 협력 관계를 형성한다.

④ 변화에 대한 적응성: 외부 환경 변화에 유연하게 대응한다.

2) 사회복지조직 구조의 주요 구성 요소

(1) 직무의 전문화(Division of Labor)

직무의 전문화는 업무를 세분화하여 구성원 각각이 특정 역할에 집중할 수 있도록 한다. 예를 들면, 아동복지, 노인복지 등 프로그램별로 직무를 나누는 구조를 만드는 것이다. 장점은 효율성이 증가하고, 전문성이 향상되는 것이며, 단점으로는 지나친 분화로 부서 간 조정이 어려워지는 것이다(Mintzberg, 1993).

(2) 권한 계층화(Hierarchy of Authority)

권한의 계층화는 권한과 책임이 상급자에서 하급자로 위임되는 체계를 말하며, 기관장 → 팀장 → 사회복지사로 이어지는 보고 체계이다. 장점은 명확한 책임 관계와 의사결정 속도가 빨라진다는 것이며, 단점은 지나치게 경직된 구조는 의사소통의 문제를 초래할 수 있다는 것이다(Weber, 1947).

(3) 집권화와 분권화(Centralization and Decentralization)

집권화는 주요 의사결정이 조직의 상층부에서 이루어지는 것이며, 장점은 일관된 정책과 관리가 가능하나, 단점은 현장 상황에 대한 적응성이 부족하다는 것이다. 분권화는 의사결정 권한이 하위 부서로 분산되는 것이며, 장점은 지역사회 및 클라이언트의 요구에 신속한 대응이 가능하나, 단점은 조직 전체의 일관성이 저하될 가능성이 높다는 것이다(Drucker, 1990).

(4) 공식화(Formalization)

공식화는 업무와 절차가 얼마나 표준화되어 있는지를 의미한다. 예를 들면, 서비스의 절차나 정책이 문서화되어 있는 정도를 말한다. 장점은 업무의 일관성이 유지되나, 단점은 변화와 혁신을 저해할 가능성이 높다는 것이다(Daft, 2007).

(5) 부문화(Departmentalization)

부문화는 업무를 기능, 제품, 지역, 고객 등 기준에 따라 그룹화하는 방식이다. 부문화는 기능별 구조에 따라 예산, 인사, 프로그램 개발 부서 등으로 나눌 수 있고, 서비스 대상에 따라 아동복지, 노인복지, 장애인복지서비스 부서로 나눌 수 있으며, 지역별 구조에 따라 지역 단위의 서비스 제공을 위한 조직으로 나눌 수 있다(Mintzberg, 1993).

3. 사회복지조직 구조의 유형

1) 기계적 구조(Mechanistic Structure)

기계적 구조는 고도로 관료적이고 계층적인 조직 형태로, 권한과 책임이 명확히 구분되고,

규칙과 절차를 강조한다. 이는 안정적이고 예측 가능한 환경에서 주로 사용되며, 주요 특징은 다음과 같다.

(1) 계층적 권한 구조

계층적 권한 구조에서는 상위 계층에서 권한을 행사하며, 하위 계층은 지시에 따라 업무를 수행하는 구조이며, 조직도와 직무 기술서에 명확히 구분된 역할이 있다(Weber, 1947).

(2) 명확한 규칙과 절차

기계적 구조에서는 표준화된 업무 절차와 규정에 따라 조직이 운영된다. 예를 들면, 정부의 지원을 받는 사회복지기관은 예산 관리 절차에 따라 예산을 집행하여야 한다(Mintzberg, 1979).

(3) 집중화된 의사결정

집중화된 의사결정은 의사결정이 상위 관리자에 의해 이루어지며, 하위 구성원은 실행을 담당하는 것을 의미한다(Burns & Stalker, 1961).

(4) 업무 전문화

업무 전무화는 구성원들이 특정 업무에만 집중하며, 반복적인 업무를 수행하는 것이다(Taylor, 1911).

기계적 구조의 장점은 업무가 효율적이고, 책임이 명확하다는 것이며, 안정적 환경에서 높은 생산성과 효과성을 나타낸다는 것이다. 단점은 변화에 대한 적응력이 부족하고 구성원의 창의성과 유연성이 제한될 수 있다는 것이다. 기계적 구조의 적용 사례는 법적 규정과 정책을 기반으로 운영되는 정부 지원 사회복지기관이 기계적 구조를 따르는 경우가 많다(Blau & Scott, 1962).

2) 유기적 구조(Organic Structure)

유기적 구조는 유연하고 비공식적인 조직 형태로, 구성원 간의 협력과 상호작용을 강조한다. 변화와 혁신이 요구되는 환경에서 주로 사용된다. 주요 특징은 다음과 같다.

(1) 분권화된 의사결정

의사결정 권한이 구성원에게 분산되며, 상호 협력을 통해 의사결정이 이루어진다(Burns & Stalker, 1961).

(2) 유연한 역할 배정

구성원의 역할이 상황에 따라 변화하며, 다기능적 팀 구성이 이루어진다(Mintzberg, 1979).

(3) 비공식적 의사소통

계층적 경계를 넘어 구성원 간의 자유로운 의사소통이 가능하다(Lawrence & Lorsch, 1967).

(4) 변화와 혁신에 대한 적응성

환경 변화에 신속히 대응하며, 창의성과 자율성을 중시한다(Burns & Stalker, 1961).

유기적 구조의 장점은 환경 변화에 대한 적응성이 높고, 구성원의 창의성과 문제 해결 능력 이 증대한다는 것이다. 단점은 책임 소재가 불분명하고 조직의 복잡성이 증가할 수 있다는 것이다. 유기적 구조의 적용 사례는 비영리 사회복지기관에서는 기부금 운영 및 지역사회 요구에 따라 유연하게 프로그램을 운영하기도 한다(Nonaka & Takeuchi, 1995).

〈표 5-2〉 기계적 구조와 유기적 구조의 비교

특성	기계적 구조	유기적 구조
의사결정 방식	중앙집권적	분권적
역할과 책임	명확한 규정	유연한 배정
규칙과 절차	표준화 강조	창의성과 자율성 강조
환경 적응성	낮음	높음
의사소통 방식	공식적 경로	비공식적 경로
조직 예시	공공 사회복지기관	지역사회 NGO

출처: Burns, T., & Stalker, G. M. (1961).

3) 활용 방안

(1) 기계적 구조의 활용방안

기계적 구조는 안정적이고 예측 가능한 환경에서 운영되는 사회복지기관에 적합하다. 예를 들면, 정부 주도 프로그램이나 법적 규제가 강한 기관은 이에 속한다.

(2) 유기적 구조의 활용방안

유기적 구조는 지역사회와 밀접한 협력을 요하거나, 변화와 혁신이 필요한 기관에 적합하다. 예를 들면, 비영리단체나 커뮤니티 기반의 복지프로그램을 운영하는 기관이다(Lawrence & Lorsch, 1967).

기계적 구조와 유기적 구조는 사회복지조직의 환경, 목표, 구성원의 특성에 따라 선택적으로 적용되어야 한다. 두 구조는 상호 배타적인 것이 아니라, 조직의 필요에 따라 혼합적으로 활용될 수 있다. 사회복지행정에서 이 두 구조의 장단점을 이해하고 상황에 맞는 구조를 설계하는 것이 조직의 성공과 지속 가능성을 보장하는 열쇠이다.

2절 사회복지조직의 조직화

사회복지행정의 조직화는 사회복지조직을 구성하는 과정이다. 사회복지조직을 구성하는 것은 사회복지조직의 성과와 직결되기 때문에 매우 중요한 과제라고 할 수 있다. 이 절에서는 우선 사회복지조직의 조직화와 조직구조의 설계에 대해서 살펴본다.

1. 사회복지조직의 조직화

조직화(Organizing)는 사회복지행정에서 목표 달성을 위해 자원과 활동을 체계적으로 구성하고 조정하는 과정이다. 조직화는 조직의 목표를 명확히 하고, 효율적인 자원 배분과 역할 분담을 통해 복지서비스의 품질을 향상시키는 데 중요한 역할을 한다.

1) 조직화의 개념과 중요성

조직화는 조직의 목표를 달성하기 위해 구성원의 역할, 책임, 권한을 정의하고 이를 구조화하는 과정으로 정의된다. 이는 복잡한 사회적 문제를 다루는 사회복지조직에서 필수적인 과정으로, 효율성과 효과성을 높이는 데 기여한다. 조직화의 중요성은 다음과 같다(Robbins & Coulter, 2009).

① 효율성 증대: 자원의 최적화를 통해 업무 효율성을 향상시킨다.
② 명확한 책임 분배: 역할과 책임을 명확히 하여 업무 혼선을 방지한다.
③ 서비스 품질 개선: 조직 내 협력을 촉진하여 서비스 품질을 높인다.
④ 조직 목표 달성: 명확한 구조와 체계를 통해 조직의 비전을 실현한다.

2) 조직화의 주요 요소

(1) 목표 설정

조직화의 첫 번째 단계로, 조직이 달성하고자 하는 목표를 명확히 정의하는 단계이다. 예를 들면, 빈곤 감소, 노인 복지 증진, 아동 보호 등 목표를 설정하는 것이다(Drucker, 1990).

(2) 업무 분담

업무 분담은 업무를 세분화하여 각 부서와 개인에게 적합한 역할을 부여하는 단계이다. 예를 들면, 사례 관리 부서, 자원봉사 관리 부서, 재정 관리 부서 등으로 업무를 나누는 것이다(Mintzberg, 1979).

(3) 권한과 책임의 배분

이 단계는 각 부서와 개인의 권한과 책임을 명확히 규정하는 단계이다. 예를 들면, 부서장은 의사결정 권한을 갖고, 직원은 업무 수행에 대한 책임을 갖는 것이다(Fayol, H., 1916).

(4) 조직 구조의 설계

조직 구조의 설계는 조직의 목표와 환경에 맞는 구조를 설계하는 단계이다. 조직 구조의 유형은 다음과 같다(Mintzberg, 1993).

① 수직적 구조: 계층적 권한 체계를 갖춘 전통적 구조이다.

② 수평적 구조: 협업과 팀워크를 중시하는 현대적 구조이다.

(5) 조정과 통합

조정과 통합은 부서 간 업무를 조정하고 통합하여 목표 달성을 지원하는 단계이다. 예를 들면, 사례관리팀과 자원관리팀 간의 협업이 있다(Gulick & Urwick, 1937).

3) 조직화의 유형

(1) 기능별 조직화

기능별 조직화는 유사한 기능을 수행하는 부서를 구성하는 것이다. 예를 들면, 사례관리 부서, 재정관리 부서, 자원봉사 부서 등으로 조직화하는 것이다. 장점은 전문성 강화, 자원 활용의 효율성 등이며, 단점은 부서 간 조정이 부족할 수 있다는 것이다(Drucker, 1990).

(2) 지역별 조직화

지역별 조직화는 특정 지역에 초점을 맞추어 조직화하는 것이다. 예를 들면, 도시, 농촌, 특정 지역사회를 위한 프로그램을 짜는 것이다. 장점은 지역별 특성을 반영하는 것이 가능하고, 단점은 중복 투자의 가능성이 있다는 것이다(Mintzberg, 1993).

(3) 프로그램별 조직화

프로그램 조직화는 특정 클라이언트나 문제 중심으로 조직화하는 것이다. 예를 들면, 노인복지, 아동복지, 가정폭력 지원 프로그램 등이 있다. 장점은 클라이언트 중심 접근이 가능하나, 단점은 자원이 분산될 위험이 있다는 것이다(Robbins & Coulter, 2009).

(4) 혼합 조직화

혼합 조직화는 기능별, 지역별, 프로그램별 조직화를 조합하여 구성하는 것이다. 장점은 다양한 장점을 통합할 수 있다는 것이고, 단점은 관리 구조가 복잡하다는 것이다(Gulick & Urwick, 1937).

4) 조직화의 과제

(1) 복잡성 증가

사회복지조직은 다양한 프로그램과 지역 간 조정을 관리하는 데 어려움이 있을 수 있다(Mintzberg, 1979).

(2) 자원의 제한

사회복지조직은 재정적, 인적 자원의 부족으로 인해 효과적인 조직화가 어려울 수 있다(Drucker, 1990).

(3) 변화에 대한 저항

사회복지조직에서는 조직 구성원이 새로운 구조나 역할 변화에 저항할 가능이 있다(Robbins & Coulter, 2009).

5) 조직화의 원칙

(1) 명확한 목표 설정

사회복지조직은 조직의 비전과 미션에 부합하는 구체적인 목표를 수립해야 한다(Drucker, 1990).

(2) 조직구조의 유연성 확보

사회복지조직은 변화하는 환경과 요구에 적응할 수 있도록 구조를 설계하여야 한다(Mintzberg, 1993).

(3) 협력과 커뮤니케이션 강화

사회복지조직은 부서 간 원활한 협력과 커뮤니케이션을 촉진하여야 한다(Robbins & Coulter, 2009).

(4) 자원 배분의 효율성 극대화

사회복지조직은 자원의 최적 분배를 통해 효과적으로 목표를 달성해야 한다(Fayol, 1916).

사회복지행정에서 조직화는 조직의 목표를 달성하기 위한 핵심 과정으로, 역할과 책임을 명확히 하고 효율적 자원 배분과 조정을 통해 조직의 효율성과 효과성을 높이는 데 기여한다. 특히, 조직의 특성과 환경에 맞는 조직 구조를 설계하고, 변화에 유연하게 대응하는 것이 중요하다.

2. 사회복지조직의 직무설계 및 재구조화

직무설계(Job Design)와 재구조화(Reorganization)는 사회복지조직의 효율성을 높이고, 구성원들이 조직 목표를 달성하기 위해 최적의 업무 환경을 제공하는 관리 활동이다. 이 과정은 조직 구성원의 직무를 정의하고, 역할과 책임을 명확히 하며, 필요 시 조직 구조를 재정비하여 업무의 효율성과 효과성을 향상시키는 것을 목표로 한다.

1) 직무설계의 개념과 중요성

직무 설계는 조직의 목표를 달성하기 위해 각 직무의 내용을 정의하고, 역할, 책임, 과업, 권한 등을 구조화하는 과정이다. 이는 구성원의 동기부여를 강화하고 업무 만족도를 높이는 데 중요한 역할을 한다. 직무설계의 중요성은 다음과 같다(Hackman & Oldham, 1980).

① 업무 효율성 증가: 업무가 명확히 정의되고 분배되어 생산성이 향상된다.
② 구성원 동기부여: 직무가 적절히 설계되면 구성원의 몰입도와 만족도가 증가한다.
③ 조직 목표 달성 지원: 명확한 직무 정의가 조직의 목표 달성을 촉진시킨다.
④ 역할 갈등 감소: 역할과 책임이 명확하여 조직 내 갈등이 줄어든다.

2) 직무설계의 주요 접근법

(1) 직무 확대(Job Enlargement)

직무 확대는 단순하고 반복적인 업무를 줄이고, 직무의 범위를 수평적으로 확장하여 다양한 과업을 포함하는 것이다. 장점은 직무의 단조로움을 줄이고, 구성원의 흥미를 유발하는 것이며, 단점은 단순히 과업의 양만 늘릴 경우 스트레스를 유발할 수 있다는 것이다(Herzberg, 1968).

(2) 직무 충실화(Job Enrichment)

직무 충실화는 직무의 수직적 확장을 통해 구성원에게 의사결정 권한과 책임을 부여하는 것이다. 장점은 구성원의 자율성과 성취감을 향상시키고, 단점은 모든 구성원이 자율성과 책임을 잘 감당하지 못할 수 있다는 것이다(Hackman & Oldham, 1980).

(3) 직무 순환(Job Rotation)

직무 순환은 구성원이 다양한 직무를 경험하도록 순환 배치를 하는 것이다. 장점은 새로운 기술과 경험을 습득하고, 구성원의 유연성을 높일 수 있으나, 단점은 전문성을 쌓는 데 시간이 걸릴 수 있다는 것이다(Campion & Thayer, 1985).

3) 직무 재구조화의 개념과 필요성

직무 재구조화는 조직 구조, 업무 분배, 권한 체계를 변경하여 조직의 효율성을 증대시키고 환경 변화에 적응하는 과정을 의미한다. 이는 특히 사회복지조직이 변화하는 사회적 요구와 정책에 적응하도록 돕는 데 필수적이다. 직무 재구조화의 필요성은 다음과 같다(Mintzberg, 1993).

① 환경 변화 적응: 정책 변화, 법적 요구사항, 클라이언트의 필요에 적응한다.
② 업무 중복 제거: 직무와 책임을 재조정하여 비효율성을 감소시킨다.
③ 조직 혁신: 조직의 유연성을 강화하고 혁신적인 해결책을 도모한다.
④ 구성원 역량 강화: 업무 재조정을 통해 구성원의 잠재력을 개발한다.

4) 직무 재구조화의 접근방법

(1) 기능 중심 재구조화

기능 중심 재구조화는 유사한 기능을 수행하는 업무를 통합하여 부서를 재구성하는 것이다. 예를 들면, 아동복지팀과 청소년복지팀을 통합하여 청소년 및 아동복지팀으로 재구성한다(Mintzberg, 1993).

(2) 프로세스 중심 재구조화

프로세스 중심 재구조화는 업무의 흐름과 절차를 중심으로 조직 구조를 변경하는 것이다. 예를 들면, 서비스 제공 절차를 개선하여 클라이언트 대기 시간을 단축한다(Hammer & Champy, 1993).

(3) 팀 중심 재구조화

팀 중심 재구조화는 프로젝트나 특정 목표를 달성하기 위해 구성원을 팀 단위로 재조직하는 것이다. 예를 들면, 특정 지역의 사회문제 해결을 위하여 다학제적으로 팀을 구성한다(Katzenbach & Smith, 1993).

5) 직무설계 및 재구조화의 적용

(1) 클라이언트 중심의 설계

사회복지조직은 클라이언트의 요구에 따라 직무와 조직 구조를 설계하여 맞춤형 서비스를 제공해야 한다(Hepworth, Rooney & Larsen, 2016).

(2) 다문화적 요구 반영

사회복지조직은 다양한 배경의 클라이언트를 지원하기 위해 조직 구조를 재조정해야 한다(Lum, 2010).

(3) 사회적 혁신 지원

사회복지조직은 사회복지 이슈에 대한 창의적 해결책 도입을 위해 팀과 역할을 재조정해야 한다(Payne, 2015).

사회복지행정에서 직무설계와 재구조화는 변화하는 사회적 요구와 조직 목표에 적응하기 위한 핵심 전략이다. 효율적이고 효과적인 직무설계와 조직구조 조정을 통해 구성원의 만족도를 높이고, 클라이언트에게 보다 나은 서비스를 제공할 수 있다. 이를 위해 지속적인 평가와 개선이 이루어져야 한다.

3. 사회복지조직의 부문화

부문화(Departmentalization)란 조직의 목표를 효과적으로 달성하기 위해 업무를 집단화하고, 이를 기반으로 조직 내에서 부서나 단위를 형성하는 과정이다. 사회복지행정에서 부문화는 서비스 제공의 효율성과 전문성을 증대시키기 위해 필수적이며, 조직의 특성과 목표에 따라 다양한 방법이 적용된다.

1) 부문화의 중요성

사회복지조직 부문화의 중요성은 다음과 같다(Robbins & Coulter, 2009).

① 전문성 강화: 부문별로 업무를 세분화하여 각 부서가 전문화된 서비스를 제공한다.
② 효율성 증대: 업무를 체계적으로 조직하여 중복과 비효율성을 줄일 수 있다.
③ 책임과 권한 명확화: 부서별로 책임과 권한을 명확히 하여 효과적인 관리가 가능하다.
④ 조직 목표 달성 지원: 조직의 자원을 합리적으로 배분하여 목표 달성을 지원한다.

2) 부문화의 주요 방법

(1) 기능별 부문화(Function-Based Departmentalization)

기능별 부문화는 업무의 성격과 기능에 따라 부서를 조직하는 것으로, 동일한 기능을 수행하는 직무를 그룹화하여 전문성을 강화하는 것이다. 예를 들면, 기획부, 인사부, 재무부, 프로그램 관리부 등으로 부문화한다. 장점은 전문성을 향상시키고, 자원 활용의 효율성을 높일 수 있으나, 단점은 부서 간 협력이 어려울 수 있으며, 전체적인 조직 목표보다 부서 목표에 집중할 가능성이 높다는 것이다(Mintzberg, 1993).

(2) 서비스별 부문화(Service-Based Departmentalization)

서비스별 부문화는 제공하는 서비스의 종류에 따라 부서를 조직하는 것으로, 특정 서비스나 프로그램 중심으로 부서를 구성하는 것이다. 예로는 아동복지부, 노인복지부, 장애인복지부 등이 있다. 장점은 각 서비스의 특화가 가능하고 특정 클라이언트 요구에 집중할 가능성이 높다는 것이나, 단점은 자원이 중복될 가능성이 높고, 서비스 간 협력이 부족해질 수 있다는 것이다(Drucker, 1990).

(3) 지역별 부문화(Geographic Departmentalization)

지역별 부문화는 지역에 따라 부서를 조직하는 것으로, 특정 지역사회의 요구를 충족시키기 위해 조직화를 하는 것이다. 예를 들면, 서울지부, 경기지부, 지방지부 등이다. 장점은 지역별 요구에 대한 신속한 대응이 가능하고 현지화된 서비스 제공이 가능하지만, 단점은 지역 간 조정이 어려울 수 있으며, 중복된 관리비용이 발생할 가능성이 있다는 것이다(Anthony & Young, 2019).

(4) 클라이언트별 부문화(Client-Based Departmentalization)

클라이언트별 부문화는 클라이언트의 특성에 따라 부서를 조직하는 것으로, 특정 클라이언트 그룹에 초점을 맞춘 조직화이다. 예를 들면, 저소득층 지원부, 가정폭력 피해자 지원부 등이 있다. 장점은 특정 클라이언트의 요구를 충족시킬 수 있고 서비스의 품질을 향상시킬 수 있으나, 단점으로는 클라이언트 그룹 간 조정이 어렵고 자원의 비효율적 사용의 가능성이 있다는 것이다(Hepworth, Rooney & Larsen, 2016).

(5) 과정별 부문화(Process-Based Departmentalization)

과정별 부문화는 작업의 흐름 또는 과정에 따라 부서를 조직하는 것으로, 서비스 제공과정에 초점을 맞춘 조직화이다. 예로는 초기 상담부, 사례 관리부, 후속 지원부 등이 있다. 장점은 서비스 제공의 연속성과 효율성이 증대하고 업무 전문화가 가능하나, 단점은 부서 간 의사소통의 문제가 있고 과정 중심으로 인해 클라이언트 전체 요구를 간과할 가능성이 높다는 것이다(Martin, 2002).

(6) 혼합형 부문화(Hybrid Departmentalization)

혼합형 부문화는 여러 부문화 방법을 결합하여 조직화하는 것으로, 조직의 특성과 목표에 맞게 부문화를 유연하게 적용한다. 예를 들면, 기능별 부문화와 서비스별 부문화를 결합할 수 있다. 장점은 다양한 요구를 반영할 수 있고 복합적 문제를 해결할 수 있으나, 단점은 구조 복잡성이 증가하고 관리 비용이 상승할 수 있다는 것이다(Cameron & Quinn, 2011).

3) 부문화의 선택 기준

부문화의 선택 기준은 다음과 같다(Robbins & Coulter2009).

(1) 조직의 목표

사회복지조직의 목표와 사명에 적합한 부문화 방법을 선택한다.

(2) 조직의 규모

사회복지조직의 크기에 따라 적절한 부문화 방법을 결정한다.

(3) 자원의 가용성

사회복지조직의 재정적, 인적 자원의 규모에 따라 부문화 방법을 결정한다.

(4) 서비스의 복잡성

사회복지조직이 제공하는 서비스의 다양성과 복잡성을 고려하여 부문화를 선택한다.

4) 부문화의 효과와 한계

사회복지조직 부문화의 효과와 한계는 다음과 같다(Mintzberg, 1993).

(1) 부문화의 효과

① 서비스 품질 향상: 부서별 전문화를 통해 서비스 제공의 질을 높일 수 있다.
② 업무 효율성 증대: 업무를 체계적으로 관리하여 효율성을 극대화한다.
③ 조직 목표의 달성 지원: 자원을 직절히 배분하여 목표를 효과적으로 달성한다.

(2) 부문화의 한계

① 부서 간 조정의 어려움: 부서 간 협력이 부족할 경우, 조직 전체의 목표 달성이 어렵다.
② 자원의 중복 사용: 부서별로 유사한 자원을 사용하면 비효율성이 발생할 가능성이 높다.
③ 구성원의 분열 가능성: 부서 중심의 사고방식으로 인해 조직 전체의 일체감이 저하된다.

사회복지행정에서 부문화는 조직의 목표와 특성에 맞는 방식으로 설계되어야 하며, 각 부문화 방법의 장단점을 고려하여 선택하는 것이 중요하다. 부문화를 통해 전문성과 효율성을 높이는 동시에, 부서 간 협력과 조정을 강화하여 조직 전체의 성과를 극대화할 수 있다.

3절 사회복지조직의 조정과 네트워크

사회복지조직은 조직의 목표를 효과적으로 달성하기 위해 조직 내부에서는 여러 부서, 프로그램, 조직 간의 활동을 통합하고 상호 연결하고, 조직 외부에서는 조직 간 네트워크를 통해 조직의 활동을 전개한다. 본 절에서는 사회복지조직의 조정과 네트워크에 대해서 알아본다.

1. 사회복지조직의 조정

조정(Coordination)은 사회복지행정에서 여러 부서, 프로그램, 조직 간의 활동을 통합하고 상호 연결하여 조직의 목표를 효과적으로 달성하기 위해 필수적인 과정이다. 조정은 자원의 효율적 배분과 서비스의 중복 방지, 그리고 조직 내외부의 협력을 촉진하는 데 핵심적인 역할을 한다.

1) 조정의 개념과 중요성

조정은 다양한 활동과 자원을 조직의 목표와 일치하도록 정렬하고, 이를 통해 성과를 극대화하는 행정 관리의 한 기능으로 정의된다. 특히, 사회복지행정에서는 클라이언트의 복지 향상과 서비스 전달의 효율성을 위해 조정이 필수적이다. 사회복지조직에서 조정의 중요성은 다음과 같다(Gulick & Urwick, 1937).

① 목표 달성 지원: 조직의 자원과 활동이 목표를 향해 일치되도록 조정한다.
② 자원 낭비 방지: 중복된 서비스 제공이나 비효율적인 자원 사용을 최소화한다.
③ 협력 증진: 부서 간, 조직 간 협력을 촉진하여 시너지 효과를 창출한다.
④ 이해관계자 만족도 향상: 서비스 제공의 일관성과 품질을 보장하여 클라이언트 및 이해관계자의 만족도를 높인다.

2) 조정의 유형

(1) 내부 조정(Internal Coordination)

내부 조정은 조직 내부의 부서 간 활동을 통합하는 것으로, 예를 들면 사례관리 부서와 프로그램 실행 부서 간의 정보를 공유하는 것이다(Mintzberg, 1979).

(2) 외부 조정(External Coordination)

외부 조정은 조직과 외부 기관, 이해관계자 간의 협력을 조정하는 것으로, 예를 들면 지역 사회단체 및 정부 기관과 파트너십을 형성하는 것이다(Young, 2007).

(3) 수직적 조정(Vertical Coordination)

수직적 조정은 계층 구조 내 상급자와 하급자 간의 활동을 조정하는 것으로, 예를 들면 상급 관리자가 하위 부서에 업무지침을 전달하는 것이다(Fayol, 1916).

(4) 수평적 조정(Horizontal Coordination)

수평적 조정은 동일 계층 내 부서 간의 협력과 조정을 하는 것으로, 예를 들면 클라이언트 서비스 부서와 재정 부서 간 협력을 하는 것이다(Robbins & Coulter, 2009).

3) 조정의 방법

(1) 의사소통 체계의 강화

사회복지조직 내 명확한 의사소통 경로와 절차를 구축하는 것이다. 예를 들면, 정기적인 회의와 전산 시스템을 활용한다(Drucker, 1954).

(2) 표준화된 규정과 절차

사회복지조직 내 모든 부서가 동일한 절차를 따르도록 표준화하는 것으로 사례관리 프로세스의 통일된 가이드라인을 마련하는 것을 예로 들 수 있다(Mintzberg, 1979).

(3) 조정자 임명

특정 역할이나 부서가 조정을 전담하도록 임명하는 것이다. 예를 들면, 프로젝트 관리자가 부서 간 협력을 조정한다(Gulick & Urwick, 1937).

(4) 정보 공유 플랫폼 활용

전산 시스템과 데이터베이스를 활용하여 실시간 정보를 공유하는 것이다. 예를 들면, 사례관리 시스템을 통해 클라이언트의 정보를 통합한다(Young, 2007).

(5) 공동 목표 설정

조직의 모든 구성원이 공유하는 명확한 목표를 설정하는 것으로, 지역사회 복지서비스 제공의 목표를 설정하는 것이 예이다(Fayol, 1916).

4) 조정의 한계

(1) 부서 간 갈등

사회복지조직의 각 부서가 상충되는 목표를 추구할 경우 조정이 어려울 수 있다(Robbins & Coulter, 2009).

(2) 자원의 제한

사회복지조직은 한정된 재원으로 여러 활동과 부서를 조정하는 데 한계가 있다(Young, 2007).

(3) 의사소통의 문제

사회복지조직 내 명확하지 않은 의사소통이 조정의 실패로 이어질 수 있다(Drucker, 1954).

5) 조정의 관리 원칙

(1) 투명한 의사소통

사회복지조직의 모든 활동과 계획은 투명하게 공유되어야 한다(Mintzberg, 1979).

(2) 책임과 권한의 명확화

사회복지조직의 각 부서와 구성원의 역할과 책임을 명확히 정의해야 한다(Fayol, 1916).

(3) 조정자의 리더십 강화

사회복지조직의 조정자는 강력한 리더십과 갈등 해결 능력을 가져야 한다(Gulick & Urwick, 1937).

(4) 기술 도구 활용

사회복지조직은 기술적 도구를 활용해 조정 프로세스를 효율화해야 한다(Young, 2007).

조정은 사회복지행정에서 조직의 자원과 활동을 효과적으로 통합하고 목표를 달성하는 데 필수적인 역할을 한다. 조직 내부와 외부 간의 상호작용을 촉진하며, 자원의 효율적 배분과 협력을 통해 클라이언트 중심의 서비스를 제공할 수 있다. 성공적인 조정을 위해 투명한 의사소통, 표준화된 절차, 강력한 리더십이 필수적이다.

2. 사회복지조직의 네트워크

사회복지조직의 네트워크(Network)는 사회복지조직 간 또는 사회복지조직과 관련된 이해관계자들(정부, 비영리단체, 기업 등) 간의 협력적 연결망을 의미한다. 네트워크는 자원 공유, 정보 교환, 서비스 조정, 정책 옹호 등을 통해 복지서비스의 질과 효율성을 높이는 데 필수적이다.

1) 사회복지조직 네트워크의 정의와 중요성

사회복지조직의 네트워크는 조직 간 협력 관계를 통해 자원을 활용하고, 공동 목표를 달성하며, 복잡한 사회문제를 해결하기 위한 체계를 의미한다. 사회복지조직 네트워크의 중요성은 다음과 같다(Provan & Kenis, 2008).

① 자원 공유: 제한된 재정을 보완하고, 조직 간 시너지 효과를 창출한다.
② 서비스 중복 방지: 역할과 책임을 명확히 하여 서비스의 중복 제공을 방지한다.
③ 효율성 증대: 전문성을 가진 조직 간 협력을 통해 효율성을 높인다.
④ 정책 옹호: 공동의 목표를 가진 조직들이 연대하여 정책 변화를 주도한다.

⑤ 복잡한 문제 해결: 다양한 이해관계자가 참여하여 문제를 다각도로 접근한다.

2) 사회복지조직 네트워크의 유형

(1) 공식적 네트워크(Formal Network)

공식적 네트워크는 법적, 행정적 절차에 따라 형성된 네트워크로, 정부와 비영리단체 간의 협약, 지역복지 공동체 등이 예이다(Agranoff & McGuire, 2001).

(2) 비공식적 네트워크(Informal Network)

비공식적 네트워크는 개인적 신뢰나 관계를 기반으로 형성된 비공식적 협력 관계로, 예를 들면 사회복지사 간의 비공식적 정보 교환, 지역사회 지도자와의 네트워크 등이 있다(Brass & Galaskiewicz, 1992).

(3) 수직적 네트워크(Vertical Network)

수직적 네트워크는 상급 기관과 하급 기관 간의 관계이며, 중앙정부와 지방자치단체 간 협력이 예이다(Provan & Milward, 2001).

(4) 수평적 네트워크(Horizontal Network)

수평적 네트워크는 동일한 수준의 조직 간 협력 관계로, 예를 들면 지역 내 비영리단체들 간의 협력 등이 있다(Powell, 1990).

3) 사회복지조직 네트워크의 구성 요소

(1) 노드(Nodes)

노드는 네트워크를 구성하는 주요 주체로, 사회복지조직, 정부, 기업 등이 포함된다(Borgatti & Halgin, 2011).

(2) 연결(Linkages)

연결은 조직 간의 관계나 협력의 형태를 나타낸다(Wasserman & Faust, 1994).

(3) 상호작용(Interactions)

상호작용은 네트워크 내에서 정보, 자원, 서비스가 교환되는 과정이다(Scott, 2017).

(4) 신뢰(Trust)

신뢰는 협력의 지속 가능성과 효과성을 결정하는 핵심 요소이다(Gulati, 1995).

4) 사회복지조직 네트워크의 장점과 한계

사회복지조직 네트워크의 장점과 한계는 다음과 같다(Kenis & Provan, 2009).

(1) 장점

① 자원 활용 극대화: 다양한 조직의 자원을 결합하여 효과적인 서비스를 제공한다.
② 전문성 공유: 특정 분야의 전문성 조직 간의 협력을 통해 문제를 해결한다.
③ 서비스 접근성 확대: 네트워크를 통해 더 많은 클라이언트에게 도달한다.
④ 정책 영향력 증대: 공동의 목소리를 내어 정책 결정에 영향력을 행사한다.

(2) 한계

① 조정 비용 증가: 여러 조직 간 협력을 조율하는 데 시간과 자원이 많이 소요된다.
② 역할 충돌: 조직 간 역할과 책임이 명확하지 않을 경우 갈등이 발생한다.
③ 신뢰 부족: 네트워크 내 신뢰가 부족하면 협력의 효과가 감소한다.

5) 사회복지조직 네트워크의 성공 요인

(1) 명확한 목표 설정

사회복지조직의 네트워크 참여 조직들이 공통의 목표를 공유한다(Provan & Kenis, 2008).

(2) 효율적 리더십

사회복지조직의 네트워크를 이끌고 조정하는 리더의 역량이 중요하다(Agranoff & McGuire, 2001).

(3) 신뢰 구축

사회복지조직의 네트워크의 구성원 간의 신뢰를 바탕으로 협력을 강화한다(Gulati, 1995).

(4) 지속적 의사소통

사회복지조직의 네트워크는 정기적 회의, 정보 공유를 통해 협력을 지속적으로 유지해야 한다(Wasserman & Faust, 1994).

사회복지조직의 네트워크는 복잡한 사회문제 해결을 위해 필수적이다. 효과적인 네트워크는 자원을 효율적으로 활용하고, 서비스 중복을 방지하며, 정책적 영향력을 증대시킬 수 있다. 성공적인 네트워크를 구축하기 위해 명확한 목표, 신뢰 구축, 효율적 리더십 등이 필요하며, 이는 사회복지조직의 지속 가능성과 서비스 품질 향상에 기여한다.

연습문제

01 사회복지조직의 환경과 상호작용에 대한 설명으로 적합하지 않은 것은?

① 조직은 정부 정책 변화에 따라 프로그램을 조정한다.
② 외부 환경의 요구에 유연하게 대응해야 한다.
③ 조직은 외부 요인의 영향을 받지 않는다.
④ 사회적, 경제적 변화는 조직 운영에 영향을 미친다.

02 지역 사회복지조직의 주요 특징으로 적합하지 않은 것은?

① 지역 맞춤형 서비스 제공
② 주민 참여 기반
③ 대규모 자원 활용
④ 특정 지역의 복지 향상 목표

03 사회복지조직의 직접 서비스 제공 조직의 특징으로 가장 적합하지 않은 것은?

① 구성원의 전문성이 중요한 역할을 한다.
② 클라이언트와의 직접적인 상호작용이 이루어진다.
③ 간접적으로 서비스를 지원하는 역할을 수행한다.
④ 아동보호기관, 노인요양시설 등이 이에 포함된다.

04 사회복지조직의 조직구조 설계에서 "수직적 구조"의 주요 특징은?

① 계층적 권한 체계와 명확한 보고 체계
② 협업과 팀워크 강조
③ 의사소통 유연성 증가
④ 권한과 책임 불분명

정답 | 01 ③ 02 ③ 03 ③ 04 ①

05 사회복지조직의 “조정과 통합” 단계의 주요 활동은?

① 부서 간 협업과 업무 통합 지원
② 구성원의 독립적 작업 강조
③ 조직 목표와 상관없는 역할 분배
④ 서비스 품질 저하

06 직무설계와 재구조화가 사회복지조직에서 중요한 이유는?

① 클라이언트 요구를 간과하기 위해
② 구성원의 만족도를 높이고 클라이언트 서비스 품질 향상
③ 조직 운영 효율성을 감소시키기 위해
④ 조직 목표 달성과 무관한 역할 강조

07 사회복지조직에서 수직적 조정의 주요 예는?

① 부서 간 협력을 통한 프로젝트 진행
② 상급 관리자의 업무 지침 전달
③ 지역사회 복지단체 간 네트워크 형성
④ 부서 간 자원 공유

08 사회복지조직의 네트워크 정의로 적합한 설명은?

① 조직 간 자원과 정보 교환을 기반으로 한 협력 관계
② 내부 부서 간의 독립적 활동 강조
③ 중앙집중식 의사결정 구조 유지
④ 특정 조직에 의존한 서비스 설계

정답 | 05 ① 06 ② 07 ② 08 ①

참고문헌

Agranoff, R., & McGuire, M. (2001). Big Questions in Public Network Management Research. *Journal of Public Administration Research and Theory*.

Anheier, H. K. (2014). *Nonprofit Organizations: Theory, Management, Policy*. Routledge.

Anthony, R. N., & Young, D. W. (2019). *Management Control in Nonprofit Organizations*. McGraw-Hill.

Anthony, R. N., & Young, D. W. (2019). *Management Control in Nonprofit Organizations*. McGraw-Hill.

Barnard, C. I. (1938). *The Functions of the Executive*. Harvard University Press.

Borgatti, S. P., & Halgin, D. S. (2011). *On Network Theory*. Organization Science.

Brass, D. J., & Galaskiewicz, J. (1992). *Networks in Organizations: Theoretical Perspectives*. Academy of Management Review.

Burns, T., & Stalker, G. M. (1961). *The Management of Innovation*. Tavistock.

Cameron, K. S., & Quinn, R. E. (2011). *Diagnosing and Changing Organizational Culture*. Jossey-Bass.

Campion, M. A., & Thayer, P. W. (1985). Development and Field Evaluation of an Interdisciplinary Measure of Job Design. *Journal of Applied Psychology*.

Daft, R. L. (2007). *Organization Theory and Design*. South-Western College Publishing.

Daft, R. L. (2015). *Organization Theory and Design*. Cengage Learning.

Drucker, P. F. (1954). *The Practice of Management*. Harper & Row.

Drucker, P. F. (1990). *Managing the Non-Profit Organization*. Harper Business.

Edwards, M., & Fowler, A. (2002). *The Earthscan Reader on NGO Management*. Earthscan Publications.

Fayol, H. (1916). *Administration industrielle et générale*. Dunod.

Fayol, H. (1916). *General and Industrial Management*. Pitman Publishing.

Fiedler, F. E. (1967). *A Theory of Leadership Effectiveness*. McGraw-Hill.

Gulati, R. (1995). Does Familiarity Breed Trust? The Implications of Repeated Ties for Contractual Choice in Alliances. *Academy of Management Journal*.

Gulick, L., & Urwick, L. (1937). *Papers on the Science of Administration*. Institute of Public Administration.

Hackman, J. R., & Oldham, G. R. (1980). *Work Redesign*. Addison-Wesley.

Hammer, M., & Champy, J. (1993). *Reengineering the Corporation*. Harper Business.

Hepworth, D. H., Rooney, R. H., & Larsen, J. A. (2016). *Direct Social Work Practice*. Brooks/Cole.

Herzberg, F. (1968). *One More Time: How Do You Motivate Employees?*. Harvard Business Review.

Katz, D., & Kahn, R. L. (1978). *The Social Psychology of Organizations*. Wiley.

Katzenbach, J. R., & Smith, D. K. (1993). *The Wisdom of Teams*. Harvard Business School Press.

Kenis, P., & Provan, K. G. (2009). *Towards an Exogenous Theory of Public Network Performance*. Public Administration.

Lawrence, P. R., & Lorsch, J. W. (1967). *Organization and Environment*. Harvard University Press.

Lum, D. (2010). *Culturally Competent Practice: A Framework for Understanding Diverse Groups and Justice Issues*. Brooks/Cole.

Lyons, M., & Passey, A. (2006). *Governance and the Third Sector*. Allen & Unwin.

Martin, J. (2002). *Organizational Culture: Mapping the Terrain*. Sage.

Mayo, E. (1933). *The Human Problems of an Industrial Civilization*. Harvard University Press.

Midgley, J., & Livermore, M. (2008). *The Handbook of Social Policy*. Sage Publications.

Mintzberg, H. (1979). *The Structuring of Organizations*. Prentice Hall.

Mintzberg, H. (1993). *Structure in Fives: Designing Effective Organizations*. Prentice Hall.

Netting, F. E., Kettner, P. M., & McMurtry, S. L. (2004). *Social Work Macro Practice*. Pearson Education.

Payne, M. (2015). *Modern Social Work Theory*. Oxford University Press.

Pfeffer, J., & Salancik, G. R. (1978). *The External Control of Organizations*. Harper & Row.

Powell, W. W. (1990). *Neither Market Nor Hierarchy: Network Forms of Organization*. Research in Organizational Behavior.

Provan, K. G., & Kenis, P. (2008). Modes of Network Governance: Structure, Management, and Effectiveness. *Journal of Public Administration Research and Theory*.

Reamer, F. G. (2006). *Social Work Values and Ethics*. Columbia University Press.

Robbins, S. P., & Coulter, M. (2009). *Management*. Pearson Education.

Salamon, L. M. (1995). *Partners in Public Service: Government-Nonprofit Relations in the Modern Welfare State*. Johns Hopkins University Press.

Scott, J. (2017). *Social Network Analysis*. Sage.

Wasserman, S., & Faust, K. (1994). *Social Network Analysis: Methods and Applications*. Cambridge University Press.

Weber, M. (1947). *The Theory of Social and Economic Organization*. Free Press.

Young, D. R. (2007). *Financing Nonprofits: Putting Theory into Practice*. Harvard University Press.

06 Chapter

사회복지조직의 기획 및 의사결정

모든 개인이나 조직들은 주어진 역할과 과제를 해결하기 위하여, 목표를 세우고 이를 달성하기 위한 방법을 모색한다. 사회복지조직도 사회문제의 해결을 위하여 복지서비스를 제공하도록 역할을 부여받았기 때문에, 이러한 역할을 효과적이고 효율적으로 하기 위한 방법을 찾아야 하며, 이를 위해서는 무엇보다도 적절한 기획과 의사결정이 필요하다.

특히 사회복지 분야는 1980년대 이후 급속하게 환경이 변화하고 있기 때문에, 사회복지조직의 운영자는 변화하는 환경 속에서 미래를 예측하여 적절한 계획을 수립하여야 한다. 따라서 효과적인 기획과 합리적인 의사결정은 기관의 생존을 결정하는 중요한 과정이라고 할 수 있다.

6장 1절에서는 사회복지조직의 기획, 특히 변화하는 환경 속에서 전략적 기획이 갖는 중요성을 알아보고, 2절에서는 신속하고 현명한 의사결정을 하기 위한 내용들을 분석해 본다.

1절 사회복지조직의 기획

기획(Planning)은 사회복지조직이 조직의 목표를 설정하고, 이를 효과적으로 달성하기 위한 자원 배분과 행동 계획을 수립하는 과정이다. 사회복지조직은 다양한 사회적 요구와 자원 제약 속에서 효율적이고 목표 지향적인 활동을 수행하기 위해 기획이 필수적이다.

1. 기획의 특성 및 필요성

1) 기획의 특성

(1) 목표 지향성(Goal-Oriented Nature)

기획은 조직의 비전과 목표를 구체화하고 이를 실현하기 위한 과정이다. 사회복지조직의 기획은 클라이언트의 삶의 질 향상과 사회적 문제 해결을 목표로 한다(Drucker, 1990).

(2) 미래 지향성(Future-Oriented Nature)

기획은 현재의 자원을 활용하여 미래의 목표를 달성하는 데 중점을 둔다. 사회복지조직은 사회 변화와 클라이언트의 요구를 예측하여 유연하고 지속 가능한 계획을 수립해야 한다(Mintzberg, 1994).

(3) 자원 제약성(Resource-Constrained Nature)

사회복지조직은 제한된 재정, 인력, 물리적 자원을 바탕으로 기획을 진행해야 한다. 예를 들면, 기부금, 공공 재정 등 자원의 효율적 활용이 필요하다(Young, 2007).

(4) 참여적 의사결정(Participatory Decision-Making)

사회복지조직은 기획 과정에서 다양한 이해관계자(정부, 클라이언트, 직원, 지역사회)가 참여하여 협력과 공감대를 형성한다(Vroom & Yetton, 1973).

(5) 동적 과정(Dynamic Process)

기획은 고정된 활동이 아니라 사회적, 정치적, 경제적 변화에 따라 수정되고 조정된다(Bryson, 2018).

2) 기획의 필요성

(1) 자원의 효율적 활용

사회복지조직은 제한된 자원을 효율적으로 배분하여 최대한의 효과를 달성할 수 있다. 예를 들면, 특정 지역의 노인복지서비스 확대를 위해 재정을 효율적으로 할당해야 한다(Drury, 2018).

(2) 변화 대응력 강화

사회복지조직은 사회적 요구, 정책 변화, 경제적 조건 등 외부 환경 변화에 신속히 대응할 수 있는 체계를 마련한다(Kotler & Keller, 2015).

(3) 목표 달성 촉진

사회복지조직은 명확한 목표와 이를 실현하기 위한 구체적인 계획을 통해 조직의 효율성과 효과성을 증진한다(Robbins & Coulter, 2009).

(4) 책임성과 투명성 강화

사회복지조직은 계획된 목표와 실행 과정을 명확히 제시함으로써 이해관계자들에게 신뢰를 제공해야 한다(Anthony & Young, 2019).

(5) 서비스 품질 향상

사회복지조직은 계획 단계에서 복지서비스의 품질 관리와 지속 가능성을 고려하여, 클라이언트에게 더 나은 복지서비스를 제공해야 한다(Hepworth, Rooney & Larsen, 2016).

3) 기획의 성공 요인

기획을 성공하기 위하여 필요한 요인은 다음과 같다(Bryson, 2018).

① 명확한 목표 설정: 달성 가능한 목표를 명확히 정의한다.
② 구성원의 참여: 모든 조직 구성원이 기획 과정에 참여하여 협력한다.
③ 유연한 접근: 변화하는 환경에 신속히 대응할 수 있는 계획을 수립한다.
④ 성과 평가 및 개선: 실행 결과를 기반으로 지속적인 피드백을 반영한다.

2. 기획의 과정

기획(Planning)은 사회복지행정에서 조직의 목표를 설정하고, 이를 달성하기 위한 구체적인 방법과 절차를 설계하는 과정이다. 기획은 자원의 효율적 활용, 목표 달성, 조직의 지속 가능성을 보장하는 데 필수적이다. 사회복지행정의 기획 과정은 체계적이고 반복적인 단계로 구성되어 있으며, 환경 분석부터 평가까지 포함한다.

1) 문제 및 목표 설정

사회복지조직은 조직이 해결해야 할 문제를 명확히 정의하고, 이를 바탕으로 단기 및 장기 목표를 설정한다. 예를 들면, 저소득층 아동의 교육 격차 해소를 목표로 설정하는 것이다(Mintzberg, 1994).

2) 환경 분석(Environmental Analysis)

사회복지조직은 조직의 내부와 외부 환경을 분석하여 기회와 위협을 파악한다. 내부 환경 분석은 조직의 자원, 역량, 구조를 검토하는 것이며, 외부 환경 분석은 정치적, 경제적, 사회적, 기술적 요인을 분석(SWOT 분석 활용)하는 것이다(Pearce & Robinson, 2013).

3) 대안 개발(Alternative Development)

사회복지조직은 목표를 달성하기 위한 여러 대안을 설계하고, 각 대안의 장단점을 분석한다. 예를 들면, 클라이언트 지원 방식을 직접 서비스 제공, 지역사회 연계, 또는 온라인 플랫폼 구축 등으로 설계하는 것이다(Simon, 1947).

4) 대안 선택 및 의사결정

사회복지조직은 분석 결과를 바탕으로 가장 효과적이고 실현 가능한 대안을 선택한다. 선택의 기준은 비용-효과 분석, 실행 가능성, 지속 가능성 등이다(Vroom & Yetton, 1973).

5) 실행 계획 수립(Action Planning)

사회복지조직은 선택한 대안을 구체화하여 실행 계획을 수립하며, 구체적인 내용은 실행 일정, 필요한 자원, 담당자 지정 등이다. 예를 들면, 신규 프로그램의 실행을 위해 필요한 인력을 채용하고 예산을 확보하는 것이다(Gantt, 1919).

6) 실행(Implementation)

사회복지조직은 수립된 계획을 실행하고, 조직 내외의 이해관계자와 협력하여 목표를 달성한다. 실행 과정은 계획에 따른 업무 수행, 자원 배분, 실시간 문제 해결 등이다(Kotler & Keller, 2015).

7) 평가 및 피드백(Evaluation and Feedback)

사회복지조직은 실행 결과를 평가하고, 계획과 실행 과정에서의 문제를 분석하여 개선안을 도출한다. 즉, 성과 측정 지표 활용하고 클라이언트 피드백을 수집하며, 이러한 결과를 활용하여 차기 기획에 반영하여 지속적으로 개선해 나간다(Kaplan & Norton, 1996).

사회복지행정에서 기획은 조직의 목표를 달성하고, 클라이언트의 복지 향상에 기여하는 필수적 과정이다. 체계적인 기획 과정을 통해 자원의 효율적 활용과 문제 해결을 지원하며, 지속 가능한 조직 운영을 가능하게 한다. 환경 변화에 유연하게 대응하고, 평가 결과를 반영하여 개선하는 것이 성공적인 기획의 핵심이다.

3. 기획의 유형

사회복지행정에서 기획은 조직의 목표를 설정하고, 이를 달성하기 위한 전략과 실행 방안을 수립하는 과정이다. 사회복지행정의 기획은 조직의 특성과 서비스의 다변성에 따라 다양한 유형으로 구분되며, 각 유형은 고유한 목적과 방법론을 가지고 있다.

1) 전략적 기획(Strategic Planning)

전략적 기획은 장기적이고 전반적인 목표를 설정하며, 조직의 방향성과 비전을 제시하는 기획이다. 목적은 사회복지조직의 지속 가능성과 경쟁력을 확보하는 것이며, 적용 사례는 5년 단위의 복지정책 방향설정, 장기적 인력계획 수립 등이 있다. 전략적 기회의 특징은 외부 환경 분석(PEST 분석 등)을 하고 SWOT 분석을 통해 조직의 강점, 약점, 기회, 위협을 평가한다는 것이다(Mintzberg, 1994).

2) 전술적 기획(Tactical Planning)

전술적 기획은 전략적 기획을 실행하기 위한 중기적, 세부적 계획이다. 조직 목표를 달성하기 위한 실행방안의 마련을 목적으로 하며, 적용 사례는 특정 프로그램의 예산 편성, 캠페인 활동 계획 등이다. 전술적 기획의 특징은 부서 또는 팀 단위로 실행되며, 구체적이고 실현 가능한 행동계획을 포함하고 있다는 것이다(Robbins & Coulter, 2009).

3) 운영적 기획(Operational Planning)

운영적 기획은 단기적이고 구체적인 행동을 계획하는 과정이다. 목적은 일상 업무를 효율적으로 수행하기 위한 것이고, 적용 사례는 하루 또는 한 주간의 활동 일정, 직원 근무 스케줄을 작성한다. 운영적 기획의 특징은 실행 중심적이고, 세부적인 업무지침을 제공한다는 것이다(Anthony & Young, 2019).

4) 상황적 기획(Contingency Planning)

상황적 기획은 예상치 못한 상황이나 비상사태에 대비하는 기획이다. 위험 관리 및 신속한 대응 가능성 확보를 목표로 하며, 자연재해 시 복지서비스 제공방안, 팬데믹 대응계획 등이 이에 속한다. 상황적 기획의 특징은 대안 시나리오를 포함하고, 위험요소 분석과 대응방안 마련을 포함한다는 것이다(Finkler & Ward, 2019).

5) 사회적 기획(Social Planning)

사회적 기획은 지역사회와 사회적 문제를 해결하기 위한 기획이다. 목적은 지역사회의 복지 향상과 사회적 형평성 실현하는 것이며, 적용 사례는 빈곤 감소 프로그램, 지역사회 기반 복지서비스 제공 등이다. 사회적 기획의 특징은 사회적 요구와 자원의 균형을 강조하고, 여러 기관의 협력이 필요하다는 것이다(Rothman, Erlich & Tropman, 2001).

6) 재정적 기획(Financial Planning)

재정적 기획은 사회복지조직의 재정적 안정성을 확보하기 위해 수입과 지출을 계획하는 것으로, 재정 건전성의 유지와 효과적인 자원의 활용을 목적으로 하며, 연간 예산 계획, 기부금 및 정부 지원금 관리 등이 이에 속한다. 재정적 기획의 특징은 자금 흐름을 예측하고, 재정적 목표와 실적을 비교하는 것이다(Young, 2007).

〈표 6-1〉 기획 유형의 비교

유형	기간	초점	적용 수준	특징
전략적 기획	장기적	조직 전체 방향성	조직 전체	환경 분석 필수
전술적 기획	중기적	특정 목표 및 부서의 전략 실행	부서 또는 팀	세부 계획 강조
운영적 기획	단기적	일상 업무와 실행	개인 또는 팀	구체적 실행 중심
상황적 기획	비상사태 시	위험과 대안 시나리오 마련	조직 전체	유연성 중요
사회적 기획	장기적	사회적 요구와 형평성	지역사회	협력과 조정
재정적 기획	연간 또는 분기	재정적 안정성 및 관리	조직 전체	수익과 비용 관리

사회복지행정에서 기획은 조직의 목표 달성과 서비스 제공의 효과성을 높이는 데 필수적이다. 각 유형의 기획은 서로 보완적이며, 조직의 상황과 필요에 따라 적절히 조합하여 활용할 수 있다. 이를 통해 사회복지조직은 지속 가능성을 확보하고, 변화하는 사회적 요구에 유연하게 대응할 수 있다.

4. 기획의 기법

기획은 사회복지행정에서 사회복지조직의 목표를 효과적으로 달성하기 위해 필요한 과정으로, 문제를 분석하고 해결책을 설계하는 체계적인 활동이다. 다양한 기획 기법은 사회복지조직의 효율성과 효과성을 높이는 데 중요한 도구로 사용된다.

1) 기획 기법의 유형

(1) 목표관리기법(Management by Objectives, MBO)

목표관리기법은 사회복지조직의 목표를 설정하고, 구성원이 이를 달성하기 위해 기여하는 과정을 체계화하는 기법이다. 절차는 ① 조직의 목표를 설정하고, ② 각 부서와 개인의 목표를 조직 목표와 연계하고, ③ 성과를 측정하고 피드백을 제공하는 것이다. 장점은 목표 달성의 명확성, 구성원의 책임감 증대 등이며, 단점은 지나치게 목표 중심적이어서 유연성이 부족하다는 것이다(Drucker, 1954).

(2) SWOT 분석

SWOT 분석은 조직의 내부 강점(Strengths)과 약점(Weaknesses), 외부의 기회(Opportunities)와 위협(Threats)을 분석하여 전략을 수립하는 기법이다. 절차는 ① 강점과 약점 분석(내부 요인), 기회와 위협 분석(외부 요인)하고, ② 분석 결과를 토대로 전략 수립하는 것이다. 장점은 사회복지조직의 상황을 명확히 파악하고, 전략적 방향 설정에 도움을 주며, 단점은 주관적인 평가가 가능하다는 것이다(Gurel & Tat, 2017).

(3) PERT/CPM 기법(Program Evaluation and Review Technique / Critical Path Method)

PERT/CPM 기법은 프로젝트의 일정 계획과 진행을 효율적으로 관리하기 위한 네트워크 기법이다. 절차는 ① 프로젝트의 주요 활동을 정의하고, ② 각 활동의 순서를 결정하고 소요 시간을 추정하며, ③ 네트워크 다이어그램을 작성하고, ④ 중요한 경로(Critical Path)를 파악하는 것이다. 장점은 복잡한 프로젝트를 체계적으로 관리하며, 단점은 초기 데이터 수집 및 계산이 복잡하다는 것이다(Kerzner, 2017).

(4) 논리모형(Logical Framework Approach, LFA)

논리모형은 조직의 목표, 결과, 활동, 자원 등을 체계적으로 연결하여 계획을 수립하는 기법이다. 구성요소는 ① 목표(Overall Goal), ② 목적(Objective), ③ 산출(Output), ④ 활동(Activity), ⑤ 자원(Resources)이다. 장점은 명확한 목표 설정과 결과에 기반한 계획이 가능하며, 단점은 복잡한 프로그램에서는 적용이 어렵다는 것이다(Baccarini, 1999).

(5) 시나리오 기법(Scenario Planning)

시나리오 기법은 미래에 발생할 수 있는 다양한 상황을 예측하고, 이에 대한 전략적 대응 방안을 계획하는 기법이다. 절차는 ① 주요 변수 및 트렌드를 분석하고, ② 가능한 시나리오를 작성하고, ③ 각 시나리오에 대한 전략을 수립한다. 장점은 불확실성에 대한 대비책을 마련하나, 단점은 정확한 예측이 어렵다는 것이다(Schoemaker, 1995).

(6) 균형성과표(Balanced Scorecard, BSC)

균형성과표는 재무적 성과뿐만 아니라 비재무적 성과(고객, 내부 프로세스, 학습과 성장)를 포함한 성과관리 기법이다. 구성요소는 ① 재무 관점(Financial Perspective), ② 고객 관점(Customer Perspective), ③ 내부 프로세스 관점(Internal Process Perspective), ④ 학습과 성장 관점(Learning and Growth Perspective)이다. 장점은 전반적인 성과관리가 가능하나, 단점은 초기 도입 시 시간과 비용이 소요된다는 것이다(Kaplan & Norton, 1996).

2) 기획 기법의 한계와 해결 방안

기획 기법의 한계와 해결 방안은 다음과 같다(Bryson, 2018).

(1) 기획 기법의 한계

① 정보 부족: 기획 과정에서 필요한 데이터가 부족한 경우가 있다.

② 시간과 비용 문제: 기획 기법의 적용에 필요한 자원이 부족하다.

③ 구성원 저항: 새로운 기법 도입에 대한 저항이 있을 수 있다.

(2) 해결 방안

① 교육과 훈련: 기획 기법에 대한 구성원의 이해와 참여를 촉진한다.

② 기술 활용: 정보 수집과 분석에 IT 기술을 활용한다.

③ 의사소통 강화: 기획의 중요성과 효과를 명확히 전달한다.

사회복지행정에서 기획 기법은 사회복지조직의 목표 달성과 자원 활용 효율성을 높이는 데 필수적이다. 각 기법은 조직의 상황과 필요에 맞게 선택적으로 사용되며, 기획 과정에서 지속적인 평가와 피드백이 필요하다.

2절 사회복지조직의 의사결정

의사결정(Decision Making)은 사회복지행정에서 사회복지조직의 목표를 효과적으로 달성하기 위해 다양한 대안 중 최적의 선택을 내리는 과정이다. 의사결정은 조직의 전략 수립, 자원 배분, 서비스 제공 등 모든 행정 활동의 핵심 요소로, 조직 성과와 클라이언트 복지에 직간접적인 영향을 미친다.

1. 의사결정의 개념과 특징

1) 의사결정의 개념

의사결정은 "목표를 달성하기 위해 다양한 대안 중에서 가장 적합한 행동 방안을 선택하는 과정"으로 정의된다. 이는 사회복지조직의 복잡한 환경과 자원 한계 속에서 목표를 달성하기 위한 필수 과정으로, 관리자의 리더십과 조직의 효율성을 강화하는 데 중점을 둔다(Simon, 1947).

2) 의사결정의 특징

사회복지조직 의사결정의 주요 특징은 다음과 같다(Simon, 1947).

① 목표 지향적: 조직의 목표를 달성하기 위해 모든 대안을 평가한다.

② 정보 기반: 정확하고 충분한 정보를 바탕으로 결정한다.

③ 집단적 성격: 이해관계자가 많아 의사결정이 집단적으로 이루어진다.

④ 불확실성 관리: 미래의 불확실성을 예측하고 이를 최소화하려는 노력이 포함된다.

2. 의사결정의 모형

사회복지행정에서 의사결정은 사회복지조직의 목표를 달성하기 위해 다양한 대안 중 최선의 선택을 하는 과정이다. 이 과정은 조직의 효율성과 효과성을 높이는 데 중요한 역할을 하며, 다양한 이론과 모형을 통해 구조화될 수 있다.

1) 합리적 의사결정 모형(Rational Decision-Making Model)

합리적 의사결정 모형은 논리적이고 체계적인 접근 방식으로, 문제를 명확히 정의하고 대안을 탐색한 후 최선의 대안을 선택하는 과정을 강조한다.

(1) 합리적 의사결정 모형의 과정

① 문제 정의

② 대안 탐색

③ 대안 평가

④ 최적 대안 선택

⑤ 실행 및 피드백

(2) 합리적 의사결정 모형의 장단점

합리적 의사결정 모형의 장점은 객관성과 논리성을 기반으로 최적의 선택 가능하나, 단점은 정보 수집과 분석에 많은 시간과 비용이 소요된다(Simon, 1947).

2) 제한된 합리성 모형(Bounded Rationality Model)

Simon이 제안한 이 모형은 인간의 인지적 한계를 고려하여, "만족스러운(satisficing)" 대안을 선택하는 현실적 접근 방식을 제시한다(Simon, 1955).

(1) 제한된 합리성 모형의 특징

제한된 합리성 모형은 정보의 불완전성과 제한된 분석 능력을 인정하고, 최선의 선택 대신, 주어진 조건에서 만족스러운 결과를 추구하는 모형이다.

(2) 제한된 합리성 모형의 장단점

제한된 합리성 모형의 장점은 현실적이고 신속한 의사결정 가능하나, 단점은 최적 대안을 놓칠 가능성이 있다(Simon, 1955).

3) 점증적 의사결정 모형(Incremental Model)

Lindblom이 제안한 점증적 모형은 기존 정책이나 결정을 약간씩 수정해 나가는 방식으로, 급격한 변화를 지양하고 점진적인 발전을 추구한다(Lindblom, 1959).

(1) 점증적 의사결정 모형의 과정

① 기존 정책 검토
② 소규모 대안 탐색
③ 점진적 개선안 선택

(2) 점증적 의사결정 모형의 장단점

점증적 의사결정 모형의 장점은 위험을 최소화하고 현실적 접근이 가능하나, 단점은 급격한 변화나 혁신이 어렵다는 것이다(Lindblom, 1959).

4) 혼합 탐색 모형(Mixed Scanning Model)

Etzioni가 제안한 이 모형은 합리적 모형과 점증적 모형을 결합하여, 전체적인 구조를 분석하면서도 세부 사항에서는 점진적 접근을 활용하는 것이다(Etzioni, 1967).

(1) 혼합 탐색 모형의 특징

혼합 탐색 모형에서는 전략적 의사결정 시에는 합리적 분석을 하고, 전술적 의사결정 시에는 점증적 접근을 한다.

(2) 혼합 탐색 모형의 장단점

혼합 탐색 모형의 장점은 장기적 비전과 단기적 실행 간 균형이 가능하나, 단점은 탐색의 복잡성과 실행의 어려움이 있다(Etzioni, 1967).

5) 쓰레기통 모형(Garbage Can Model)

쓰레기통 모형은 의사결정이 조직 내에서 비체계적이고 우연적으로 이루어질 수 있음을 강조한다. 문제, 해결책, 참여자, 기회가 독립적으로 존재하며, 우연한 조합으로 결정이 이루어지는 방식이다.

(1) 쓰레기통 모형의 특징

쓰레기통 모형은 조직 내 복잡성과 불확실성을 인정하고, 비정형적이고 유동적인 의사결정이 이루어지는 과정이다.

(2) 쓰레기통 모형의 장단점

쓰레기통 모형의 장점은 유연한 의사결정이 가능하나, 단점은 체계적인 접근 부재로 인해 혼란이 가능하다는 것이다(Cohen, March & Olsen, 1972).

3. 의사결정 모형의 적용

사회복지행정에서 의사결정 모형을 사회복지조직에 적용하면 다음과 같다.

① 합리적 모형: 사회복지조직의 예산 배분과 같은 정량적 의사결정에 적용한다.
② 제한된 합리성 모형: 정보부족 상황에서 신속한 서비스를 제공할 때 적용한다.
③ 점증적 모형: 사회복지조직이 기존 프로그램의 점진적인 개선이 필요할 때 적용한다.
④ 혼합 탐색 모형: 장기적 계획의 수립과 단기적 실행의 균형이 필요할 때 적용한다.
⑤ 쓰레기통 모형: 위기 상황에서의 비정형적 문제를 해결하고자 할 때 적용한다.

사회복지행정에서 의사결정은 조직의 성공과 지속 가능성을 결정짓는 핵심 요소이다. 다양한 의사결정 모형은 조직의 목표와 환경에 따라 선택적으로 활용되며, 이를 통해 복잡한 문제를 체계적이고 유연하게 해결할 수 있다. 사회복지조직은 이러한 모형을 적절히 적용하여 효과적이고 혁신적인 의사결정을 수행해야 한다.

4. 의사결정의 방법 및 유형

의사결정은 사회복지행정에서 조직의 목표를 달성하기 위해 최적의 대안을 선택하는 과정이다. 이는 서비스 제공의 품질과 조직의 성과를 좌우하는 중요한 과정으로, 다양한 방법과 유형이 존재한다. 사회복지행정에서는 클라이언트의 복지를 우선으로 하면서도, 조직의 자원을 효율적으로 활용해야 하므로 의사결정 과정이 매우 중요하다.

1) 의사결정 방법

(1) 합리적 의사결정(Rational Decision Making)

합리적 의사결정은 논리적이고 체계적인 접근 방식이다. 문제를 명확히 정의하고 모든 대안을 분석하여 최적의 결정을 내리는 방법으로, 절차는 다음과 같다.

① 문제 정의

② 정보 수집

③ 대안 탐색

④ 대안 평가 및 선택

⑤ 실행 및 피드백

합리적 의사결정의 장점은 객관적이고 효율적인 의사결정이 가능하나, 단점은 시간이 많이 소요되고, 정보가 불완전한 상황에서는 한계가 존재한다(Simon, 1947).

(2) 직관적 의사결정(Intuitive Decision Making)

직관적 의사결정은 경험과 직감을 바탕으로 빠르게 결정을 내리는 방식으로 긴급 상황, 정보가 제한된 경우에 적합한 방법이다. 직관적 의사결정의 장점은 신속한 의사결정이 가능하나, 단점은 주관적인 판단으로 인해 오류 가능성이 존재한다(Klein, 1998).

(3) 참여적 의사결정(Participative Decision Making)

참여적 의사결정은 조직 구성원들이 의사결정 과정에 적극적으로 참여하는 방법으로, 구성원의 협력이 중요한 경우에 적합하다. 참여적 의사결정의 장점은 구성원의 동기 부여 및 책임감 증대하나, 단점은 의사결정 속도가 느려질 수 있다는 것이다(Vroom & Yetton, 1973).

(4) 정치적 의사결정(Political Decision Making)

정치적 의사결정은 이해관계자 간의 협상과 타협을 통해 결정을 내리는 방식이며, 갈등 상황이나 다양한 의견이 충돌할 때 적용이 가능하다. 정치적 의사결정의 장점은 다양한 의견을 반영한 균형 잡힌 결정이 가능하나, 단점은 합의 도출에 시간이 오래 걸릴 수 있다는 것이다(Pfeffer, 1992).

2) 의사결정의 유형

(1) 전략적 의사결정(Strategic Decision Making)

전략적 의사결정은 사회복지조직의 장기적인 목표와 방향성을 결정하는 의사결정의 유형이다. 사회복지조직의 서비스 분야 확대 또는 축소를 결정할 때 적용할 수 있다(Mintzberg, 1979).

(2) 전술적 의사결정(Tactical Decision Making)

전술적 의사결정은 전략적 의사결정을 실행하기 위해 중기적인 목표와 방안을 결정하는 과정이다. 사회복지조직이 특정 프로그램 예산의 배분을 결정할 때 적용된다(Drucker, 1990).

(3) 운영적 의사결정(Operational Decision Making)

운영적 의사결정은 사회복지조직이 일상적 활동과 관련된 단기적인 의사결정을 하는 것이다. 클라이언트 상담 일정 조정, 팀원 업무 분배 등이 이에 속한다(Robbins & Coulter, 2009).

(4) 집단적 의사결정(Group Decision Making)

집단적 의사결정은 팀 또는 위원회가 협력하여 내리는 의사결정으로, 브레인스토밍, 델파이 기법 등이 사용된다. 집단적 의사결정의 장점은 다양한 아이디어의 수렴이 가능하나, 단점은 시간 소요와 책임의 불명확성이 있다는 것이다(Janis, 1982).

(5) 비구조적 의사결정(Unstructured Decision Making)

비구조적 의사결정은 예측 불가능한 상황에서 유연하고 창의적인 결정을 하는 것이며, 긴급한 위기 상황에서의 문제를 해결하고자 할 때 적용된다(Drucker, 1993).

5. 의사결정의 중요성

1) 복지서비스 품질 보장

사회복지조직은 클라이언트 중심의 서비스를 제공하기 위해 효과적인 의사결정이 필요하다.

2) 재정의 효율적 활용

사회복지조직은 효과적인 의사결정을 통해 재정을 효율적으로 활용할 수 있다.

3) 조직 구성원 간 협력 촉진

사회복지조직은 의사결정 과정에 구성원이 참여함으로써 조직 내 협력이 강화된다.

4) 성과 기반 관리

사회복지조직은 의사결정 결과를 분석하여 지속적인 개선을 도모한다(Anthony & Young, 2019).

사회복지행정에서 의사결정은 복지서비스를 제공하고 조직의 목표를 달성하는 데 핵심적인 역할을 한다. 합리적, 직관적, 참여적, 정치적 방법과 전략적, 전술적, 운영적 등 다양한 유형의 의사결정을 상황에 맞게 조합함으로써 조직의 효율성과 효과성을 극대화할 수 있다.

6. 의사결정의 기법

사회복지행정에서 의사결정은 조직의 목표를 달성하고 복지서비스를 효과적으로 제공하기 위한 필수적인 과정이다. 의사결정 기법은 복잡한 문제를 체계적으로 분석하고 해결책을 도출하기 위해 활용된다. 이러한 기법은 사회복지조직의 다양한 이해관계자 및 제한된 자원을 고려하여 적절히 적용된다.

1) 의사결정 기법의 유형

(1) 브레인스토밍(Brainstorming)

브레인스토밍은 집단 구성원이 자유롭게 아이디어를 제시하고 이를 수집 및 정리하는 기법이다. 브레인스토밍은 창의적이고 다양한 아이디어를 도출할 수 있으며, 평가나 비판 없이 모든 아이디어를 수용할 수 있다. 브레인스토밍의 장점은 다양한 해결책을 생성하고, 구성원의 참여를 유도할 수 있으나, 단점은 비현실적이거나 실행 가능성이 낮은 아이디어가 포함될 수 있다(Osborn, 1953).

(2) 델파이 기법(Delphi Technique)

델파이 기법은 전문가 패널이 익명으로 반복적인 설문과 피드백 과정을 통해 의견을 조율하여 최적의 결정을 도출하는 방법이다. 델파이 기법은 익명성이 보장되어 솔직한 의견을 유도하고, 합의가 어려운 문제의 해결에 적합하다. 델파이 기법의 장점은 전문적이고 객관적인 의사결정이 가능하고 갈등을 최소화하며 합의를 도출할 수 있으나, 단점은 시간 소요가 크며, 설문 설계가 중요하다(Linstone & Turoff, 1975).

(3) 의사결정 나무(Decision Tree)

의사결정 나무는 선택 가능한 여러 대안과 그 결과를 시각적으로 구조화한 도표를 통해 의사결정을 지원하는 기법이다. 의사결정 나무는 대안별 결과를 체계적으로 분석하고 불확실한 상황에서 의사결정을 지원한다. 의사결정 나무의 장점은 복잡한 문제를 간단히 시각화하고 각 대안의 결과를 명확히 비교할 수 있으나, 단점으로는 모든 변수와 결과를 예측하기 어렵다(Breiman, Friedman, Stone & Olshen, 1984).

(4) SWOT 분석

SWOT 분석은 조직의 강점(Strengths), 약점(Weaknesses), 기회(Opportunities), 위협(Threats)을 분석하여 전략적 의사결정을 내리는 기법이다. SWOT 분석은 내외부 요인을 고려하여 종합적인 분석을 제공하고 전략 수립의 기반을 마련해 준다. SWOT 분석의 장점은 조직의 현재 상태를 명확히 파악하고 효과적인 전략 도출이 가능하나, 단점은 주관적인 평가가 개입될 가능성이 높다는 것이다(Gurel & Tat, 2017).

(5) 퍼뜨리기 기법(Force Field Analysis)

퍼뜨리기 기법은 특정 의사결정이나 변화에 영향을 미치는 추진 요인과 억제 요인을 분석하여 변화를 관리하는 방법이다. 퍼뜨리기 기법의 특징은 변화의 장애 요인을 파악하고 이를 줄이기 위한 전략을 도출하고 변화에 필요한 요소를 명확히 한다. 퍼뜨리기 기법의 장점은 실현 가능성이 높은 해결책을 도출하고 변화 관리에 적합하나, 단점은 요인의 중요도를 정량적으로 평가하기 어렵다는 것이다(Lewin, 1951).

(6) 시나리오 기법(Scenario Planning)

시나리오 기법은 미래의 불확실한 상황을 다양한 시나리오로 예측하고 대안을 설계하는 방법이다. 시나리오 기법의 특징은 다양한 가능한 상황을 대비하고 장기적 관점에서 의사결정을 지원한다. 시나리오 기법의 장점은 불확실성에 대한 준비를 강화하고 전략적 사고를 증진시키나, 단점은 시나리오의 정확성이 결과에 영향을 미친다는 것이다(Schoemaker, 1995).

2) 의사결정 기법의 선택 기준

(1) 문제의 복잡성

의사결정에서는 문제의 성격에 따라 단순한 기법(SWOT)이나 복잡한 기법(델파이)을 선택해야 한다.

(2) 시간 제약

의사결정의 시간적 여유가 적을 경우 브레인스토밍 같은 간단한 기법을 활용하여야 한다.

(3) 참여자 수와 성격

의사결정은 참여자의 수와 전문성을 고려해 델파이 기법이나 퍼뜨리기 기법을 활용해야 ㅎ나다.

(4) 데이터의 가용성

의사결정은 데이터가 충분히 확보된 경우에는 의사결정 나무의 활용이 가능하다(Simon, 1997).

3) 의사결정 기법의 한계와 도전 과제

(1) 객관성 부족

의사결정의 일부 기법은 주관적 평가에 의존하여 결과의 신뢰성을 떨어뜨릴 수 있다.

(2) 시간과 비용 과다

의사결정의 복잡한 기법은 시간과 비용이 많이 소요된다.

(3) 결정의 수용성

의사결정은 구성원이 의사결정 결과를 받아들이지 않을 가능성이 있다.

사회복지행정에서 의사결정 기법은 조직의 목표와 문제의 특성에 따라 적절히 선택되어야 한다. 각 기법의 장점과 한계를 이해하고 상황에 맞는 기법을 활용함으로써 효과적인 의사결정을 내릴 수 있다. 특히, 사회복지조직의 복잡한 환경과 제한된 자원을 고려할 때, 체계적이고 분석적인 접근이 중요하다.

연습문제

01 사회복지조직의 기획 필요성으로 적합하지 않은 것은?

① 자원의 효율적 활용
② 정책 변화에 대한 신속한 대응
③ 조직 구성원의 자유로운 의사결정 보장
④ 목표 달성을 통한 서비스 품질 향상

02 사회복지조직의 전략적 기획 특징으로 적합하지 않은 것은?

① 장기적 목표 설정
② 조직 전체의 방향성 제시
③ 세부적이고 구체적인 행동 계획 포함
④ 외부 환경 분석을 기반으로 계획 수립

03 SWOT 분석에서 "기회(Opportunities)"의 주요 예로 적합하지 않은 것은?

① 정부 정책 변화로 인한 지원 증가
② 내부 자원의 효율성 증대
③ 지역사회의 긍정적 반응
④ 새로운 서비스 수요 창출

04 기획 기법 중 PERT/CPM의 주요 장점으로 적합한 것은?

① 초기 데이터 수집의 간편성
② 프로젝트 일정의 체계적 관리
③ 복잡한 프로그램의 단순화
④ 주관적 평가 기준의 활용

정답 | 01 ③ 02 ③ 03 ② 04 ②

05 사회복지조직의 의사결정 과정에서 합리적 의사결정 모형의 주요 단계에 포함되지 않는 것은?

① 문제 정의
② 대안 탐색
③ 최적 대안 선택
④ 집단적 타협

06 사회복지조직의 전략적 의사결정 예로 가장 적합한 것은?

① 클라이언트 상담 일정 조정
② 특정 프로그램 예산 배분
③ 복지서비스 분야 확대 결정
④ 팀원 업무 분배

07 사회복지조직에서 의사결정 기법을 선택할 때 가장 중요하지 않은 기준은?

① 문제의 복잡성
② 참여자의 전문성
③ 데이터의 가용성
④ 조직의 규모

08 사회복지조직에서 효과적인 의사결정을 위한 필수 요소가 아닌 것은?

① 정확한 정보
② 조직 구성원의 협력
③ 충분한 자원
④ 클라이언트의 완전한 동의

정답 | 05 ④ 06 ③ 07 ④ 08 ④

참고문헌

Anthony, R. N., & Young, D. W. (2019). *Management Control in Nonprofit Organizations*. McGraw-Hill.

Baccarini, D. (1999). The Logical Framework Method for Defining Project Success. *Project Management Journal*.

Breiman, L., Friedman, J. H., Stone, C. J., & Olshen, R. A. (1984). *Classification and Regression Trees*. CRC Press.

Bryson, J. M. (2018). *Strategic Planning for Public and Nonprofit Organizations*. Jossey-Bass.

Cohen, M. D., March, J. G., & Olsen, J. P. (1972). *A Garbage Can Model of Organizational Choice*. Administrative Science Quarterly.

Drucker, P. F. (1990). *Managing the Non-Profit Organization*. Harper Business.

Drucker, P. F. (1993). *Post-Capitalist Society*. Harper Business.

Drury, C. (2018). *Management and Cost Accounting*. Cengage Learning.

Etzioni, A. (1967). *Mixed-Scanning: A "Third" Approach to Decision-Making*. Public Administration Review.

Finkler, S. A., & Ward, D. M. (2019). *Accounting Fundamentals for Health Care Management*. Jones & Bartlett Learning.

Gantt, H. L. (1919). *Organizing for Work*. Harper & Brothers.

Gurel, E., & Tat, M. (2017). SWOT Analysis: A Theoretical Review. *Journal of International Social Research*.

Hepworth, D. H., Rooney, R. H., & Larsen, J. A. (2016). *Direct Social Work Practice*. Brooks/Cole.

Janis, I. L. (1982). *Groupthink*. Houghton Mifflin.

Kaplan, R. S., & Norton, D. P. (1996). *The Balanced Scorecard: Translating Strategy into Action*. Harvard Business Review Press.

Kerzner, H. (2017). *Project Management: A Systems Approach to Planning, Scheduling, and Controlling*. Wiley.

Klein, G. (1998). *Sources of Power: How People Make Decisions*. MIT Press.

Kotler, P., & Keller, K. L. (2015). *Marketing Management*. Pearson.

Lewin, K. (1951). *Field Theory in Social Science*. Harper.

Lindblom, C. E. (1959). *The Science of Muddling Through*. Public Administration Review.

Linstone, H. A., & Turoff, M. (1975). *The Delphi Method: Techniques and Applications*. Addison-Wesley.

Mintzberg, H. (1979). The *Structuring of Organizations*. Prentice Hall.

Mintzberg, H. (1994). *The Rise and Fall of Strategic Planning*. Free Press.

Osborn, A. F. (1953). *Applied Imagination*. Scribner.

Pearce, J. A., & Robinson, R. B. (2013). *Strategic Management*. McGraw-Hill.

Pfeffer, J. (1981). *Power in Organizations*. Harper & Row.

Robbins, S. P., & Coulter, M. (2009). Management. Pearson Education.

Rothman, J., Erlich, J. L., & Tropman, J. E. (2001). *Strategies of Community Intervention*. Waveland Press.

Schoemaker, P. J. H. (1995). Scenario planning: A tool for strategic thinking. *Sloan Management Review*.

Shafritz, J. M., Ott, J. S., & Jang, Y. S. (2016). *Classics of Organization Theory*. Cengage Learning.

Simon, H. A. (1947). *Administrative Behavior*. Macmillan.

Simon, H. A. (1955). *Models of Man*. Wiley.

Simon, H. A. (1997). *Models of Bounded Rationality: Empirically Grounded Economic Reason*. MIT Press.

Vroom, V. H., & Yetton, P. W. (1973). *Leadership and Decision-Making*. University of Pittsburgh Press.

Young, D. R. (2007). *Financing Nonprofits: Putting Theory into Practice*. Harvard University Press.

07 Chapter

사회복지조직의 리더십 및 조직문화

사회복지조직의 운영에서 리더십의 중요성이 점차 강조되고 있다. 그 이유는 사회복지조직은 대상자에게 복지서비스를 제공하는 조직이기 때문에, 서비스를 직접 제공하는 인적자원이 가장 중요하고, 이러한 인적 자원을 이끌어 나가는 리더의 역할이 어떤 다른 조직보다 중요하기 때문이다.

7장에서는 사회복지조직의 운영에서 조직을 이끌어 나가는 리더십과 리더십에 영향을 받는 조직문화에 대해서 다룬다. 1절에서는 리더십의 개념과 학계에서 논의되고 있는 리더십에 관한 이론을 분석해 보고, 사회복지기관에서 리더십이 중요한 이유를 살펴본다. 2절에서는 조직의 행동 양식과 운영에 영향을 미치는 중요한 요소인 조직문화에 대해서 알아본다.

1절 사회복지조직의 리더십

리더십(Leadership)에 대한 정의는 매우 다양하지만 이러한 다양한 정의를 요약해 보면, 리더십이란 '조직의 리더가 직원을 추동하거나 동기를 부여하여 조직의 목표를 달성하게 만드는 능력'을 말한다. 이때 중요한 것은 조직의 목표인데, 리더와 직원 모두가 추구하는 가치와 동기가 같아지도록 하는 것이 목표가 된다.

리더십에 관해서는 정치학, 행정학, 경영학, 사회학 등 여러 사회과학에서 다루어 왔다. 이들의 관심은 주로 리더의 특성, 리더의 행동, 리더와 그를 둘러싼 주변상황과의 관계 등 세 가지 측면에 집중되었다(이성기, 2019).

1. 리더십의 정의와 중요성

리더십은 조직의 목표를 달성하기 위해 구성원을 동기를 부여하고, 지시하며, 협력하는 과정이다. 사회복지조직의 리더십은 복지서비스의 제공과 조직 내 복잡한 문제를 해결하기 위해 필요한 지도력으로, 리더는 조직의 가치를 실현하고 구성원을 지원하며, 클라이언트의 요구를 충족시키는 역할을 해야 한다.

1) 리더십의 정의

리더십은 학자마다 다르게 정의되지만, 공통적으로 조직의 방향 설정, 목표 달성, 구성원과의 상호작용을 강조한다. 리더십의 정의는 다음과 같다.

(1) Buckhart의 정의

리더십을 "조직 내 자원을 조정하고 사람들과 협력하여 목표를 달성하는 과정"으로 정의한다(Buckhart, 1990).

(2) Kotter의 정의

리더십을 "변화에 적응하고, 구성원들에게 비전을 제시하며 이를 실행에 옮기는 능력"으로 설명한다(Kotter, 1996).

(3) Hersey & Blanchard의 정의

리더십을 "구성원의 태도와 행동에 영향을 미쳐 조직의 목표를 달성하도록 돕는 과정"이라고 정의한다(Hersey & Blanchard, 1988).

(4) 사회복지적 관점에서 정의

리더십은 "조직의 사명과 가치를 기반으로 구성원과 클라이언트 모두를 지원하고, 협력을 촉진하며, 윤리적 기준을 준수하는 지도력"이라고 정의할 수 있다(Reamer, 2006).

2) 리더십의 중요성

(1) 조직의 목표 설정과 방향성 제시

리더는 사회복지조직의 비전과 미션을 명확히 하고, 이를 구성원에게 전달하며, 달성하기 위한 전략을 수립한다. 예를 들면, 사회적 약자에 대한 복지서비스 제공의 목표를 설정하는 것이다(Northouse, 2018).

(2) 구성원 동기부여와 지원

사회복지조직의 리더는 구성원의 동기를 유발하고, 정서적 및 업무적 지원을 제공한다. 예를 들면, 사회복지사가 업무 소진(burnout)을 경험하지 않도록 심리적 지원을 제공하는 것이다(Maslach & Leiter, 1997).

(3) 조직 내 의사소통 촉진

리더는 구성원 간 원활한 소통을 도와 사회복지조직 내 갈등을 줄이고, 협업을 촉진한다(Yukl, 2013).

(4) 변화 관리

리더는 복잡하고 변화하는 사회 환경 속에서 사회복지조직이 적응할 수 있도록 변화 관리를 수행한다. 예를 들면, 새로운 복지정책을 도입하고 시행하는 것이다(Kotter, 1996).

(5) 윤리적 의사결정 촉진

리더는 윤리적 딜레마 상황에서 구성원들이 올바른 결정을 내릴 수 있도록 가이드를 제공한다(Reamer, 2006).

3) 리더십의 주요 요소

(1) 비전(Vision)

리더는 사회복지조직의 장기적 목표와 방향을 설정하고, 이를 구성원과 공유한다(Kouzes & Posner, 2017).

(2) 영향력(Influence)

리더는 사회복지조직 구성원의 태도와 행동을 변화시켜 목표를 달성하도록 도움을 준다(Bass, 1990).

(3) 의사소통(Communication)

리더는 명확하고 일관성 있는 의사소통을 통해 조직 내 협력을 증진시킨다(Yukl, 2013).

(4) 책임성(Accountability)

리더는 사회복지조직 운영과 결과에 대한 책임을 지고 투명성을 유지한다(Drucker, 1990).

(5) 감정적 지지(Empathy and Support)

리더는 사회복지조직 구성원의 감정을 이해하고, 그들의 필요를 지원한다(Goleman, 1995).

사회복지행정에서 리더십은 조직의 방향성을 설정하고, 구성원의 성과를 극대화하며, 클라이언트에게 고품질의 서비스를 제공하는 데 핵심적인 역할을 한다. 리더는 비전을 제시하고, 변화에 적응하며, 윤리적 기준을 준수하는 태도를 통해 사회복지조직의 성공을 이끌어야 한다.

2. 전통적 리더십 이론

전통적 리더십 이론은 리더의 특성과 행동, 그리고 상황적 요인을 중심으로 리더십을 설명하는 초기 이론들로, 현대 리더십 연구의 기초를 제공한다.

1) 전통적 리더십 이론의 주요 개념

(1) 특성이론(Trait Theory)

특성이론은 리더십이 선천적인 특성에서 비롯된다는 가정에 기반한 이론이다. 리더의 주요 특성으로는 지능, 자신감, 결단력, 책임감, 외향성 등을 지적한다. 특히 사회복지조직에서는 리더가 높은 윤리적 기준, 공감 능력, 의사소통 능력을 갖추는 것이 강조된다. 특성이론의 한계는 리더십의 성공을 예측하기 위한 특성의 보편성이 부족하며, 환경적 요인을 간과하고 있다는 것이다(Stogdill, 1948).

(2) 행동이론(Behavioral Theory)

행동이론은 리더십이 특정한 행동 스타일에서 비롯된다는 이론으로, 리더가 학습을 통해 행동을 발전시킬 수 있다고 본다. 리더십 행동의 유형은 다음과 같다.

① 과업지향(Task-Oriented): 목표 달성과 업무 효율성을 강조한다.

② 관계지향(Relationship-Oriented): 구성원의 복지와 동기를 중시한다.

사회복지조직에서는 과업지향적 행동과 관계지향적 행동의 균형이 중요하다(Blake & Mouton, 1964).

(3) 상황이론(Contingency Theory)

상황이론은 리더십의 효과가 리더의 스타일과 상황적 요인의 적합성에 따라 달라진다고 주장한다. Fiedler의 상황모델(Contingency Model)이 대표적이며, 리더십 스타일에는 관계지향형 또는 과업지향형이 있고, 상황 요인은는 리더-구성원 관계, 과업 구조, 리더의 권력 등이 있다. 사회복지조직에서는 리더가 상황에 맞춰 리더십 스타일을 조정할 필요가 있다(Fiedler, 1967).

(4) 참여적 리더십 이론(Participative Leadership Theory)

참여적 리더십 이론은 리더가 구성원들의 의견을 반영하여 의사결정을 수행함으로써 구성원의 몰입을 높이고 조직의 성과를 개선하는 접근법이다. 사회복지조직에서는 클라이언트의 요구와 구성원의 의견을 반영한 의사결정이 필수적이다(Vroom & Yetton, 1973).

(5) 경로-목표 이론(Path-Goal Theory)

경로-목표 이론에서는 리더가 구성원이 목표를 달성할 수 있도록 지원하며, 장애물을 제거하는 데 중점을 둔다. 이 이론의 리더십 스타일은 다음과 같다.

① 지시형(Directive): 과업의 명확한 지침을 제공한다.

② 지원형(Supportive): 구성원의 복지를 중시한다.

③ 참여형(Participative): 의사결정 과정에 구성원의 참여 유도한다.

④ 성취형(Achievement-Oriented): 도전적인 목표 설정한다.

이 이론은 사회복지조직에서 클라이언트와 구성원의 목표 달성을 지원하는 리더십에 적합하다(House, 1971).

2) 전통적 리더십 이론의 적용

(1) 특성이론의 적용

사회복지조직의 리더는 높은 윤리적 기준과 공감 능력, 대인 관계 능력을 갖춰야 한다. 예를 들면, 클라이언트의 복지 향상을 위한 윤리적 리더십을 발휘할 필요가 있다.

(2) 행동이론의 적용

사회복지조직의 리더는 과업지향적 행동으로 재정 관리, 성과 측정, 서비스 계획 수립 등을 하고, 관계지향적 행동으로는 구성원의 동기부여, 심리적 지원의 제공 등을 해야 한다.

(3) 상황이론의 적용

사회복지조직의 리더에게는 위기 상황에서는 과업지향적 리더십이 효과적이고, 장기적 계획에서는 관계지향적 리더십이 유용하다.

(4) 참여적 리더십 이론의 적용

사회복지조직의 리더는 팀 회의와 워크숍을 통해 구성원의 의견을 수렴하고, 클라이언트 중심의 의사결정을 촉진하여야 한다.

(5) 경로-목표 이론의 적용

사회복지조직의 리더는 구성원이 클라이언트의 요구를 충족할 수 있도록 명확한 목표와 지원을 제공하여야 한다.

3) 전통적 리더십 이론의 한계

(1) 고정된 리더십 스타일

전통적 리더십 이론에 따르면, 상황의 변화에 따른 유연성이 부족할 수 있다.

(2) 구성원 중심의 접근 부족

전통적 리더십의 일부 이론은 구성원의 다양성과 동기를 충분히 고려하지 못하고 있다.

(3) 환경적 요인 간과

전통적 리더십 이론은 조직 외부 요인을 고려한 통합적 접근의 부족하다(Yukl, 2013).

전통적 리더십 이론은 사회복지행정에서 리더십의 기초를 제공하며, 다양한 상황에서 적합한 리더십 스타일을 선택할 수 있는 기준을 제시한다. 특히 사회복지조직에서는 클라이언트 중심의 서비스와 구성원의 성장 지원을 목표로 리더십을 발휘해야 하며, 전통적 이론들을 조합하여 상황에 따라 유연하게 적용하는 것이 중요하다.

3. 거래적 리더십과 변혁적 리더십

사회복지행정에서 리더십은 조직의 목표 달성과 서비스 품질 향상에 중요한 역할을 한다. 특히, 거래적 리더십(Transactional Leadership)과 변혁적 리더십(Transformational Leadership)은 조직의 성과와 변화 관리에서 중요한 두 가지 리더십 유형으로 주목받고 있다.

1) 거래적 리더십(Transactional Leadership)

(1) 정의

거래적 리더십은 조직 내 상호작용을 기반으로 보상과 처벌을 통해 목표 달성을 유도하는 리더십 스타일이다. 리더와 구성원 간의 관계는 계약적이고 교환적이며, 규칙과 절차를 강조한다(Bass, 1985).

(2) 주요 특징

① 목표 중심의 명확성

리더는 명확한 목표를 설정하고, 구성원이 이를 달성하도록 지시한다(Bass, 1985). 예를 들면, 사회복지사가 정해진 시간 내에 보고서를 제출하면 인센티브를 제공한다.

② 보상과 처벌

보상과 처벌을 통해 구성원의 행동을 강화하거나 수정한다. 예를 들면, 클라이언트 만족도를 높인 사회복지사에게 보너스를 지급한다(Burns, 1978).

③ 규칙 및 절차 강조

리더는 구성원이 규칙과 절차를 준수하도록 감독한다(Northouse, 2018).

(3) 장점과 단점

거래적 리더십의 장점은 조직 내 질서와 안정성을 유지하고 단기적인 목표 달성에 효과적이나, 단점은 구성원의 창의성과 자율성을 제한하고, 조직 변화와 혁신에 적합하지 않다는 것이다.

2) 변혁적 리더십(Transformational Leadership)

(1) 정의

변혁적 리더십은 구성원의 동기부여와 도전을 통해 조직의 변화를 이끄는 리더십 스타일이다. 리더는 구성원의 가치를 변화시키고, 더 높은 목표를 추구하도록 격려한다(Bass & Riggio, 2006).

(2) 주요 특징

① 비전 제시

리더는 조직의 미래에 대한 비전을 제시하고 구성원을 이끈다(Bass & Riggio, 2006). 예를 들면, 사회복지조직이 "모든 아동이 안전한 환경에서 성장"이라는 비전을 설정한다.

② 개별적 배려

리더는 구성원의 개인적 요구와 성장에 관심을 기울이며 지원한다. 예를 들면, 업무 스트레스를 받는 사회복지사에게 멘토링을 제공한다(Avolio & Bass, 1994).

③ 지적 자극

구성원이 새로운 아이디어와 혁신적 접근 방식을 탐구하도록 격려한다(Northouse, 2018). 예를 들면, 기존의 복지 프로그램을 개선하기 위한 브레인스토밍을 실시한다.

④ 영감적 동기부여

리더는 구성원의 동기를 자극하고, 높은 목표를 달성하도록 격려한다(Burns, 1978). 예를 들면, "우리의 노력은 지역사회의 변화를 가져올 수 있다"는 메시지를 전달한다.

3) 장점과 단점

변혁적 리더십의 장점은 구성원의 창의성과 자율성을 증진시키고, 조직의 장기적 성장과 변화를 촉진한다는 것이다. 단점은 비전 실행이 실패 시 조직에 혼란 초래할 가능성이 있으며, 리더의 역량에 크게 의존한다는 것이다.

〈표 7-1〉 거래적 리더십과 변혁적 리더십의 비교

특징	거래적 리더십	변혁적 리더십
초점	목표 달성과 안정성	변화와 혁신
동기부여 방식	보상과 처벌	비전과 가치
구성원 참여	제한적 참여	적극적 참여
적합한 상황	단기적 목표 달성, 규칙 준수가 중요한 상황	변화와 혁신이 필요한 상황
출처	Bass, B. M. (1985); Burns, J. M. (1978)	Bass, B. M., & Riggio, R. E. (2006)

4) 사회복지행정에 적용

(1) 거래적 리더십의 활용

① 효율적인 자원 관리: 제한된 예산과 자원을 최적으로 분배한다.

② 단기 목표 달성: 단기간 내 복지 프로그램을 실행 및 평가한다.

(2) 변혁적 리더십의 활용

① 조직 변화 추진: 새로운 복지서비스 개발과 혁신적 전략을 실행할 수 있다.

② 구성원 역량 강화: 구성원의 전문성과 자율성을 증진시켜 장기적 성장을 도모한다.

거래적 리더십과 변혁적 리더십은 사회복지행정에서 각각 고유한 장점과 역할을 가지며, 조직의 상황에 따라 적절히 활용될 필요가 있다. 안정성과 효율성이 중요한 상황에서는 거래적 리더십이 유용하며, 변화와 혁신이 필요한 상황에서는 변혁적 리더십이 효과적이다. 두 가지 리더십 스타일을 균형 있게 조합하면 조직의 성과를 극대화할 수 있다.

4. 경쟁적 가치 리더십 모델

경쟁적 가치 리더십 모델(Competing Values Leadership Model)은 조직의 효과성과 리더십을 설명하는 이론으로, 조직 내 다양한 가치를 조화롭게 관리하고 균형을 유지하는 데 중점을 둔다. 이 모델은 특히 사회복지행정에서 조직의 다차원적 목표(효율성, 혁신, 안정성 등)를 달성하기 위한 리더십의 역할을 이해하는 데 유용하다. 이 모델은 카메론(Cameron)과 퀸(Quinn)이 제안했으며, 조직의 가치가 유연성과 통제의 축, 그리고 내부 초점과 외부 초점의 축으로 구분되어 네 가지 리더십 유형으로 나뉜다(Cameron & Quinn, 2011).

1) 경쟁적 가치 리더십 모델의 구성

경쟁적 가치 리더십 모델의 두 축은 다음과 같다.

(1) 유연성 대 통제(Flexibility vs. Control)

조직이 변화와 적응성을 얼마나 강조하는지(유연성) 또는 규칙과 절차를 얼마나 강조하는지(통제)를 나타낸다.

(2) 내부 초점 대 외부 초점(Internal vs. External Focus)

조직이 내부 운영과 구성원 개발(내부 초점)에 집중하는지 또는 외부 환경과 경쟁력(외부 초점)에 집중하는지를 나타낸다.

2) 네 가지 리더십 유형

경쟁적 가치 리더십 모델의 두 축을 교차하면 네 가지 리더십 유형이 도출된다.

(1) 협력형 리더십(Clan Leadership)

협력형 리더십의 특징은 유연성과 내부 초점이다. 강조점은 구성원 간의 협력, 팀워크, 신뢰 및 구성원의 성장이며, 사회복지조직에서는 클라이언트와의 관계 개선, 구성원 만족도 향상에 중점을 두는 것이다. 지역사회 기반 복지조직에 적합하다(Cameron & Quinn, 2011).

(2) 혁신형 리더십(Adhocracy Leadership)

혁신형 리더십의 특징은 유연성과 외부 초점이다. 강조점은 창의성, 혁신, 새로운 서비스 개발이며, 급변하는 사회복지 환경에서 새로운 프로그램 개발 및 실험적인 접근법을 도입할 수 있다. 스타트업 형태의 비영리 복지조직에 적합하다(Cameron & Quinn, 2011).

(3) 계층형 리더십(Hierarchy Leadership)

계층형 리더십의 특징은 통제와 내부 초점이다. 강조점은 조직의 안정성, 절차와 정책 준수, 효율적인 자원 관리이며, 적용 상황은 정부 주도 공공 복지조직에서 안정성과 투명성을 유지하는 것이다. 지방자치단체의 사회복지서비스 부서에 적합하다(Quinn & Rohrbaugh, 1983).

(4) 시장형 리더십(Market Leadership)

시장형 리더십의 특징은 통제와 외부 초점이다. 강조점은 목표 달성, 경쟁력, 성과 중심 관리 등이며, 외부 자원을 확보하고, 후원자와 정부 기금을 유치하기 위해 경쟁력을 강조하는 조직에 적합하며, 국제 구호단체 등이 이에 속한다(Quinn & Rohrbaugh, 1983).

〈표 7-2〉 경쟁적 가치 리더십 모델의 비교

리더십 모델	핵심 가치	장점	단점
협력형	팀워크, 유대감	높은 만족도, 강한 팀워크	낮은 경쟁력
혁신형	창의성, 유연성	빠른 적응, 창의적 문제 해결	구조적 안정성 부족
계층형	안정성, 효율성	예측 가능성, 안정적 운영	유연성 및 혁신성 부족
시장형	목표, 성과	높은 생산성, 경쟁 우위	스트레스 증가, 낮은 협업

3) 경쟁적 가치 리더십 모델의 유용성

(1) 다차원적 목표 조화

사회복지조직은 내부 효율성과 외부 경쟁력을 동시에 달성해야 하는 복잡성을 가진다. 이 모델은 이러한 목표 간 균형을 유지하는 데 유용하다.

(2) 리더십 개발

리더는 네 가지 리더십 유형을 상황에 맞게 조합하여 활용해야 한다. 예를 들면, 클라이언트 만족도를 높이기 위해 협력형 리더십을 사용하면서, 재정적 자원을 확보하기 위해 시장형 리더십을 동시에 적용한다.

(3) 변화 관리

사회복지조직이 변화와 혁신을 수용하면서도 조직의 안정성을 유지하도록 지원한다. 예를 들면, 새로운 사회 문제(예: 디지털 격차)에 대응하기 위해 혁신형 리더십을 활용한다.

4) 경쟁적 가치 리더십 모델의 사례

(1) 지역사회 기반 복지조직

지역사회 요구에 적응하기 위해서는 협력형 리더십과 혁신형 리더십을 결합하여야 한다(Cameron & Quinn, 2011).

(2) 국제 구호단체

국제 구호단체에서는 성과 중심의 시장형 리더십을 활용해 후원자를 유치하고, 동시에 계층형 리더십으로 투명성을 보장해야 한다(Quinn & Rohrbaugh, 1983).

5) 경쟁적 가치 리더십 모델의 한계

(1) 가치 간 충돌

경쟁적 가치 리더십 모델에서는 유연성과 통제, 내부 초점과 외부 초점 간의 균형을 유지하는 것이 어렵다. 예를 들면, 혁신형 리더십과 계층형 리더십 간의 충돌이 있을 수 있다(Quinn & Rohrbaugh, 1983).

(2) 리더십 역량 요구

경쟁적 가치 리더십 모델에서는 리더가 네 가지 리더십 유형을 모두 활용할 수 있는 다차원적 역량을 요구한다(Cameron & Quinn, 2011).

(3) 적용의 복잡성

경쟁적 가치 리더십 모델에서는 모든 조직이 네 가지 유형을 균형 있게 실행하는 것은 현실적으로 어렵다(Cameron & Quinn, 2011).

경쟁적 가치 리더십 모델은 사회복지조직이 직면하는 복잡한 목표와 환경적 요구에 적응할 수 있는 효과적인 프레임워크를 제공한다. 이 모델은 리더가 조직의 상황과 목표에 따라 유연하게 리더십 유형을 조합하고, 조직의 성과를 극대화할 수 있도록 지원한다. 다만, 가치 간의 균형과 리더의 다차원적 역량 개발은 지속적으로 해결해야 할 과제이다.

5. 리더십의 유형

리더십은 조직의 목표 달성을 위해 구성원들에게 동기를 부여하고 방향을 제시하며, 조직의 성과와 문화를 형성하는 데 핵심적인 역할을 한다. 사회복지행정에서 리더십은 특히 클라이언트 중심의 서비스 제공과 구성원의 역량 강화에 중점을 둔다.

1) 거래적 리더십(Transactional Leadership)

(1) 개념

거래적 리더십은 리더와 구성원 간의 교환 관계를 중심으로 한 리더십 스타일이다. 리더는 명확한 역할과 목표를 설정하고, 구성원의 성과에 따라 보상과 처벌을 제공한다. 경쟁적 가치 리더십 모델의 특징은 다음과 같다.

① 명확한 규칙과 절차를 강조한다.

② 성과 기반의 보상 시스템을 활용한다.

③ 조직의 효율성과 질서 유지에 초점을 둔다.

(2) 적용 사례

거래적 리더십은 사회복지조직에서 특정 성과 목표(예: 예산 절감, 클라이언트 만족도 향상)를 설정하고 이에 따른 보상을 제공하는 경우에 적합하다.

(3) 장단점

거래적 리더십의 장점은 명확한 지침 제공으로 구성원의 역할 혼란을 감소시키고, 단기 성과를 향상시키는 것이다. 단점은 혁신적 변화 유도에는 비효율적이라는 것이다(Bass, 1990).

2) 변혁적 리더십(Transformational Leadership)

(1) 개념

변혁적 리더십은 리더가 구성원의 동기와 열정을 자극하여 조직의 비전을 공유하고, 새로운 변화를 촉진하는 리더십 스타일이며, 특징은 다음과 같다.

① 비전을 제시하고 영감을 제공한다.
② 구성원의 성장과 자기실현을 강조한다.
③ 혁신과 창의적 사고를 촉진한다.

(2) 적용 사례

변혁적 리더십은 새로운 사회복지 프로그램을 도입하거나, 조직 문화의 변화를 유도할 때 효과적이다.

(3) 장단점

변혁적 리더십의 장점은 장기적 성과와 구성원의 헌신을 유도하는 것이며, 단점은 리더의 높은 에너지와 헌신을 요구한다는 것이다(Bass & Riggio, 2006).

3) 서번트 리더십(Servant Leadership)

(1) 개념

서번트 리더십은 리더가 먼저 구성원의 필요를 충족시키고, 이들을 지원함으로써 조직의 목표를 달성하는 리더십 스타일이며, 특징은 다음과 같다.

① 구성원과 클라이언트의 성장에 우선순위를 부여한다.
② 윤리적이고 책임감 있는 행동을 강조한다.
③ 공동체 형성과 봉사 정신을 중시한다.

(2) 적용 사례

서번트 리더십은 사회복지사가 리더로서 구성원들의 정서적 안정과 역량 강화를 돕고, 클라이언트의 복지 향상에 집중하는 경우에 적합하다.

(3) 장단점

서번트 리더십의 장점은 구성원의 신뢰와 몰입이 증대되고, 조직의 윤리적 기반을 강화할 수 있다는 것이다. 단점은 리더의 과도한 부담과 결정 속도가 저하할 가능성이 있다는 것이다(Greenleaf, 1977).

4) 상황적 리더십(Situational Leadership)

(1) 개념

상황적 리더십은 리더가 구성원의 성숙도와 상황의 요구에 따라 리더십 스타일을 유연하게 변경하는 접근 방식이며, 특징은 다음과 같다.

① 구성원의 능력과 의지 수준에 따른 맞춤형 리더십을 제공한다.

② 지시적, 설득적, 참여적, 위임적 리더십 스타일을 사용한다.

(2) 적용 사례

상황적 리더십은 신규 사회복지사에게는 지시적 리더십을, 숙련된 구성원에게는 위임적 리더십을 적용한다.

(3) 장단점

상황적 리더십의 장점은 다양한 상황에 적응이 가능하나, 단점은 리더에게 높은 상황 분석 능력이 요구된다는 것이다(Hersey & Blanchard, 1988).

5) 카리스마 리더십(Charismatic Leadership)

(1) 개념

카리스마 리더십은 리더가 강력한 비전과 개인적 매력을 통해 구성원의 헌신과 충성을 이끄는 스타일이며, 특징은 다음과 같다.

① 강렬한 비전과 목표를 제시한다.

② 구성원의 정서적 몰입을 유도한다.

③ 리더의 개인적 영향력이 중심이다.

(2) 적용 사례

카리스마 리더십은 위기 상황에서 조직의 사기를 회복하거나, 대규모 변화 과정을 주도할 때 효과적이다.

(3) 장단점

카리스마 리더십의 장점은 구성원의 강한 동기와 헌신을 유도할 수 있으나, 리더 중심적 구조로 인해 지속 가능성이 낮다는 단점도 있다(Conger & Kanungo, 1998).

6) 분산형 리더십(Distributed Leadership)

(1) 개념

분산형 리더십은 리더십이 특정 개인에 의존하지 않고, 조직 구성원 전체에 분산되어 발휘되는 리더십 접근법이며, 특징은 다음과 같다.

① 팀워크와 협업을 중시한다.
② 구성원의 자율성과 책임성을 강조한다.
③ 리더십 역할이 상황에 따라 변동한다.

(2) 적용 사례

분산형 리더십은 팀 중심의 사회복지 프로그램에서 구성원이 리더십을 발휘하여 문제를 해결하는 경우에 적합하다.

(3) 장단점

분산형 리더십의 장점은 리더십의 부담이 분산되며, 구성원의 참여와 책임감이 증대한다는 것이다. 단점은 리더십 역할에 혼란이 오기 쉽다는 것이다(Spillane, 2006).

사회복지행정에서 리더십은 조직의 성공과 서비스 품질을 결정짓는 중요한 요소이다. 각 리더십 유형은 특정 상황에서 효과적으로 적용될 수 있으며, 사회복지조직의 특성과 요구에 따라 다양한 리더십 스타일을 조합하여 사용하는 것이 필요하다.

6. 계층별 리더십 수준

사회복지행정에서 리더십은 조직의 목표를 달성하고, 복지서비스를 효율적으로 제공하기 위해 각 계층별로 상이한 요구와 역할을 수행하는 필수적인 요소이다. 리더십은 조직의 계층에 따라 상위, 중간, 그리고 하위 리더십으로 구분되며, 각각 고유한 특징과 역할을 가진다.

1) 상위 리더십(Top-Level Leadership)

상위 리더십은 조직의 최고 경영자(CEO), 이사, 또는 주요 정책 결정자로 구성된다. 이들은 조직의 방향을 설정하고, 전체적인 전략을 수립하며, 외부 이해관계자와 협력하는 데 중점을 둔다. 주요 역할은 다음과 같다.

(1) 전략적 비전 설정

상위 리더십은 조직의 미션과 목표를 정의하고, 장기적인 전략을 수립한다. 예를 들면, 사회복지조직의 5년 계획을 수립하고 새로운 서비스의 도입을 결정하는 것이다(Mintzberg, 1979).

(2) 외부 환경과의 협력

상위 리더십은 정부, 민간 기부자, 지역사회 단체 등 외부 이해관계자와 협력한다. 예를 들면, 새로운 법률 제정에 따라 자원 조달 전략을 조정하는 것이다(Drucker, 1990).

(3) 조직문화의 형성

상위 리더십은 조직 내 신뢰와 협력을 바탕으로 한 문화를 조성한다(Schein, 2010).

2) 중간 리더십(Middle-Level Leadership)

중간 리더십은 부서장, 팀 리더 또는 프로젝트 관리자로 구성되며, 조직의 전략을 실행 가능한 계획으로 변환하여 현장에서 실천되도록 조정하는 역할을 한다. 주요 역할은 다음과 같다.

(1) 전략 실행 및 조정

중간 리더십은 상위 리더십의 전략을 각 부서의 활동과 목표로 구체화한다. 예를 들면, 조직의 새로운 프로그램을 실행하기 위해 팀 간 협업을 조정하는 것이다(Yukl, 2013).

(2) 성과관리

중간 리더십은 각 부서나 팀의 성과를 평가하고 피드백을 제공한다. 예를 들면, 팀의 복지서비스 제공의 속도와 품질을 평가하는 것이다(Kaplan & Norton, 1996).

(3) 조직 내 커뮤니케이션

중간 리더십은 상위 리더십과 하위 리더십 간의 연결 역할을 수행한다. 즉, 상위 리더십의 목표를 현장 직원에게 전달하고 피드백을 수집하는 것이다(Bass, 1990).

3) 하위 리더십(Lower-Level Leadership)

하위 리더십은 팀장, 현장 관리자, 또는 서비스 제공 직원을 포함하며, 클라이언트와의 직접적인 상호작용과 현장 관리에 중점을 둔다. 주요 역할은 다음과 같다.

(1) 현장 운영 관리

하위 리더십은 프로그램의 일상적인 실행을 감독하고, 서비스의 품질을 유지한다. 예를 들면, 클라이언트의 상담 일정을 조정하고, 진행 상황을 보고하는 것이다(Hepworth, Rooney & Larsen, 2016).

(2) 클라이언트와의 관계 구축

하위 리더십은 클라이언트의 요구를 직접적으로 파악하고, 신뢰 관계를 형성한다. 예를 들면, 클라이언트의 복지서비스 요청에 즉각적으로 대응하는 것이다(Shulman, 2012).

(3) 팀 내 동기 부여

하위 리더십은 팀원들의 사기를 높이고, 업무 목표를 달성하도록 지원한다. 예를 들면, 팀원에게 목표 달성을 위한 교육과 격려를 제공한다(Maslach & Leiter, 1997).

4) 계층별 리더십의 상호작용

(1) 상향식 피드백(Upward Feedback)

상향식 피드백은 하위 리더십과 중간 리더십이 현장의 피드백을 상위 리더십에 전달하는 것이다(Yukl, 2013).

(2) 하향식 의사소통(Downward Communication)

하향식 피드백은 상위 리더십에서 수립한 전략과 지침을 중간 및 하위 리더십을 통해 현장에 전달하는 것이다(Schein, 2010).

(3) 수평적 협력(Horizontal Collaboration)

수평적 협력은 각 계층의 리더십이 서로 협력하여 문제를 해결하고 조직의 목표를 달성하는 것이다(Drucker, 1990).

5) 계층별 리더십의 중요성

(1) 전략적 목표 달성

계층별 리더십이 유기적으로 작동할 때 조직의 전략적 목표가 효과적으로 달성된다.

(2) 조직 안정성 확보

계층 간 명확한 역할 분담과 상호작용이 조직의 안정성을 강화한다.

(3) 효율적 서비스 제공

각 계층의 리더십이 자신의 역할에 맞게 행동할 때 클라이언트 중심의 복지서비스 제공이 가능해진다.

사회복지행정에서 계층별 리더십은 조직의 목표 달성과 운영 효율성을 보장하기 위한 필수 요소이다. 각 계층의 리더는 자신의 역할과 책임을 인지하고, 상호 보완적인 협력을 통해 조직 전체의 효과성과 지속 가능성을 높일 수 있다.

2절 사회복지조직의 조직문화

조직문화(Organizational Culture)는 사회시스템의 집합적 특성으로서 조직 내부에서 이루어지는 일의 방식을 추동하는 가치와 규범을 말한다. 조직문화는 조직 안에서 일하는 사람들이 어떻게 상호작용하고, 일에 어떻게 접근하며, 보상과 제재를 통해 어떤 행동이 인정받는지 등을 포함한다.

1. 조직문화의 정의 및 의의

조직문화는 조직 구성원 간 공유된 가치, 신념, 관습, 규범 등을 포함하며, 조직의 행동양식과 운영에 영향을 미치는 중요한 요소이다. 사회복지행성에서 조직문화는 조직의 비전과 미션을 달성하고, 구성원의 동기부여 및 효율적인 복지서비스 제공을 지원하는 데 핵심적 역할을 한다.

1) 조직문화의 정의

조직문화는 다양한 학자들에 의해 정의되어 왔으며, 다음과 같은 공통 요소를 포함한다.

(1) Schein의 정의

조직문화는 "외부 환경에 적응하고, 내부 통합을 위해 조직 구성원들이 학습한 기본 가정과 신념의 집합체"로 정의된다(Schein, 1985). 이는 조직의 행동 방식과 의사결정 과정에 깊은 영향을 미친다.

(2) Hofstede의 정의

조직문화는 "조직 구성원 간의 공통된 정신적 프로그래밍"으로, 구성원들이 세상을 바라보고 행동하는 방식을 규정한다(Hofstede, 1991).

(3) Robbins의 정의

조직문화는 "조직 내에서 구성원들 간에 공유되는 가치와 관습의 체계로, 구성원의 행동에 영향을 미치는 주요 요인"이다(Robbins & Judge, 2013).

(4) 조직문화의 주요 구성 요소

① 가치(Value): 조직의 핵심 원칙과 철학이다.

② 규범(Norms): 구성원 행동의 기본 기준이다.

③ 상징(Symbols): 조직의 정체성을 표현하는 요소이다.

④ 의례와 전통(Rituals): 구성원 간 유대감을 형성하는 활동이다.

⑤ 이야기와 신화(Stories and Myths): 조직의 역사를 통해 공유되는 메시지이다.

2) 조직문화의 의의

사회복지행정에서 조직문화는 조직의 목표 달성과 서비스 제공 과정에서 중요한 의미를 갖는다. 다음은 조직문화의 주요 의의이다.

(1) 조직의 비전과 미션의 실현

조직문화는 구성원이 조직의 목표와 방향성을 이해하고 이에 맞춰 행동하도록 유도한다. 예를 들면, 클라이언트 중심의 서비스를 제공하는 조직문화는 구성원이 클라이언트의 요구를 우선적으로 고려하게 만든다(Cameron & Quinn, 2011).

(2) 구성원의 행동과 태도에 대한 영향

조직문화는 구성원의 의사결정, 업무방식, 동기부여 수준에 영향을 미친다. 예를 들면, 협력적인 조직문화는 팀워크와 창의성을 증진시킨다(Schein, 1985).

(3) 복지서비스 품질 향상

긍정적인 조직문화는 구성원이 클라이언트 중심으로 행동하도록 촉진하여, 복지서비스의 품질을 높이는 데 기여한다(Deal & Kennedy, 1982).

(4) 조직의 정체성과 차별성 제공

조직문화는 조직의 고유한 정체성을 형성하며, 이를 통해 다른 조직과 차별화된다. 예를 들면, 비영리 사회복지조직의 경우, 윤리적 행동과 투명성이 조직문화의 중요한 요소가 된다(Hofstede, 1991).

(5) 변화 관리와 혁신 촉진

강력한 조직문화는 변화 관리와 혁신 과정을 지원하며, 구성원이 새로운 환경에 적응하도록 돕는다(Kotter & Heskett, 1992).

(6) 조직 내 갈등 완화

공유된 조직문화는 구성원 간의 상호 신뢰를 형성하고, 갈등을 줄이며, 협력을 증진시킨다(Robbins & Judge, 2013).

3) 조직문화의 사례

(1) 클라이언트 중심의 조직문화

클라이언트 중심의 조직문화는 클라이언트의 요구와 복지 향상을 최우선으로 고려하는 문화이며, 서비스의 질 향상과 클라이언트 만족도 증가의 효과가 있다(Cameron & Quinn, 2011).

(2) 협력적 조직문화

협력적 조직문화는 구성원 간의 팀워크와 정보 공유를 강조하며, 문제 해결 능력의 강화와 구성원 간의 유대감 증대의 효과가 있다(Deal & Kennedy, 1982).

사회복지행정에서 조직문화는 조직의 목표 달성, 서비스 품질 향상, 구성원의 동기 부여 및 협력을 촉진하는 데 필수적인 요소이다. 특히, 클라이언트 중심의 가치와 협력적 환경을 강조하는 조직문화는 복지서비스의 질과 효율성을 극대화할 수 있다. 조직문화는 단순한 관습이 아닌, 조직 운영의 핵심 자산으로 관리되어야 한다.

2. 조직문화의 구성과 강도

조직문화는 조직의 가치, 신념, 규범, 행동 양식 등을 포함하는 체계로, 조직의 운영 방식과 구성원의 행동에 영향을 미치는 중요한 요소이다. 사회복지행정에서는 조직문화가 직원들의 업무 수행 방식과 복지서비스의 품질에 직접적으로 영향을 미치기 때문에 특히 중요한 의미를 가진다.

1) 조직문화의 구성요소

사회복지행정에서 조직문화는 다음의 주요 구성요소들로 정의된다.

(1) 가치(Value)

가치는 조직문화의 핵심으로, 조직의 목표와 사명에 기초한 기본 원칙과 철학을 의미한다. 사회복지조직의 가치로는 사회 정의, 인간 존엄성, 평등 등이 있다(Schein, 1985).

(2) 규범(Norms)

규범은 조직 구성원들이 준수해야 할 공식적 또는 비공식적 행동 기준이다. 예를 들면, 클라이언트의 비밀 유지, 정시 출근, 팀워크 강조 등이 있다(Deal & Kennedy, 1982).

(3) 상징(Symbols)

상징은 조직문화를 상징적으로 표현하는 요소로, 로고, 슬로건, 복장 등이 포함된다. 복지기관의 로고, 복지센터 내 격려 문구 등이 예이다(Trice & Beyer, 1993).

(4) 의례와 관습(Rituals and Ceremonies)

의례와 관습은 조직 내에서 반복적으로 수행되는 활동이나 의식을 의미한다. 예를 들면, 직원 교육, 클라이언트 감사 행사, 월간 회의 등이다(Hofstede, 1991).

(5) 언어(Language)

언어는 조직 내에서 사용되는 전문 용어, 표현 방식, 커뮤니케이션 스타일 등을 의미한다.

예를 들면, 사회복지사의 전문 용어인 사례관리, 인터벤션 등이며, 내부 약어도 이에 해당된다(Martin, 2002).

(6) 리더십(Leadership)

리더십은 리더가 조직문화 형성과 유지에 미치는 영향력을 말한다. 예를 들면, 리더가 직원들에게 인간 중심의 리더십을 실천하며 조직문화를 강화하는 것이다(Yukl, 2013).

2) 조직문화의 강도

조직문화의 강도는 구성원들이 조직문화를 얼마나 강하게 공유하고 실천하는지를 나타내며, 이는 조직의 안정성과 성과에 중요한 영향을 미친다.

(1) 강한 조직문화(Strong Organizational Culture)

강한 조직문화는 조직의 가치와 규범이 구성원들에게 깊이 뿌리내리고, 구성원이 이를 일관되게 공유하는 문화이다. 장점은 조직 충성도가 높고, 명확한 방향성과 일관된 행동, 효율적인 의사결정 등이다. 단점은 변화와 혁신에 대한 저항 가능성이 있고, 획일화된 행동으로 다양성이 부족하다는 것이다. 예를 들면, 특정 복지기관이 "모든 클라이언트를 존중한다"라는 원칙을 철저히 지키며 이를 직원 교육 및 일상 활동에서 강조하는 것이다(Kotter & Heskett, 1992).

(2) 약한 조직문화(Weak Organizational Culture)

약한 조직문화는 조직의 가치와 규범이 명확하지 않거나 구성원이 이를 공유하지 않는 문화이다. 장점은 변화에 대하여 유연성이 있으며, 창의성과 다양성이 장려된다는 것이다. 단점은 구성원 간의 목표가 불일치하며, 몰입도와 충성도가 낮다는 것이다. 예를 들면, 복지기관에서 조직 가치와 방향성이 명확하지 않아 직원들의 행동이 일관되지 않는 것이 있다(Cameron & Quinn, 2011).

3) 조직문화 강도의 영향

(1) 성과와 직원 만족

강한 조직문화는 직원의 몰입도를 높여 업무 만족도를 증진시키고 성과를 향상시키며, 약한 조직문화는 혼란을 초래하고 업무 효율성을 저하시킬 수 있다(Schein, 1985).

(2) 변화와 혁신

강한 조직문화는 변화에 대한 저항을 초래할 수 있으나, 적절한 리더십이 이를 완화시키며, 약한 조직문화는 유연성을 제공하지만, 명확한 목표 설정이 어렵다(Kotter & Heskett, 1992).

(3) 서비스 품질

강한 조직문화는 클라이언트 중심의 서비스 품질을 보장하는 데 기여하지만, 약한 조직문화는 일관성 없는 서비스 제공으로 이어질 가능성이 있다(Cameron & Quinn, 2011).

4) 조직문화 강도의 평가

(1) 공유된 가치와 규범 평가

공유된 가치와 규범 평가는 구성원이 조직의 가치와 규범을 얼마나 이해하고 실천하는지를 평가하는 것이다(Deal & Kennedy, 1982).

(2) 행동 일관성 분석

행동 일관성 분석은 조직문화가 구성원의 행동에 얼마나 일관되게 반영되는지 측정하는 것이다(Trice & Beyer, 1993).

(3) 직원 몰입도 조사

직원 몰입도는 조사 직원들이 조직에 얼마나 몰입하고 있는지를 파악하는 것이다(Cameron & Quinn, 2011).

사회복지행정에서 조직문화는 조직의 운영 방식과 성과에 중대한 영향을 미친다. 강한 조직문화는 직원과 클라이언트 모두에게 긍정적인 결과를 가져올 수 있으며, 약한 조직문화는 유연성을 제공하지만 효율성과 일관성을 떨어뜨릴 가능성이 있다. 조직문화의 구성요소를 이해하고 강도를 관리하는 것은 사회복지행정에서 성공적인 결과를 도출하는 데 필수적이다.

3. 조직문화의 형성과 확대

조직문화는 조직 내에서 공유되는 가치, 신념, 규범, 관습 등을 포괄하는 개념으로, 조직 구성원의 행동과 조직의 운영 방식에 중요한 영향을 미친다. 사회복지행정에서 조직문화는 조직의 비전과 목표를 달성하기 위해 필수적인 요소로, 형성과 확대 과정에서 고유한 특성과 전략이 요구된다.

1) 조직문화의 형성

조직문화의 형성은 조직의 창립 단계에서 시작되며, 조직의 비전과 리더십, 초기 구성원의 행동과 가치관이 큰 영향을 미친다.

(1) 리더십의 역할

조직문화는 초기 리더의 가치와 신념에 의해 강하게 영향을 받는다. 리더는 조직의 방향을 설정하고, 구성원들에게 명확한 목표와 규범을 제시한다. 예를 들면, 비영리 사회복지조직의 창립자가 클라이언트 중심의 서비스를 강조하면, 조직문화가 이에 맞춰 형성된다(Schein, 1985).

(2) 조직의 사명과 비전

조직의 사명(Mission)과 비전(Vision)은 구성원의 행동을 이끄는 기준이 되며, 문화 형성의 기반을 제공한다. 예를 들면, "지역사회 복지 향상"이라는 사명을 가진 조직은 협력과 봉사 중심의 문화를 형성한다(Cameron & Quinn, 2011).

(3) 구성원의 행동과 상호작용

초기 구성원의 행동과 상호작용은 조직문화의 기반을 형성한다. 구성원들은 서로의 행동을 통해 조직 내에서 기대되는 규범을 학습한다(Hofstede, 1991).

2) 조직문화의 확대

조직문화의 확대는 조직 내 구성원뿐만 아니라 외부 이해관계자와의 상호작용을 통해 이루어진다.

(1) 구성원 간 전파

조직 내 교육과 훈련, 의사소통 과정을 통해 조직문화가 전파된다. 예를 들면, 신입 직원 교육에서 조직의 핵심 가치와 행동 강령을 강조하는 것이다(Martin, 2002).

(2) 조직 의식과 상징 활용

조직문화는 의식(예: 시상식, 기념일 행사)과 상징(예: 로고, 슬로건)을 통해 구성원들에게 내재화된다. 예를 들면, 연례 복지의 날 행사를 통해 조직의 가치인 협력과 봉사를 강조하는 것이다(Deal & Kennedy, 1982).

(3) 외부 이해관계자와 연계

조직문화는 외부 이해관계자와의 협력 과정을 통해 확대된다. 예를 들면, 지역사회 단체와의 협력을 통해 조직의 가치와 비전을 지역사회에 전파하는 것이다(Pfeffer & Salancik, 1978).

(4) 디지털 환경을 활용한 확장

현대 사회에서는 디지털 도구와 소셜 미디어를 통해 조직문화가 외부로 확장된다. 예를 들면, 사회복지조직이 온라인 플랫폼에서 조직의 가치를 홍보하고, 자원봉사자를 모집한다(Kaplan & Norton, 1996).

3) 조직문화 형성과 확대의 영향

(1) 구성원의 행동과 성과

조직문화는 구성원의 행동을 일관되게 만들고, 높은 성과를 이끌어낸다(Kotter & Heskett, 1992).

(2) 조직의 정체성과 이미지 강화

강력한 조직문화는 조직의 정체성을 강화하고, 외부에서 긍정적인 이미지를 형성한다(Cameron & Quinn, 2011).

(3) 변화와 혁신의 촉진

유연한 조직문화는 변화와 혁신을 촉진하며, 조직의 지속 가능성을 높인다(Schein, 1985).

사회복지행정에서 조직문화의 형성과 확대는 조직의 목적과 가치 실현, 구성원의 행동 통합, 외부와의 협력 강화를 위해 필수적이다. 이를 위해 리더십의 역할, 구성원 간 상호작용, 상징과 의식을 활용하는 전략적 접근이 필요하다. 또한, 디지털 환경을 활용하여 조직문화를 내외부적으로 확장하는 노력이 중요하다.

연습문제

01 사회복지조직에서 리더십의 정의로 가장 적합하지 않은 것은?

① 조직의 목표를 달성하기 위해 구성원을 동기부여하는 과정
② 조직 내 자원을 효율적으로 배분하는 과정
③ 구성원의 자율성을 최대한 보장하는 데 중점을 둠
④ 리더와 구성원이 협력하여 조직의 가치를 실현하는 과정

02 경쟁적 가치 리더십 모델의 네 가지 리더십 유형에 포함되지 않는 것은?

① 협력형 리더십
② 혁신형 리더십
③ 분석형 리더십
④ 시장형 리더십

03 사회복지조직의 계층별 리더십에서 상위 리더십의 주요 역할로 적합하지 않은 것은?

① 조직의 미션과 목표 정의
② 현장 운영 감독
③ 외부 환경과의 협력
④ 조직문화 형성

04 변혁적 리더십이 사회복지조직에서 특히 중요한 이유로 가장 적합하지 않은 것은?

① 구성원의 헌신을 유도한다.
② 조직 문화 변화를 촉진한다.
③ 단기 목표 달성에만 중점을 둔다.
④ 장기적 성과를 강화한다.

정답 | 01 ③ 02 ③ 03 ② 04 ③

05 조직문화가 사회복지조직에서 가지는 의의로 적합하지 않은 것은?

① 구성원의 동기부여와 협력 촉진
② 조직의 비전과 목표 실현
③ 정책 결정의 공식적 절차를 간소화
④ 복지서비스 품질 향상

06 디지털 환경을 활용한 조직문화 확장의 예로 적합한 것은?

① 클라이언트 방문을 통한 정보 공유
② 온라인 플랫폼을 활용한 조직 가치 홍보
③ 조직 내 서면 보고 절차 강화
④ 외부 기관과의 협력 중단

07 조직문화 형성과 확대가 사회복지행정에서 중요한 이유로 적합하지 않은 것은?

① 조직 운영의 효율성을 높인다.
② 클라이언트 중심의 서비스 품질을 강화한다.
③ 외부 환경과의 협력을 약화시킨다.
④ 조직 구성원의 행동 일관성을 유지한다.

08 사회복지조직에서 조직문화의 구성 요소로 적합하지 않은 것은?

① 언어와 커뮤니케이션 방식
② 구성원의 개인적 목표
③ 조직의 상징적 요소
④ 공식적 및 비공식적 규범

정답 | 05 ③ 06 ② 07 ③ 08 ②

참고문헌

Avolio, B. J., & Bass, B. M. (1994). *Improving Organizational Effectiveness Through Transformational Leadership*. Sage Publications.

Bass, B. M. (1985). *Leadership and Performance Beyond Expectations*. Free Press.

Bass, B. M. (1990). *Handbook of Leadership: Theory, Research, and Managerial Applications*. Free Press.

Bass, B. M., & Riggio, R. E. (2006). *Transformational Leadership*. Psychology Press.

Blake, R. R., & Mouton, J. S. (1964). *The Managerial Grid: The Key to Leadership Excellence*. Gulf Publishing.

Buckhart, R. (1990). *Social Work Administration: Dynamic Management and Human Relationships*. Longman.

Burns, J. M. (1978). *Leadership*. Harper & Row.

Cameron, K. S., & Quinn, R. E. (2011). *Diagnosing and Changing Organizational Culture*. Jossey-Bass.

Conger, J. A., & Kanungo, R. N. (1998). *Charismatic Leadership in Organizations*. Sage Publications.

Deal, T. E., & Kennedy, A. A. (1982). *Corporate Cultures: The Rites and Rituals of Corporate Life*. Addison-Wesley.

Drucker, P. F. (1990). *Managing the Non-Profit Organization*. Harper Business.

Fiedler, F. E. (1967). *A Theory of Leadership Effectiveness*. McGraw-Hill.

Goleman, D. (1995). *Emotional Intelligence*. Bantam Books.

Greenleaf, R. K. (1977). *Servant Leadership: A Journey into the Nature of Legitimate Power and Greatness*. Paulist Press.

Hepworth, D. H., Rooney, R. H., & Larsen, J. A. (2016). *Direct Social Work Practice*. Brooks/Cole.

Hersey, P., & Blanchard, K. H. (1988). *Management of Organizational Behavior: Utilizing Human Resources*. Prentice Hall.

Hofstede, G. (1991). *Cultures and Organizations: Software of the Mind*. McGraw-Hill.

House, R. J. (1971). *A Path-Goal Theory of Leader Effectiveness*. Administrative Science Quarterly.

Kaplan, R. S., & Norton, D. P. (1996). *The Balanced Scorecard: Translating Strategy into Action*. Harvard Business Review Press.

Kotter, J. P. (1996). *Leading Change*. Harvard Business Review Press.

Kotter, J. P., & Heskett, J. L. (1992). *Corporate Culture and Performance*. Free Press.

Kouzes, J. M., & Posner, B. Z. (2017). *The Leadership Challenge*. Jossey-Bass.

Martin, J. (2002). *Organizational Culture: Mapping the Terrain*. Sage.

Maslach, C., & Leiter, M. P. (1997). *The Truth About Burnout*. Jossey-Bass.

08 Chapter

사회복지조직의 인적자원관리

사회복지조직의 운영에서 조직화가 이루어지고 나면, 조직에 적합한 인선을 해야 한다. '적재적소(適材適所)'라는 전통적인 인사원칙은 '적절한 인재를 적합한 자리에 배치한다.'라는 것이다. 이처럼 사회복지조직의 인사관리는 조직의 목표를 효과적이고 효율적으로 달성할 수 있도록 직원을 관리하는 것이다. 그리고 적절한 인사관리는 적절한 직무관리로 이어져야 한다. 즉, 적절한 인재의 배치와 함께 이들이 계속해서 직무에 적응하고 발전할 수 있도록 하여야 하기 때문이다. 또한 사회복지조직의 인사관리는 직원에게 적절한 동기를 부여하고, 이들이 여러 가지 이유로 침체에 빠지지 않도록 해야 한다.

8장 1절에서는 인사관리와 직원 능력개발에서는 인사관리와 능력개발에 대해서 살펴보고, 2절에서는 동기부여와 소진 그리고 3절에서는 슈퍼비전에 대해서 알아본다.

1절 사회복지조직의 인사관리와 직원 능력개발

사회복지행정에서 인사관리와 직원 능력개발은 사회복지조직의 목표 달성과 클라이언트에게 질 높은 서비스를 제공하기 위해 인적 자원을 효과적으로 관리하는 데 있다.

1. 인사관리

인사관리(Human Resource Management, HRM)는 조직의 목표를 달성하고, 조직 구성원의 능력을 최대한 발휘할 수 있도록 인적 자원을 효율적으로 관리하는 체계적인 활동이다. 이는 조직의 성공과 지속 가능성을 보장하기 위해 필수적인 요소로, 직원의 채용, 교육, 평가, 보상, 유지 등의 다양한 활동을 포함한다.

1) 인사관리의 정의와 중요성

(1) 정의

인사관리는 "조직의 목표를 달성하기 위해 필요한 인적 자원을 확보, 개발, 평가, 보상, 유지하는 모든 활동"으로 정의된다(Dessler, 2020). 이는 조직과 구성원 모두의 이익을 극대화하기 위한 전략적 접근 방식을 포함한다.

(2) 중요성

① 조직의 목표 달성 지원: 조직의 생산성과 효율성을 극대화한다.

② 인적 자원의 최적 활용: 직원의 능력을 개발하고, 적절히 배치한다.

③ 구성원의 만족도 증대: 공정한 보상으로 구성원의 만족도를 향상시킨다.

④ 변화 관리: 조직이 환경 변화에 적응할 수 있도록 유연성을 제공한다.

⑤ 법적 준수: 노동법, 고용법 등 관련 법규를 준수하여 법적 리스크를 최소화한다.

2) 인사관리의 의의

사회복지행정에서 인사관리의 의의는 사회복지조직의 목표 달성과 클라이언트에게 질 높은 서비스를 제공하기 위해 인적 자원을 효과적으로 관리하는 데 있다. 이를 통해 조직 내 구성원의 효율성과 만족도를 증대시키고, 복지서비스의 질을 향상시키는 기반을 제공한다. 인사관리는 단순히 직원의 채용과 배치를 넘어, 지속적인 교육과 평가를 통해 직원의 성장을 도모하며 조직의 장기적인 성공을 가능하게 한다.

(1) 인적 자원의 효율적 활용

인사관리는 사회복지조직의 가장 중요한 자원인 사람을 효율적으로 활용하기 위한 체계적 접근 방식이다. 이를 통해 적합한 직무에 적합한 인력을 배치하고, 자원의 낭비를 줄이는 것이 가능하다. 예를 들면, 사회복지사가 가진 전문성을 적절히 활용하여 특정 클라이언트 그룹에 맞는 서비스를 제공할 수 있도록 지원한다(Dessler, 2015).

(2) 조직 목표의 달성 지원

인사관리는 사회복지조직의 비전과 미션을 실현하기 위한 구성원의 협력을 유도한다. 구성원들이 조직 목표와 개인 목표를 일치시킬 수 있도록 동기를 부여하며, 이를 통해 조직의 효과성을 증대시킨다. 예를 들면, 사회복지조직에서 특정 프로젝트의 성공을 위해 팀의 협업과 책임감을 강조하는 리더십 활동이 있다(Mathis & Jackson, 2011).

(3) 구성원의 전문성 개발

지속적인 교육과 훈련을 통해 구성원의 역량을 강화하는 것이 인사관리의 핵심 의의 중 하나이다. 특히 사회복지조직에서는 변화하는 클라이언트의 욕구에 대응하기 위해 전문성 개발이 필수적이다. 예를 들면, 신입 사회복지사를 대상으로 한 사례관리 기술 교육 및 중견 관리자의 리더십 강화 프로그램을 운영하는 것이다(Robbins & Coulter, 2017).

(4) 조직 내 만족도와 동기 부여 증대

적절한 보상 체계와 근무 환경 개선을 통해 구성원의 만족도를 높이고 동기를 부여한다. 이는 조직 내 구성원의 이직률을 줄이고 생산성을 향상시키는 데 기여한다. 예를 들면, 사회복지사들의 높은 스트레스와 업무 부담을 줄이기 위해 상담 프로그램과 유연 근무제를 도입하는 것이다(Herzberg, 1968).

(5) 조직 문화의 형성과 유지

인사관리는 조직의 가치와 문화를 유지하고 강화하는 데 중요한 역할을 한다. 구성원들이 조직의 규범과 비전을 공유하도록 돕고, 이를 통해 조직 내 협력과 조화를 증진한다. 예를 들며, 사회복지조직의 윤리적 기준과 가치관을 구성원 교육에 반영하여 공공성을 강조하는 것이다(Schein, 2010).

(6) 복지서비스의 품질 향상

구성원의 전문성과 만족도는 클라이언트에게 제공되는 서비스의 품질에 직결된다. 인사관리를 통해 적합한 인력을 채용하고 지속적으로 관리함으로써 서비스의 일관성과 품질을 유지할 수 있다. 예를 들면, 장애인 복지서비스 기관에서 클라이언트의 개별 욕구를 파악하고 맞춤형 서비스를 제공할 수 있는 역량을 갖춘 인력을 배치하는 것이다(Lewis, Packard & Lewis, 2012).

(7) 조직의 지속 가능성 확보

인사관리는 사회복지조직의 장기적인 안정성과 지속 가능성을 보장한다. 효율적 인력운영은 사회복지조직이 외부 환경 변화에 유연하게 대응하도록 지원하며, 미래지향적 조직운영을 가능하게 한다. 예를 들면, 고령화 사회에서 노인복지서비스에 대한 전문 인력의 양성과 배치를 통해 증가하는 복지 요구에 대비한다(Nankervis, Baird, Coffey & Shields, 2016).

(8) 윤리적 운영 강화

인사관리는 공정한 채용, 평가, 보상 시스템을 통해 조직 운영의 윤리성을 강화한다. 이는 사회복지조직의 공공성과 신뢰성을 높이는 데 기여한다. 예를 들면, 성별, 연령, 인종에 상관없이 평등한 기회를 제공하고 공정한 성과 평가를 실시한다(NASW, 2017).

인사관리는 사회복지조직의 효과적인 운영과 클라이언트의 복지 증진을 위해 필수적이며,

조직의 내적 안정성과 외부 환경 적응을 동시에 달성할 수 있도록 돕는다.

3) 인사관리의 과정

사회복지행정에서 인사관리는 조직의 목표를 달성하기 위해 필요한 인적 자원을 확보하고, 이들을 효율적으로 관리하며, 조직과 개인의 발전을 도모하는 과정을 의미한다.

(1) 인력계획(Workforce Planning)

인력계획은 사회복지조직의 목표를 달성하기 위해 필요한 인적 자원의 수와 질을 예측하고 계획하는 과정이다. 인력계획은 단기 및 장기적으로 필요한 인력을 파악하며, 조직의 성장과 환경 변화에 대비한다. 주요 활동은 다음과 같다.

① 현재 인적 자원의 분석

② 미래 필요인력의 예측

③ 채용 및 배치계획의 수립

인력계획의 예로는 사회복지조직에서 청소년 상담프로그램의 확대 시, 필요한 상담사 수와 자격 요건을 미리 계획하는 것이다(Mathis & Jackson, 2010).

(2) 채용 및 선발(Recruitment and Selection)

채용 및 선발은 사회복지조직이 필요로 하는 인적 자원을 확보하기 위해 적합한 인재를 외부에서 모집하고 선발하는 과정으로 다음과 같은 단계로 이루어진다.

① 모집 공고 작성 및 배포

② 지원자 모집 및 서류 검토

③ 면접 및 평가

④ 최종 선발 및 합격 통보

채용 및 선발의 예를 들면, 장애인복지관에서 상담 전문가를 채용하기 위해 공고를 내고, 자격증과 경력을 기준으로 지원자를 평가하는 것이다(Dessler, 2013).

(3) 교육 및 훈련(Training and Development)

교육 및 훈련은 직원의 직무 수행 능력을 향상시키고, 전문성을 강화하기 위해 교육과 훈련을 제공하는 과정이며, 주요 활동은 다음과 같다.

① 신입 직원 오리엔테이션

② 직무 관련 기술 교육

③ 경력 개발 프로그램

교육 및 훈련의 예로는 사회복지사가 사례관리 역량을 강화하기 위해 사례관리 기법 관련 워크숍에 참석하는 것이다(Noe, 2010).

(4) 성과관리(Performance Management)

성과관리는 직원의 성과를 평가하고, 조직의 목표달성에 기여할 수 있도록 피드백과 지원을 제공하는 과정으로, 주요 활동은 다음과 같다.

① 성과 목표 설정

② 정기적 성과 평가

③ 피드백 제공 및 성과 개선 지원

성과관리의 예로는 사회복지사가 연간 목표로 설정한 클라이언트 사례관리 목표를 얼마나 달성했는지 평가하는 것이다(Aguinis, 2013).

(5) 보상관리(Compensation Management)

보상관리는 직원의 기여와 성과에 대해 공정하고 적절한 보상을 제공하여 동기부여와 만족을 증대하는 과정으로, 주요 활동은 다음과 같다.

① 임금 및 복리후생 설계

② 인센티브 제도 운영

③ 공정한 급여 체계 확립

보상관리의 예로는 우수한 성과를 낸 사회복지사에게 연말 성과 보너스를 지급하는 것이다(Milkovich, Newman & Gerhart, 2014).

(6) 고충처리 및 직원 관계 관리(Grievance Handling and Employee Relations)

고충처리 및 직원 관계 관리는 직원의 불만이나 문제를 해결하고, 조직 내 긍정적인 분위기를 조성하는 과정이며, 주요 활동은 다음과 같다.

① 고충 처리 절차 마련

② 직원 만족도 조사

③ 건강한 조직 문화 조성

고충처리 및 직원 관계 관리의 예로는 사회복지사가 과중한 업무에 대해 고충을 제기했을 때 이를 논의하고 해결 방안을 마련하는 것이다(Cascio, 2015).

(7) 퇴직 및 이직 관리(Employee Exit Management)

퇴직 및 이직 관리는 직원의 퇴직 및 이직 과정을 관리하며, 조직과 직원 모두에게 긍정적인 영향을 미치도록 지원하는 과정으로, 주요 활동은 다음과 같다.

① 퇴직 면담 실시

② 퇴직 관련 절차 안내

③ 퇴직자의 지식과 경험 공유 촉진

퇴직 및 이직 관리의 예로는 은퇴 예정인 사회복지사와 면담을 통해 업무 인수인계를 지원하는 것이다(Mondy & Martocchio, 2016).

사회복지조직 인사관리의 각 과정은 사회복지조직의 효율성과 서비스 품질을 높이는 데 필수적이다. 체계적인 인사관리는 구성원의 만족과 성과를 높이고, 궁극적으로 클라이언트에게 더 나은 복지서비스를 제공하는 데 기여한다.

4) 인사관리의 최신 경향

(1) 디지털화

최근에는 HR 기술(HR Tech)을 활용한 데이터를 기반으로 인사관리를 한다. 예를 들면, AI를 활용한 채용과 성과 예측 분석이 있다(Stone, Deadrick & Lukaszewski, 2015).

(2) 다양성과 포용성(Diversity and Inclusion)

인사관리의 새로운 경향은 다양한 배경과 능력을 가진 인재를 포용하고, 조직의 창의성과 혁신성을 강화하려는 것이다(Roberson, 2006).

"인사가 만사다"라는 말이 있다. 이처럼 인사관리는 조직의 성공을 좌우하는 가장 중요한 요소로, 적절한 인재의 채용, 개발, 유지가 조직의 성과를 결정한다. 전략적이고 현대적인 접근 방식을 통해 변화하는 경영 환경에 유연하게 대응하며, 구성원의 동기 부여와 조직의 지속 가능성을 동시에 실현해야 한다.

2. 직원 능력개발

직원 능력개발(Employee Capacity Development)은 조직 내 구성원의 지식, 기술, 역량, 태도 등을 체계적으로 향상시키는 과정을 의미한다. 이는 조직의 목표를 달성하는 동시에, 구성원의 개인적 성장과 만족도를 높이는 데 기여한다. 직원 능력개발은 현대 경영학에서 필수적인 요소로, 이를 통해 조직의 경쟁력을 강화하고 변화하는 환경에 적응할 수 있다.

1) 직원 능력개발의 정의와 중요성

직원 능력개발은 "구성원이 현재의 직무를 효과적으로 수행하고, 미래의 직무 변화에 대비할 수 있도록 필요한 역량을 갖추게 하는 일련의 교육 및 학습 활동"으로 정의할 수 있다. 직원 능력개발의 중요성은 다음과 같다(Noe, 2017).

① 조직의 성과 향상: 직원의 능력 향상을 통해 조직 생산성과 효율성을 증대시킨다.
② 구성원의 동기 부여: 학습과 성장은 직원의 직무 만족도와 동기 부여를 강화한다.
③ 변화 대응력 강화: 빠르게 변화하는 환경에서 직원이 필요한 기술과 역량을 확보한다.
④ 인재 유지: 지속적인 성장 기회를 제공함으로써 우수 인재를 유지한다.

2) 직원 능력개발의 주요 요소

(1) 교육(Training)

교육은 현재 직무 수행에 필요한 기술과 지식을 제공하는 단기적이고 구체적인 과정이다. 예를 들면, 기술 교육, 소프트웨어 사용법 교육 등이 있다(Goldstein & Ford, 2002).

(2) 개발(Development)

개발은 장기적인 관점에서 직원의 미래 잠재력을 키우는 과정으로, 리더십 개발, 경영 학습 프로그램 등이 있다(McCauley & Van Velsor, 2004).

(3) 성과관리(Performance Management)

성과관리는 직원의 성과를 평가하고 피드백을 제공하며, 개선 방안을 마련하는 과정이다(Aguinis, 2019).

(4) 경력 개발(Career Development)

경력 개발은 직원이 자신의 커리어 목표를 달성할 수 있도록 조직이 지원하는 과정으로, 멘토링 프로그램, 경력 상담 등이 있다(Greenhaus & Callanan, 2009).

(5) 학습문화 조성(Creating a Learning Culture)

학습문화 조성은 지속적인 학습을 촉진하는 조직문화를 형성하는 것으로, 사내 학습 플랫폼, 교육비 지원 등이 있다(Senge, 1990).

3) 직원 능력개발의 방법

(1) 공식적 학습(Formal Learning)

공식적 학습은 구조화된 교육 프로그램을 통해 지식과 기술을 학습하는 것으로, 강의, 워크숍, 자격증 프로그램 등이 있다(Noe, 2017).

(2) 비공식적 학습(Informal Learning)

비공식적 학습은 업무를 수행하면서 자연스럽게 학습하는 것으로, 동료 학습, 실무 프로젝트를 통한 학습 등이 있다(Marsick & Watkins, 1990).

(3) 디지털 학습(Digital Learning)

디지털 학습은 온라인 플랫폼을 활용하여 언제 어디서나 학습 가능하며, e-러닝, 웨비나, 학습 관리 시스템(LMS)을 활용하는 것이다(Clark & Mayer, 2016).

(4) 경험기반 학습(Experiential Learning)

경험기반 학습은 실무 경험과 학습을 결합하여 역량을 개발하는 것으로, 인턴십, 직무 순환, 프로젝트 참여 등이 있다(Kolb, 1984).

(5) 코칭 및 멘토링(Coaching and Mentoring)

코칭이나 멘토링은 선배나 리더가 피드백과 조언을 통해 구성원을 지원하는 것이다(Whitmore, 2010).

4) 직원 능력개발의 효과

직원 능력개발의 효과에는 개인적 효과와 조직적 효과가 있다(Baldwin & Ford, 1988).

(1) 개인적 효과

① 역량 향상: 지식과 기술 습득

② 자신감 증가: 더 나은 직무 수행 능력

③ 커리어 성장: 장기적인 경력 개발 가능

(2) 조직적 효과

① 생산성 향상: 효율적 업무 수행

② 혁신 촉진: 새로운 아이디어와 창의적 해결책 제공

③ 조직 문화 강화: 학습과 협력을 중시하는 문화 형성

5) 직원 능력개발의 한계와 해결 방안

직원 능력개발의 한계와 해결 방안은 다음과 같다(Kirkpatrick & Kirkpatrick, 2006).

(1) 직원 능력개발의 한계

① 직무와 학습의 불일치: 학습 내용이 실제 업무와 관련이 적다.

② 시간과 비용: 교육 및 개발에 드는 비용과 시간이 부담된다.

③ 성과 측정의 어려움: 개발 활동의 효과를 단기적으로 확인하기 어렵다.

(2) 해결 방안

① 직무 분석: 학습 내용과 직무 간의 연관성을 강화한다.

② 하이브리드 학습: 디지털 학습과 전통적 학습을 결합해 효율성을 증대시킨다.

③ 성과 지표 개발: 학습의 ROI(Return on Investment)를 측정할 수 있는 지표를 마련한다.

직원 능력개발은 개인과 조직 모두에게 중요한 투자로, 지속적인 경쟁력 확보와 구성원 만족을 동시에 달성할 수 있는 전략적 활동이다. 공식적 학습, 비공식적 학습, 디지털 학습, 경험 기반 학습, 코칭과 멘토링 등 다양한 방법을 활용하며, 조직의 목표와 구성원의 요구를 효과적으로 반영해야 한다.

6) 사회복지조직의 직원 능력개발

사회복지조직은 사회적 문제를 해결하고, 대상자의 복지 향상을 목표로 하는 특수한 조직이다. 이러한 조직에서 직원 능력개발은 단순한 기술 훈련을 넘어, 사회적 가치와 윤리적 기준을 충족시키는 데 필요한 전문성과 감수성을 강화하는 것을 목표로 한다. 따라서 사회복지조직은 다른 조직과 구별되는 독특한 특성이 있다.

(1) 사회복지조직에서 직원 능력개발의 개념

직원 능력개발은 조직의 목표를 달성하기 위해 직원들에게 필요한 지식, 기술, 태도를 강화하고, 전문성과 자율성을 증진시키는 체계적 과정이다. 사회복지조직에서의 능력개발은 특히 다음을 강조한다(Armstrong, 2010).

① 대상자 중심 서비스: 클라이언트의 복지 향상을 위해 필요한 전문 기술 및 윤리적 기준 준수한다.

② 사회적 책임: 지역사회와 복지 대상자에 대한 책임을 다하기 위한 감수성을 강화한다.

③ 팀워크와 협력: 다학제 팀에서의 협력 능력 및 커뮤니케이션 기술이 필요하다.

(2) 사회복지조직의 직원 능력개발의 특수성

① 다양한 전문성 요구

사회복지사는 복잡하고 다양한 사회적 문제를 다루기 위해 심리학, 사회학, 법학, 간호학 등 여러 학문적 배경의 지식이 필요하다. 예를 들면, 가정 폭력 피해자 상담 시 심리학과 법적 절차에 대한 이해가 필요한 것이다(Hepworth, Rooney & Larsen, 2010).

② 윤리적 기준의 강조

사회복지조직은 직원이 전문적 윤리와 가치 체계를 따르도록 교육한다. 예를 들면, 사회복지사 윤리강령에 따라 대상자의 비밀보장 및 존엄성 존중을 강조하는 것이다(NASW, 2008).

(3) 감정노동 관리

사회복지사는 감정적으로 고강도 업무(예: 트라우마를 겪는 클라이언트 지원)를 수행하므로, 감정노동 관리 및 정신건강 지원이 중요하다. 따라서 스트레스 관리 교육 및 심리 상담을 제공할 필요가 있다(Hochschild, 1983).

(4) 팀 기반 다학제 협력

사회복지조직은 다학제 팀(사회복지사, 의료인, 법률 전문가 등) 간 협업이 필수적이며, 이를 지원하기 위한 협력기술 훈련이 필요하다(Bronstein, 2003).

(5) 지역사회 중심 접근

사회복지사는 지역사회의 자원과 네트워크를 활용하여 문제를 해결하고, 주민과 협력해야 한다. 즉, 커뮤니티 중심 복지 프로그램을 개발하고 실행하여야 한다(Checkoway, 1995).

7) 직원 능력개발의 주요 내용

(1) 전문 기술 훈련

사회복지사는 클라이언트 사례관리(Case Management)와 관련된 상담, 위기 개입, 정책 분석 기술이 필요하다. 예를 들면, 아동보호 서비스에서 위험 신호 식별 및 대응 기술이 필요한 것이다(Payne, 2005).

(2) 윤리 및 가치 교육

사회복지사는 사회복지 실천에서 윤리적 딜레마를 해결하는 능력을 강화해야 한다. 예를 들면, 클라이언트 자율성과 사회적 안전 간의 균형을 유지해야 한다(Banks, 2012).

(3) 심리적 회복력 훈련

사회복지사의 소진(Burnout)을 예방하고 회복 탄력성을 강화하기 위한 프로그램이 필요하다(Maslach & Leiter, 1997).

(4) 조직 관리 및 리더십 개발

사회복지조직의 관리자는 조직 내에서 리더십 역할을 수행하기 위한 전략 및 팀 관리 기술을 학습하여야 한다(Northouse, 2018).

(5) 문화적 역량(Cultural Competence)

사회복지사는 다양한 문화적 배경을 가진 클라이언트를 지원하기 위한 다문화적 이해와 실천 기술을 익혀야 한다(Lum, 2011).

8) 직원 능력개발의 장점과 한계

(1) 장점

① 서비스 품질 향상: 직원의 전문성이 높아져 제공되는 서비스의 질을 향상시킨다.
② 직원 만족도 증가: 자기계발 기회를 제공하여 직무 만족도와 조직 몰입도를 향상시킨다.
③ 조직의 지속 가능성 강화: 직원의 역량이 조직의 장기적인 성과와 안정에 기여한다.

(2) 한계

① 예산 제약: 한정된 재정적 자원으로 인해 충분한 교육 프로그램을 제공하기에 어렵다.
② 시간 부족: 업무 과중으로 인해 직원들이 교육 및 훈련에 참여할 시간이 부족하다.
③ 효과 측정의 어려움: 교육 프로그램의 효과성을 단기적으로 평가하기 어렵다.

사회복지조직에서 직원 능력개발은 전문 지식과 기술뿐만 아니라 윤리적 기준, 감정노동

관리, 협력 능력, 지역사회 중심 접근을 포함하는 독특한 특성을 가진다. 사회복지조직은 이러한 특수성을 고려하여 지속 가능한 능력개발 프로그램을 설계하고, 직원들이 클라이언트와 조직의 요구를 효과적으로 충족할 수 있도록 지원해야 한다.

2절 사회복지조직의 동기부여와 소진

사회복지조직은 직원들이 조직의 목표를 달성하기 위해 자발적으로 행동하고 최선을 다하도록 자극하고 직원이 과도한 업무 요구로 인해 신체적, 정서적, 정신적으로 탈진 상태에 이르는 것을 방지하며, 직원들의 성과를 촉진하고, 업무를 효과적으로 수행할 수 있도록 지원해야 한다.

1. 동기부여

동기부여는 사회복지조직의 직원들이 조직의 목표를 달성하기 위해 자발적으로 행동하고 최선을 다하도록 하는 내부적 또는 외부적 자극을 의미한다. 동기부여는 조직의 성과를 극대화하고, 직원의 만족도와 몰입도를 높이는 핵심 요소로 간주되며, 동기부여는 다양한 이론과 방법론을 통해 이해되고 실행된다.

1) 동기부여의 개념

동기부여(Motivation)는 개인이 특정 행동을 시작하고, 이를 지속하며, 목표를 향해 집중하도록 하는 내적 또는 외적 힘으로 정의된다(Robbins & Judge, 2019). 동기부여에서는 다음 세 가지 요소가 중요하다.

① 방향(Direction): 행동이 목표를 향해 올바르게 설정하는 것이다.
② 강도(Intensity): 목표를 달성하려는 노력의 수준이다.
③ 지속성(Persistence): 목표를 달성하기 위한 행동의 지속 시간이다.

2) 동기부여 이론

동기부여 이론은 크게 내용 이론과 과정 이론으로 나눌 수 있다.

(1) 내용 이론

내용 이론(Content Theories)은 동기를 유발하는 '무엇(what)'에 초점을 둔 이론이다.

① Maslow의 욕구단계 이론(Maslow's Hierarchy of Needs)

인간의 욕구는 계층적으로 구성되며, 하위 욕구가 충족되어야 상위 욕구를 추구한다(Maslow, 1943).

㉠ 생리적 욕구: 기본적인 생존 욕구(예: 임금, 안전한 작업 환경)
㉡ 안전 욕구: 신체적, 경제적 안정에 대한 욕구(예: 고용 안정, 건강 보험)
㉢ 사회적 욕구: 소속감과 사랑에 대한 욕구(예: 팀워크, 인간관계)
㉣ 존경 욕구: 자기 존중과 타인의 인정에 대한 욕구(예: 승진, 상사로부터의 칭찬)
㉤ 자아실현 욕구: 자신의 잠재력을 완전히 실현하려는 욕구(예: 자기 계발 기회)

② Herzberg의 동기-위생 이론(Herzberg's Two-Factor Theory)

동기-위생 이론에서는 직무 만족과 불만족을 다른 요인으로 구분한다(Herzberg, 1968).

㉠ 동기 요인: 직무 만족을 유발(예: 성취감, 인정, 직무 자체)
㉡ 위생 요인: 직무 불만족을 예방(예: 급여, 작업 조건, 상사와의 관계)

③ McClelland의 성취동기 이론(McClelland's Theory of Needs)

성취동기 이론에서는 인간의 주요 동기 요인으로 다음 세 가지를 들었다(McClelland, 1961).

㉠ 성취 욕구(N-Ach): 도전적 목표를 달성하려는 욕구
㉡ 권력 욕구(N-Pow): 영향력을 행사하고 통제하려는 욕구
㉢ 친화 욕구(N-Aff): 사회적 유대와 협력을 원하는 욕구

(2) 과정 이론(Process Theories)

과정 이론은 동기가 '어떻게(how)' 유발되고 유지되는지에 초점을 둔 이론이다.

① 기대 이론(Expectancy Theory)

기대 이론에서 동기는 다음 세 가지 요소의 곱으로 결정된다(Vroom, 1964).

㉠ 기대(Expectancy): 노력이 성과를 낼 수 있다는 신념
㉡ 수단성(Instrumentality): 성과가 보상으로 이어질 것이라는 믿음

㉢ 유의성(Valence): 보상이 개인에게 얼마나 가치 있는지

② 형평성 이론(Equity Theory)

형평성 이론에서는 직원들은 자신이 받는 보상과 다른 사람의 보상을 비교하며 공정성을 평가한다. 따라서 공정성이 결여되면 동기부여에 부정적 영향을 미친다(Adams, 1965).

③ 목표 설정 이론(Goal-Setting Theory)

목표 설정 이론에서는 구체적이고 도전적인 목표가 동기부여에 긍정적 영향을 미친다고 한다. 목표는 SMART(Specific, Measurable, Achievable, Relevant, Time-bound) 원칙을 따라야 한다(Locke & Latham, 2002).

3) 동기부여 전략

(1) 금전적 보상

금전적 보상은 성과 기반 보너스, 급여 인상, 스톡 옵션 등이다(Milkovich, Newman & Gerhart, 2013).

(2) 비금전적 보상

비금전적 보상은 칭찬, 인정, 유연 근무제, 커리어 개발 기회 등이다(Deci & Ryan, 1985).

(3) 직무 설계

직무 확대, 직무 풍요화, 직무 순환 등 직무 설계를 통해 직무의 의미와 도전감을 증대시켜 동기부여를 할 수 있다(Hackman & Oldham, 1976).

4) 동기부여의 중요성과 효과

(1) 직원 성과 향상

동기부여된 직원은 생산성과 창의성이 높아지고, 조직 목표를 효과적으로 달성한다.

(2) 직원 만족과 유지

높은 동기부여는 직원의 직무 만족도와 조직에 대한 충성도를 강화한다.

(3) 조직 성과 증대

동기부여 전략이 효과적으로 실행될 때, 조직 전체의 성과와 경쟁력이 향상된다.

동기부여는 인적자원관리에서 직원의 행동과 성과를 관리하는 핵심 요소이다. 다양한 이론과 전략을 활용하여 직원의 욕구를 충족시키고, 조직과 직원 간의 시너지를 극대화하는 것이 중요하다. 특히, 동기부여 이론을 실무에 적절히 적용함으로써 지속적인 조직 발전을 도모할 수 있다.

5) 사회복지조직의 동기부여

사회복지조직은 이윤을 추구하는 전통적인 기업과는 다른 목적을 가지고 있으며, 클라이언트와 지역사회를 위해 서비스를 제공하는 것을 주요 목표로 삼고 있다. 이러한 목적 때문에 동기부여의 방식과 요소는 일반 조직과 차별화되는 특수성을 가진다. 따라서 사회복지조직의 동기부여는 경제적 보상뿐만 아니라 심리적, 사회적, 윤리적 요인에 크게 의존한다.

(1) 동기부여의 정의

동기부여(Motivation)는 개인이 특정 행동을 하도록 내적 또는 외적 요인에 의해 자극받는 과정을 의미한다. 사회복지조직의 동기부여는 직원이 자신의 업무를 수행하면서 클라이언트와 조직의 목표를 달성하도록 유도하는 데 초점을 맞춘다. 이는 금전적 보상 외에도 개인적 성장, 윤리적 가치 실현, 사회적 공헌에 의해 크게 영향을 받는다(Robbins & Judge, 2013).

(2) 동기부여의 특수성

① 비영리적 목적

사회복지조직은 이윤이 아니라 클라이언트의 복지 향상과 사회적 문제 해결을 목표로 한다. 이는 사회복지조직의 직원이 금전적 보상보다 사명감과 윤리적 가치 실현에서 동기를 얻는 경향을 만든다(Drucker, 1990).

② 내재적 동기부여의 중요성

사회복지조직의 직원은 내재적 동기(성취감, 봉사 정신, 자아실현 등)를 통해 높은 만족도를 경험한다. 예를 들면, 클라이언트의 삶에 긍정적인 영향을 미쳤을 때 성취감을 느낀다(Deci & Ryan, 1985).

③ 감정 노동의 비중

사회복지조직은 클라이언트의 문제를 해결하는 과정에서 높은 수준의 감정 노동을 요구한다. 이는 심리적 피로를 증가시키지만, 클라이언트와의 긍정적 상호작용은 강력한 동기부여 요소로 작용한다(Hochschild, 1983).

④ 사회적 공헌과 윤리적 만족

사회복지조직의 직원은 자신의 업무가 사회에 긍정적인 영향을 미친다는 점에서 동기를 부여받는다. 이는 개인의 윤리적 만족감을 충족시키며, 조직에 대한 헌신을 높인다(Perry & Wise, 1990).

⑤ 다양한 이해관계자의 존재

사회복지조직은 클라이언트, 후원자, 지역사회, 정부 등 여러 이해관계자와 상호작용한다. 직원은 이러한 관계에서 동기부여를 얻으며, 특히 지역사회로부터의 긍정적 피드백은 직원의 사기를 높인다(Salamon, 1999).

⑥ 금전적 보상의 한계

사회복지조직은 일반 기업보다 금전적 보상이 낮은 경우가 많다. 따라서 조직은 내재적 보상(성장 기회, 교육 지원, 인정 등)을 강조한다(Herzberg, 1966).

(3) 동기부여의 전략

① 의미 있는 업무 제공

사회복지조직의 직원은 자신의 업무가 사회적으로 가치 있다고 느낄 때 더 높은 동기를 가질 수 있다. 예를 들어, 클라이언트의 삶에 실질적인 변화를 가져오는 활동에 참여하도록 유도한다.

② 성장과 학습 기회 제공

사회복지조직은 교육과 훈련을 통해 직원의 전문성을 향상시키고, 이를 통해 조직 내 역할에 대한 자신감을 심어주어야 한다(Maslow, 1943).

③ 감정 지원 시스템 구축

사회복지조직의 직원들이 감정노동으로 인한 스트레스를 해소할 수 있도록 심리적 지원 프로그램을 제공하여야 한다. 예를 들면, 상담 프로그램, 스트레스 관리 워크숍 등이 있다(Hochschild, 1983).

④ 비금전적 보상 체계 강화

사회복지조직은 직원의 성과를 인정하고, 업무 성취를 공식적으로 축하하는 문화를 조성하여야 한다. 예를 들면, 우수 직원 포상, 명예의 전당 프로그램 등이다.

⑤ 조직 내 참여 증대

사회복지조직은 의사결정 과정에 직원이 참여하도록 하여 주인의식을 강화시켜야 한다(Vroom, 1964).

(4) 동기부여의 효과

① 직원 만족도와 헌신도 증가

동기부여된 직원은 조직에 대한 충성도와 헌신도가 높아지며, 이직률이 감소한다(Deci & Ryan, 1985).

② 조직 성과 향상

동기부여는 클라이언트 만족도 증가와 더불어 조직의 전반적인 성과를 향상시킨다(Perry & Wise, 1990).

③ 긍정적인 조직문화 형성

동기부여는 직원 간 신뢰와 협력을 증진시키고, 긍정적인 조직문화를 조성한다(Cameron & Quinn, 2011).

사회복지조직의 동기부여는 단순히 금전적 보상을 넘어, 직원이 내재적 동기를 통해 사회적 가치를 실현하고 개인적 성장을 이루는 데 초점을 맞추고 있다. 이러한 특수성을 이해하고, 조직의 특성과 목표에 적합한 동기부여 전략을 개발하는 것은 사회복지조직의 지속 가능성과 성공에 필수적이다.

2. 소진

소진은 개인이 만성적인 스트레스와 과도한 업무 요구로 인해 신체적, 정서적, 정신적으로 탈진 상태에 이르는 현상을 의미한다. 이 개념은 1974년 Herbert Freudenberger에 의해 처음 제안되었으며, 이후 Maslach와 Jackson의 연구를 통해 구체적으로 발전되었다(Freudenberger, 1974; Maslach & Jackson, 1981).

1) 소진의 정의

소진(Burnout)은 조직에서 만성적 스트레스가 제대로 관리되지 않을 때 발생하며, 일반적으로 다음 세 가지 차원으로 설명된다(Maslach & Leiter, 1997).

(1) 정서적 탈진(Emotional Exhaustion)

정서적 탈진은 직원이 에너지 고갈을 느끼고, 업무에 대한 의욕과 열정을 상실하는 상태를 의미하며, 주요 증상은 피로감, 동기 부족, 신체적 고갈 등이다.

(2) 비인격화(Depersonalization)

비인격화는 동료, 고객 또는 클라이언트에 대해 냉소적이고 거리감을 느끼는 태도이며, 주요 증상은 감정적 분리, 인간관계의 질 저하 등이다.

(3) 개인적 성취감 감소(Reduced Personal Accomplishment)

개인적 성취감 감소는 자신의 업무 성과와 능력에 대한 부정적 평가로, 주요 증상은 무력감, 자존감 저하 등이다.

2) 소진의 원인

소진은 개인적 요인과 환경적 요인의 상호작용으로 발생한다(Schaufeli & Bakker, 2004; Leiter & Maslach, 2000).

(1) 개인적 요인

① 높은 완벽주의 성향

② 자기 돌봄 부족

③ 사회적 지지의 부족

(2) 조직적 요인

① 과도한 업무 요구: 업무량 증가, 업무의 복잡성과 책임감

② 역할 갈등: 역할의 모호성, 조직 내 역할 충돌

③ 통제 부족: 업무 환경이나 결정 과정에 대한 자율성 부족

④ 부적절한 보상: 노력 대비 낮은 보상이나 인정 부족

⑤ 직무 불안정: 고용 불안, 미래에 대한 불확실성

3) 소진의 영향

소진은 개인과 조직 모두에 부정적인 영향을 미친다.

(1) 개인적 영향

① 신체적 영향: 두통, 소화 문제, 수면 장애

② 정서적 영향: 불안, 우울증, 감정 조절 어려움

③ 사회적 영향: 대인 관계 갈등, 고립감 증가

(2) 조직적 영향

① 생산성 감소: 집중력 저하와 효율성 감소

② 이직률 증가: 조직에 대한 몰입도 저하

③ 조직 내 갈등: 팀워크와 협력 감소

4) 소진의 예방과 관리

(1) 개인적 차원

① 자기 돌봄(Self-care): 규칙적인 운동, 건강한 식습관, 충분한 수면

② 감정 관리: 명상, 요가, 심리 치료 등을 통해 스트레스 완화

③ 목표 재설정: 비현실적인 목표를 조정하고 우선순위를 설정

(2) 조직적 차원

① 업무 조정: 업무량 재조정, 역할 명확화

② 직원 지원 프로그램: 스트레스 관리 워크숍, 상담 지원

③ 긍정적 조직문화: 상호 신뢰와 협력을 증진하는 환경 조성

④ 보상과 인정 성과에 대한 적절한 보상 및 인정

5) 소진 관련 주요 이론

(1) Maslach 소진 모델(Maslach Burnout Inventory, MBI)

소진의 세 가지 주요 차원(정서적 탈진, 비인격화, 개인적 성취감 감소)을 측정하는 데 가장 널리 사용되는 모델이다(Maslach & Jackson, 1981).

(2) 직무 요구-자원 모델(Job Demands-Resources Model)

직무 요구와 자원의 균형이 소진의 발생과 예방에 중요한 영향을 미친다고 한다(Bakker & Demerouti, 2007).

(3) 소진과 직무 스트레스 이론(Stress-Strain-Outcome Model)

스트레스와 소진 간의 관계를 설명하며, 스트레스 요인이 소진과 조직 성과에 미치는 영향을 분석하였다(Schaufeli & Enzmann, 1998).

소진은 현대 조직에서 매우 보편적인 문제로, 개인과 조직 모두에게 부정적인 영향을 미친다. 이를 효과적으로 예방하고 관리하기 위해서는 개인적 돌봄뿐만 아니라 조직 차원의 적극적인 지원과 변화가 필요하다. 특히, 직무 요구와 자원의 균형을 맞추고, 구성원의 정서적

요구를 충족시키는 환경 조성이 중요하다.

6) 사회복지조직의 소진

소진은 장기적인 스트레스와 과도한 업무로 인해 정서적, 신체적, 정신적 에너지가 고갈되는 상태를 의미한다. 사회복지조직은 클라이언트 중심의 서비스 제공과 높은 정서적 노동 요구로 인해 다른 직종에 비해 소진이 발생할 가능성이 매우 높다. 이러한 소진의 특수성은 사회복지조직의 구조적 특성과 업무 환경에 기인하며, 구성원의 개인적, 조직적, 그리고 사회적 차원에서 영향을 미친다.

(1) 소진의 특수성

사회복지조직은 소진을 유발할 수 있는 고유한 환경적, 조직적, 개인적 요인을 포함하고 있다. 이는 다른 직종과 구별되는 특수성을 나타낸다.

① 정서적 노동의 과도함

사회복지사는 클라이언트의 문제를 해결하기 위해 높은 수준의 정서적 공감을 요구받는다. 클라이언트의 고통, 트라우마, 복잡한 문제에 직면하면서 정서적 소모가 심화된다(Hochschild, 1983).

② 업무의 복잡성과 과부하

사회복지사는 다양한 문제를 가진 클라이언트와의 상담, 지원, 사례관리 등 다중 역할을 수행한다. 또한 제한된 자원과 인력으로 인해 업무 부담이 가중되고 있다(Maslach, Schaufeli & Leiter, 2001).

③ 낮은 보상과 인식 부족

사회복지사는 높은 수준의 전문성을 요구받지만, 보상과 사회적 인정은 상대적으로 낮은 편이다. 이로 인해 직업 만족도가 낮아지고, 소진으로 이어질 가능성이 높아진다(Kim & Stoner, 2008).

④ 윤리적 딜레마와 가치 갈등

사회복지사는 클라이언트의 권리와 조직의 정책 사이에서 충돌하는 윤리적 딜레마에 직면한다. 예를 들면, 제한된 자원을 어떻게 분배할 것인가, 긴급한 상황에서 어떤 결정을 내릴 것인가하는 문제이다(Banks, 2012).

⑤ 감정적 거리 유지의 어려움

사회복지사는 클라이언트와의 긴밀한 관계 형성이 요구되지만, 동시에 객관적이고 감정적으로 거리를 유지해야 한다. 이 과정에서 감정적 균형을 잃으면 소진이 심화된다(Figley, 1995).

(2) 소진의 영향

① 개인적 영향

사회복지사는 개인적으로 우울증, 불안, 신체적 질병, 그리고 자기효능감 저하에 시달릴 수 있다(Schaufeli & Buunk, 2003).

② 조직적 영향

사회복지조직은 직원의 소진으로 높은 이직률과 낮은 생산성이 초래되며, 클라이언트에 대한 서비스의 품질도 저하된다(Leiter & Maslach, 2004).

③ 사회적 영향

사회적으로는 사회복지서비스의 효율성과 효과성이 감소되고 클라이언트의 만족도와 결과에 부정적인 영향을 미친다(Pines & Aronson, 1988).

(3) 소진 관리와 예방

① 조직적 접근(Maslach & Leiter, 1997)

㉠ 업무 부담 경감: 인력 충원과 효율적 업무 분배

㉡ 정서적 지원 제공: 상담과 지원 프로그램 운영

㉢ 교육과 훈련 강화: 스트레스 관리와 회복력(resilience) 강화

② 개인적 접근(Skovholt & Trotter-Mathison, 2011)

㉠ 자기 돌봄(Self-Care): 규칙적인 휴식과 취미 활동

㉡ 사회적 연결 강화: 동료 및 가족과의 관계 유지

㉢ 전문적 도움 요청: 상담 또는 치료 프로그램 참여

사회복지조직에서 소진은 정서적 노동, 업무 과부하, 낮은 보상, 윤리적 딜레마 등 다양한 요인에 의해 발생하며, 이는 개인, 조직, 사회에 걸쳐 광범위한 영향을 미친다. 소진 관리는 조직과 개인의 협력적 접근이 필요하며, 예방과 대처 전략을 체계적으로 적용해야만 긍정적인 조직 환경과 지속 가능한 복지서비스를 제공할 수 있다.

3절 사회복지조직의 슈퍼비전

슈퍼비전은 조직 내에서 관리자가 구성원이나 팀의 성과를 촉진하고, 업무를 효과적으로 수행할 수 있도록 지원하고 지도하는 과정이다. 이는 특히 사회복지 분야에서 중요한 관리 도구로, 클라이언트에게 제공되는 서비스의 질을 유지하고 향상시키기 위해 필수적이다.

1. 슈퍼비전의 개념

슈퍼비전(Supervision)은 "전문직 종사자나 조직 구성원의 업무 수행을 향상시키고, 전문적 성장을 촉진하며, 서비스의 질을 높이기 위해 지원적, 교육적, 행정적 지도를 제공하는 과정"으로 정의된다(Kadushin & Harkness, 2014).

Holloway는 "슈퍼비전은 성찰적 대화를 통해 구성원의 전문적 기술을 향상시키는 과정"이라고 정의했으며(Holloway, 1995), Kadushin과 Harkness는 "사회복지에서 슈퍼비전은 교육, 지원, 행정적 기능을 모두 포함하며, 조직의 목표 달성과 서비스 품질을 유지하는 데 중요한 역할을 한다"라고 강조하였다(Hawkins & Shohet, 2012).

1) 슈퍼비전의 목적

(1) 서비스 품질 향상

슈퍼비전은 클라이언트에게 제공되는 서비스의 질을 지속적으로 개선한다.

(2) 구성원 역량 개발

슈퍼비전은 직원의 기술, 지식, 전문성을 향상시키고, 직무 수행에 필요한 지원 제공한다.

(3) 업무 스트레스 완화

슈퍼비전은 지원적 관계를 통해 구성원의 정서적 스트레스를 완화하고, 업무 만족도를 증진시킨다.

(4) 조직 목표 달성

슈퍼비전은 구성원의 성과를 관리하여 조직의 목표와 전략 실현에 기여한다.

2) 슈퍼비전의 주요 기능

Kadushin과 Harkness는 슈퍼비전의 세 가지 주요 기능을 다음과 같이 제시한다(Hawkins & Shohet, 2012).

(1) 교육적 기능(Educational Function)

슈퍼비전은 구성원의 기술과 지식을 개발하고, 전문적 역량을 강화시킨다. 예를 들면, 새로운 업무 절차 교육, 문제 해결 능력 향상 등이 있다.

(2) 지원적 기능(Supportive Function)

슈퍼비전은 정서적 스트레스를 완화하고, 동기를 부여한다. 예를 들면, 구성원의 문제를 경청하고 심리적 지원을 제공해 준다.

(3) 행정적 기능(Administrative Function)

슈퍼비전은 조직 정책과 절차 준수를 감독하고, 업무 성과를 평가한다. 예를 들면, 직원 평가, 보고서 검토, 업무 할당 등이 있다.

3) 슈퍼비전의 과정

슈퍼비전은 일반적으로 다음과 같은 단계로 이루어진다(Tsui, 2005).

(1) 목표 설정

목표 설정은 구성원과 슈퍼바이저 간의 명확한 목표를 수립하는 단계이다.

(2) 정보 수집

정보 수집은 업무 현황 및 구성원의 역량을 파악하는 단계이다.

(3) 지침 제공

지침 제공은 업무 수행 방안, 문제 해결 전략을 제시하는 단계이다.

(4) 실행 및 지원

실행 및 지원은 구성원이 업무를 수행할 수 있도록 지속적인 지원을 제공하는 단계이다.

(5) 평가 및 피드백

평가 및 피드백은 성과를 평가하고, 개선점을 논의하는 단계이다.

2. 슈퍼비전의 유형

1) 개별 슈퍼비전(Individual Supervision)

개별 슈퍼비전은 슈퍼바이저와 피감독자가 1:1로 이루어지는 슈퍼비전이다. 장점은 개별화된 피드백 제공, 세부적인 문제 해결이 가능하나, 단점은 시간과 자원이 많이 소요된다는 것이다.

2) 집단 슈퍼비전(Group Supervision)

집단 슈퍼비전은 다수의 구성원을 대상으로 이루어지는 슈퍼비전이다. 장점은 구성원 간의 경험을 공유하고 상호 학습이 가능하나, 단점은 개별 문제에 대한 깊이 있는 접근이 어렵다는 것이다.

3) 평가 중심 슈퍼비전(Evaluative Supervision)

평가 중심 슈퍼비전은 구성원의 성과를 평가하고 피드백을 제공하는 것이다 장점은 성과 개선에 효과적이나, 단점은 평가가 주가 되면 정서적 지원이 부족할 수 있다는 것이다.

4) 임상적 슈퍼비전(Clinical Supervision)

임상적 슈퍼비전은 클라이언트와의 상호작용 및 사례관리를 개선하기 위해 제공한다. 장점은 실질적인 기술 향상과 전문적 성장이 가능하나, 단점은 행정적 문제와의 균형이 필요하다는 것이다.

3. 슈퍼비전의 효과와 한계

1) 슈퍼비전의 효과

(1) 조직의 성과 향상

슈퍼비전은 직원의 역량을 개선하여 조직 전체의 성과와 생산성을 향상시킨다(Collins-Camargo, 2007).

(2) 구성원의 만족도 증가

슈퍼바이저의 지지와 피드백을 통해 구성원의 직무 만족도가 향상된다(Bernard & Goodyear, 2013).

(3) 서비스의 품질 개선

클라이언트에게 더 나은 서비스를 제공하여 궁극적으로 사회복지의 목표 달성에 기여한다(Carroll, 2007).

2) 슈퍼비전의 한계

(1) 시간과 자원의 부족

슈퍼비전을 실행하는 데 시간과 자원이 부족할 수 있다.

(2) 역할 갈등

슈퍼바이저가 평가와 지원 기능을 동시에 수행할 때 갈등이 발생할 가능성 있다.

(3) 효과 측정의 어려움

슈퍼비전의 결과를 객관적으로 평가하기 어렵다는 한계가 있다.

슈퍼비전은 조직과 구성원의 발전을 위한 필수적인 과정으로, 교육적, 지원적, 행정적 기능을 통해 조직의 목표 달성과 구성원의 성장을 동시에 지원한다. 이를 효과적으로 구현하기 위해서는 슈퍼바이저와 피감독자 간의 신뢰와 협력이 필요하며, 지속적인 피드백과 평가가 이루어져야 한다.

4. 사회복지조직의 슈퍼비전

슈퍼비전은 사회복지조직에서 직원들의 업무 수행을 지원하고 전문성을 개발하며, 조직의 목표를 효과적으로 달성하기 위해 이루어지는 체계적인 관리 과정이다. 이는 일반적인 관리와 달리, 사회복지조직의 특수한 환경과 목적에 따라 고유한 특수성을 갖는다.

1) 사회복지조직의 슈퍼비전의 개념

슈퍼비전(Supervision)은 사회복지사와 클라이언트 모두의 복지를 증진하기 위해 사회복지사의 전문적 기술과 윤리적 기준 준수를 지도하고 지원하는 과정으로 정의된다. 이는 단순한 업무 관리나 감독을 넘어, 전문적 성장과 윤리적 의사결정을 촉진시킨다(NASW, 2013; Kadushin & Harkness, 2002).

슈퍼비전의 주요 목적은 다음과 같다.

① 서비스 품질의 향상: 클라이언트에게 고품질의 서비스를 제공한다.

② 사회복지사의 성장 지원: 직무 역량 강화와 전문적 개발을 지원한다.

③ 조직 목표의 달성: 조직의 비전과 사명을 효과적으로 실현한다.

2) 사회복지조직의 슈퍼비전의 특수성

(1) 윤리적 고려의 강조

사회복지조직은 클라이언트의 민감한 문제와 취약성을 다루기 때문에 윤리적 문제가 자주 발생한다. 슈퍼비전은 사회복지사가 윤리적 딜레마를 인식하고 적절히 대처할 수 있도록 지도한다. 예를 들면, 클라이언트의 비밀 유지, 사생활 보호, 이해충돌 회피 등에 도움을 줄 수 있다(Reamer, 2006).

(2) 전문성 개발

사회복지사는 지속적인 학습과 기술 개발이 필수적이다. 슈퍼비전은 이들의 전문적 성장과 자기 개발을 지원한다. 지원 방법은 케이스 회의, 피드백 세션, 추가 교육 기회 제공 등이다(Kadushin & Harkness, 2002).

(3) 심리적 지원

사회복지사는 업무 중 정서적 스트레스를 경험하기 쉽다. 슈퍼비전은 이들에게 심리적 안정감을 제공하며, 소진을 예방한다. 예를 들면, 업무로 인한 트라우마나 정서적 피로를 다루기 위한 상담 및 지원 등이 있다(Maslach & Leiter, 1997).

(4) 복잡한 클라이언트 요구

사회복지조직은 다양한 사회적 문제를 해결해야 하며, 클라이언트의 요구가 복잡하고 다차원적이다. 슈퍼비전은 복잡한 케이스를 해결하기 위한 창의적이고 다각적인 접근법을 지도한다. 예를 들면, 다문화적 민감성, 법적 문제, 정신건강 지원 등이 있다(Hepworth, Rooney & Larsen, 2016).

(5) 다양한 역할 관리

사회복지사는 상담자, 옹호자, 중재자 등 여러 역할을 동시에 수행한다. 슈퍼비전은 각 역할의 균형을 유지하도록 지원한다(Munson, 2002).

(6) 조직 내외부 환경의 복잡성

사회복지조직은 정부, 비영리단체, 지역사회 등 다양한 이해관계자와 협력해야 한다. 슈퍼비전은 이러한 협력을 조정하고 조화롭게 유지하도록 돕는다(Payne, 2015).

3) 사회복지조직의 슈퍼비전의 유형

(1) 행정적 슈퍼비전(Administrative Supervision)

행정적 슈퍼비전은 업무의 효율성과 정책의 준수 보장을 위하여, 업무 배치, 보고서 검토, 시간 관리 지도 등을 하는 것이다(Kadushin & Harkness, 2002).

(2) 교육적 슈퍼비전(Educational Supervision)

교육적 슈퍼비전은 사회복지사의 전문성을 개발하기 위하여, 사례 분석, 기술 훈련, 윤리적 기준 지도 등을 하는 것이다(Shulman, 2012).

(3) 지원적 슈퍼비전(Supportive Supervision)

지원적 슈퍼비전은 정서적 안정과 스트레스 관리를 지원하기 위하여, 상담 및 정서적 지지 제공, 업무 스트레스 완화 등을 제공하는 것이다(Maslach & Leiter, 1997).

4) 사회복지조직의 슈퍼비전의 효과

① 서비스 품질 개선: 클라이언트에 대한 서비스가 체계적이고 효과적으로 제공한다.
② 사회복지사의 역량 강화: 전문 기술과 문제 해결 능력이 향상된다.
③ 조직의 목표 달성 지원: 구성원의 성과와 조직의 비전이 일치한다.
④ 직원 이탈률 감소: 정서적 지원을 통해 만족도를 높이고 소진을 예방한다.
⑤ 윤리적 기준 준수: 윤리적 딜레마 상황에서 적절히 대응한다.

사회복지조직에서 슈퍼비전은 단순한 관리 역할을 넘어, 윤리적 지도와 정서적 지원, 전문성 개발, 조직 목표 달성의 중요한 수단으로 작용한다. 이는 사회복지조직의 특수한 환경과 클라이언트 중심의 서비스 제공 요구에 부응하기 위한 필수적 요소로, 이를 통해 조직과 구성원의 지속적인 발전을 도모할 수 있다.

연습문제

01 사회복지조직에서 인사관리의 주요 목표로 가장 적합하지 않은 것은?

① 조직의 목표 달성을 지원한다.
② 직원의 직무 능력을 최대한 발휘하게 한다.
③ 조직 내 모든 갈등을 완전히 제거한다.
④ 효율적인 인적 자원 활용을 도모한다.

02 사회복지조직에서 팀 기반 다학제 협력의 주요 목적은?

① 조직 내 경쟁 유도
② 클라이언트 중심 서비스 제공
③ 구성원 간 의사소통 최소화
④ 각 전문가의 독립성 강화

03 사회복지조직에서 윤리적 기준이 인사관리에 미치는 주요 영향으로 가장 적합한 것은?

① 채용 과정에서의 공정성 증대
② 직무와 무관한 자원 활용
③ 구성원 간 갈등 유도
④ 조직의 경쟁력 약화

04 사회복지조직에서 내재적 동기부여가 중요한 이유는?

① 금전적 보상이 충분히 제공되지 않는 경우 이를 보완하기 위해
② 클라이언트와의 관계를 축소하기 위해
③ 직원들의 자율성을 제한하기 위해
④ 조직 목표와 무관한 행동을 장려하기 위해

정답 | 01 ③ 02 ② 03 ① 04 ①

05 사회복지조직에서 감정 노동의 주요 도전 과제로 적합한 것은?

① 조직 목표의 명확화 부족
② 클라이언트와의 관계에서 높은 정서적 소모
③ 직무 설계와 관련된 도전 부족
④ 금전적 보상의 과잉 제공

06 Maslach 소진 모델에서 측정하는 세 가지 차원이 아닌 것은?

① 정서적 탈진
② 개인적 성취감 감소
③ 조직 내 의사소통 수준
④ 비인격화

07 소진과 관련된 이론 중 직무 요구-자원 모델이 설명하는 주요 요인은?

① 직무 요구와 자원의 균형이 소진과 성과에 미치는 영향
② 스트레스 요인과 조직 간 갈등의 관계
③ 개인의 정서적 피로와 업무 만족도의 직접적 관계
④ 조직 내 권력 구조와 업무 과부하의 상관성

08 사회복지조직에서 슈퍼비전이 윤리적 고려를 강조하는 이유는?

① 정서적 지원을 생략하기 위해
② 클라이언트의 민감한 문제와 윤리적 딜레마를 다루기 위해
③ 조직 목표 달성과 무관한 문제를 방지하기 위해
④ 구성원의 독립적 의사결정을 강화하기 위해

정답 | 05 ② 06 ③ 07 ① 08 ②

09 슈퍼비전이 클라이언트의 복잡한 요구를 해결하기 위해 필요한 접근법은?

① 법적 문제와 다문화적 민감성을 무시
② 다각적이고 창의적인 사례 접근
③ 조직 내 규칙만을 따르는 방안
④ 정형화된 서비스 제공

10 사회복지조직에서 슈퍼비전의 주요 특수성으로 적합하지 않은 것은?

① 윤리적 문제에 대한 지도와 해결
② 구성원의 지속적 학습과 성장 지원
③ 조직 내 권위 체계 유지
④ 다차원적 클라이언트 요구 충족

11 사회복지조직에서 슈퍼비전이 직무 만족도를 높이는 주요 방식은?

① 구성원의 성과 평가 과정을 생략
② 업무 스트레스 완화를 위한 정서적 지원
③ 윤리적 기준을 무시한 서비스 제공
④ 클라이언트와의 직접적 상호작용 배제

12 소진의 세 가지 주요 차원 중 "비인격화"의 정의는?

① 동료와 클라이언트에 대해 냉소적이고 거리감을 느끼는 상태
② 자신의 업무 성과에 대한 긍정적 평가
③ 에너지 고갈로 인한 신체적 피로 상태
④ 자아실현 욕구의 감소제

정답 | 09 ② 10 ③ 11 ② 12 ①

참고문헌

Adams, J. S. (1965). Inequity in Social Exchange. *Advances in Experimental Social Psychology*.

Aguinis, H. (2019). *Performance Management*. Pearson.

Armstrong, M. (2010). *Handbook of Human Resource Management Practice*. Kogan Page.

Bakker, A. B., & Demerouti, E. (2007). The Job Demands-Resources model: State of the art. *Journal of Managerial Psychology*.

Baldwin, T. T., & Ford, J. K. (1988). Transfer of Training: A Review and Directions for Future Research. Personnel Psychology.

Banks, S. (2012). *Ethics and Values in Social Work*. Palgrave Macmillan.

Bernard, J. M., & Goodyear, R. K. (2013). *Fundamentals of Clinical Supervision*. Pearson.

Bronstein, L. R. (2003). A Model for Interdisciplinary Collaboration. *Social Work, 48*(3).

Cameron, K. S., & Quinn, R. E. (2011). *Diagnosing and Changing Organizational Culture*. Jossey-Bass.

Carroll, M (2007). *Clinical Supervision: A Handbook for Practitioners*. Open University Press.

Checkoway, B. (1995). Six Strategies of Community Change. *Community Development Journal*.

Clark, R. C., & Mayer, R. E. (2016). *E-Learning and the Science of Instruction*. Wiley.

Collins-Camargo, C. (2007). *Supervision in Child Welfare: A Practice Model*. Child Welfare League of America.

Deci, E. L., & Ryan, R. M. (1985). *Intrinsic Motivation and Self-Determination in Human Behavior*. Springer.

Drucker, P. (1990). *Managing the Non-Profit Organization*. Harper Business.

Figley, C. R. (1995). *Compassion Fatigue: Coping with Secondary Traumatic Stress Disorder in Those Who Treat the Traumatized*. Brunner-Routledge.

Freudenberger, H. J. (1974). Staff Burn-Out. *Journal of Social Issues*.

Goldstein, I. L., & Ford, J. K. (2002). *Training in Organizations*. Wadsworth.

Greenhaus, J. H., & Callanan, G. A. (2009). *Career Management*. Sage.

Hackman, J. R., & Oldham, G. R. (1976). Motivation Through the Design of Work. *Organizational Behavior and Human Performance*.

Hawkins, P., & Shohet, R. (2012). *Supervision in the Helping Professions*. Open University Press.

Hepworth, D. H., Rooney, R. H., & Larsen, J. A. (2010). *Direct Social Work Practice: Theory and Skills*. Cengage Learning.

Hepworth, D. H., Rooney, R. H., & Larsen, J. A. (2016). *Direct Social Work Practice: Theory and Skills*. Brooks/Cole.

Herzberg, F. (1966). *Work and the Nature of Man*. World Publishing.

Herzberg, F. (1968). *One More Time: How Do You Motivate Employees?*. Harvard Business Review.

Hochschild, A. R. (1983). *The Managed Heart: Commercialization of Human Feeling*. University of California Press.

Holloway, E. L. (1995). *Clinical Supervision: A Systems Approach*. Sage Publications.

Kadushin, A., & Harkness, D. (2002). *Supervision in Social Work*. Columbia University Press.

Kadushin, A., & Harkness, D. (2014). *Supervision in Social Work*. Columbia University Press.

Kim, H., & Stoner, M. (2008). *Burnout and Turnover Intention Among Social Workers*. Administration in Social Work.

Kirkpatrick, D. L., & Kirkpatrick, J. D. (2006). *Evaluating Training Programs*. Berrett-Koehler.

Kolb, D. A. (1984). *Experiential Learning: Experience as the Source of Learning and Development*. Prentice Hall.

Leiter, M. P., & Maslach, C. (2000). *Preventing Burnout and Building Engagement*. Jossey-Bass.

Leiter, M. P., & Maslach, C. (2004). Burnout and Quality in a Sped-Up World. *The Journal of Quality Management*.

Locke, E. A., & Latham, G. P. (2002). Building a Practically Useful Theory of Goal Setting and Task Motivation. *American Psychologist*.

Lum, D. (2011). *Culturally Competent Practice: A Framework for Understanding Diverse Groups and Justice Issues*. Cengage Learning.

Marsick, V. J., & Watkins, K. E. (1990). *Informal and Incidental Learning in the Workplace*. Routledge.

Maslach, C., & Jackson, S. E. (1981). The measurement of experienced burnout. *Journal of Occupational Behavior*.

Maslach, C., & Leiter, M. P. (1997). *The Truth About Burnout*. Jossey-Bass.

Maslach, C., Schaufeli, W. B., & Leiter, M. P. (2001). Job Burnout. *Annual Review of Psychology*.

Maslow, A. H. (1943). *A Theory of Human Motivation*. Psychological Review.

McCauley, C. D., & Van Velsor, E. (2004). *The Center for Creative Leadership Handbook of Leadership Development*. Jossey-Bass.

McClelland, D. C. (1961). *The Achieving Society*. Princeton.

Milkovich, G. T., Newman, J. M., & Gerhart, B. (2013). *Compensation*. McGraw-Hill.

Munson, C. E. (2002). *Handbook of Clinical Social Work Supervision*. Haworth Press.

NASW. (2008). *Code of Ethics*. National Association of Social Workers.

NASW. (2013). *NASW Standards for Social Work Supervision*. National Association of Social Workers.

Noe, R. A. (2017). *Employee Training and Development*. McGraw-Hill.

Northouse, P. G. (2018). *Leadership: Theory and Practice*. Sage Publications.

Payne, M. (2005). *Modern Social Work Theory*. Palgrave Macmillan.

Payne, M. (2015). *Modern Social Work Theory*. Oxford University Press.

Perry, J. L., & Wise, L. R. (1990). *The Motivational Bases of Public Service*. Public Administration Review.

Pines, A., & Aronson, E. (1988). *Career Burnout: Causes and Cures*. Free Press.

Reamer, F. G. (2006). *Ethical Standards in Social Work: A Review of the NASW Code of Ethics*. NASW Press.

Robbins, S. P., & Judge, T. A. (2013). *Organizational Behavior*. Pearson.

Robbins, S. P., & Judge, T. A. (2019). *Organizational Behavior*. Pearson.

Salamon, L. M. (1999). *America's Nonprofit Sector: A Primer*. The Foundation Center.

Schaufeli, W. B., & Bakker, A. B. (2004). Job demands, job resources, and their relationship with burnout and engagement: A multi-sample study. *Journal of Organizational Behavior*.

Schaufeli, W. B., & Buunk, B. P. (2003). Burnout: An Overview of 25 Years of Research and Theorizing. In *The Handbook of Work and Health Psychology*.

Schaufeli, W. B., & Enzmann, D. (1998). *The Burnout Companion to Study and Practice: A Critical Analysis*. CRC Press.

Senge, P. M. (1990). *The Fifth Discipline: The Art & Practice of the Learning Organization*. Doubleday.

Shulman, L. (2012). *The Skills of Helping Individuals, Families, Groups, and Communities*. Cengage Learning.

Skovholt, T. M., & Trotter-Mathison, M. (2011). *The Resilient Practitioner*. Routledge.

Tsui, M. S. (2005). *Social Work Supervision: Contexts and Concepts*. SAGE Publications.

Vroom, V. H. (1964). *Work and Motivation*. Wiley.

Whitmore, J. (2010). *Coaching for Performance*. Nicholas Brealey.

09

Chapter

사회복지조직의 재무관리

재무관리(financial management)는 기관운영에 필요한 자금을 동원하고, 예산을 수립하여 효율적으로 집행하는 일련의 과정이다. 재무관리는 기업과 같은 영리조직이든 사회복지조직과 같은 비영리조직이든 원칙적으로 동일하다. 그러나 비영리조직은 이윤을 추구할 수 없기 때문에 모금이나 정부지원 등 기관 외부로부터의 안정적인 재원을 확보하는 데 더 많은 신경을 써야 한다.

9장 1절에서는 재무관리의 시작인 예산에 대해서 알아보고, 2절에서는 예산의 집행과 결산을 분석해 본다. 그리고 3절에서는 집행된 자금의 거래, 수입과 지출 등 자금의 흐름을 추적하는 회계와 감사에 대해서 살펴본다.

1절 사회복지조직의 예산

예산은 사회복지조직에서 목표를 달성하기 위해 자원을 계획적으로 배분하는 도구로 정의된다. 이는 조직의 자원을 효과적으로 관리하고, 복지서비스를 제공하는 데 필요한 재정을 적절히 배분하며, 투명성과 책임성을 확보하는 데 필수적이다.

1. 예산의 개념과 기능

1) 예산의 개념

예산(Budget)은 조직의 재정을 계획, 배분, 통제, 평가하는 체계적인 과정이다. 사회복지행정에서 예산은 단순히 수입과 지출의 균형을 맞추는 것을 넘어, 복지서비스의 질적 향상과 대상자의 삶의 질을 개선하는 데 중점을 둔다. 예산의 필요성은 다음과 같다(Rubin, 2016).

① 예산의 계획성: 예산은 미래의 재정 활동을 사전에 계획하는 역할을 수행한다.

② 자원 배분의 도구: 제한된 자원을 효과적으로 할당하여 조직의 목표를 달성한다.

③ 책임성의 확보: 투명한 예산 집행을 통해 공공의 신뢰를 유지한다.

2) 예산의 역할과 중요성

(1) 자원의 효율적 배분

예산은 조직의 자원을 최적화하여 복지서비스를 제공하는 데 필요한 재정을 배분한다. 예를 들면, 특정 지역사회 프로그램에 필요한 자금을 할당하는 것이다.

(2) 서비스의 품질 보장

충분한 예산이 확보되면 복지서비스의 질적 향상이 가능하며, 대상자들에게 더 나은 서비스를 제공할 수 있다.

(3) 성과의 관리

예산은 프로그램의 성과를 측정하고 평가하는 데 중요한 지표로 사용된다(McKinney, 2004).

(4) 투명성과 책임성 확보

예산은 조직 내외부의 신뢰를 확보하기 위한 투명성과 책임성을 보장하는 데 필수적이다(Rubin, 2016).

3) 예산의 구성 요소

(1) 수입(Budget Revenues)

수입은 조직이 사용할 수 있는 모든 재원의 출처를 말하며, 종류는 다음과 같다(Hatry, 2006).

① 공공 재원: 정부 보조금, 지방자치단체 지원금

② 민간 재원: 기부금, 후원금, 서비스 이용료

③ 기타 수입: 투자 수익, 자산 매각 대금

(2) 지출(Budget Expenditures)

지출은 조직의 목표 달성을 위해 사용되는 비용을 말하며, 내용은 다음과 같다(Anthony & Young, 2003).

① 고정비용: 임대료, 인건비 등

② 변동비용: 프로그램 운영비, 물품 구매비 등

(3) 예비비(Contingency Funds)

예비비는 예상치 못한 상황에 대비하기 위한 예산으로, 자연재해나 긴급 복지지원에 지출되는 자금이다(IMF, 2001).

(4) 운영 예산(Operating Budget)

운영 예산은 일상적인 운영 비용을 계획하고 배분하는 예산으로, 직원 급여, 사무용품 구입비 등이 있다.

(5) 자본 예산(Capital Budget)

장기적인 자산 투자에 필요한 예산으로, 건물 건축, 시설 확장을 위한 비용이다.

4) 예산의 기능

(1) 계획 기능

예산은 조직의 목표를 달성하기 위해 필요한 자원의 양을 계획하는 기능을 한다. 예를 들면, 복지관에서 1년 동안 제공할 프로그램의 예산을 사전에 책정한다(Wildavsky, 1984).

(2) 통제 기능

예산은 자원의 낭비를 방지하고, 지출이 계획된 범위 내에서 이루어지도록 관리한다. 예를 들면, 복지사업의 예산 초과를 방지하기 위해 정기적인 재정 검토를 시행한다(Schick, 1966).

(3) 조정 기능

예산은 조직의 다양한 부서와 프로그램 간 자원을 적절히 배분하여 조화롭게 운영하도록 한다. 예를 들면, 아동복지와 노인복지 프로그램 간의 예산을 조정하는 것이다(Rubin, 1990).

(4) 책임 기능

예산은 조직 내 모든 구성원이 재정적 책임을 갖고 운영하도록 유도한다. 각 부서는 자신들의 예산 내에서 자율적으로 운영된다(Key, 1940).

(5) 평가 기능

성과 평가를 위해 예산 지출과 결과를 비교하여 정책의 효과를 측정하며, 프로그램별 예산 대비 성과를 분석한다(Osborne & Gaebler, 1992).

5) 예산의 원칙

(1) 명확성의 원칙

예산은 간결하고 명확하게 작성되어야 하며, 이해하기 쉽게 구성되어야 한다. 또한, 항목별 지출과 수입이 명확히 구분된 예산서를 작성해야 한다(Musgrave & Musgrave, 1989).

(2) 완전성의 원칙

조직의 모든 수입과 지출은 예산에 포함되어야 하며, 외부 후원금이나 기부금까지 포함한 총예산을 작성해야 한다(Premchand, 1983).

(3) 통일성의 원칙

예산은 조직의 모든 활동이 일관성 있게 반영되도록 작성되어야 하며, 복지관에서 운영하는 모든 프로그램의 예산은 한 문서로 통합되어야 한다(Key, 1940).

(4) 책임성의 원칙

예산 집행과 관련된 모든 행위는 책임 소재가 명확히 규정되어야 한다. 이를 위하여 부서별로 예산 책임자를 지정하고 보고 체계를 설정한다(Rubin, 1990).

(5) 형평성의 원칙

자원의 배분은 공정하고 형평성 있게 이루어져야 하며, 소외계층에게 더 많은 예산을 배성하도록 한다(Schick, 1966).

(6) 적응성의 원칙

예산은 환경 변화와 예상치 못한 상황에 따라 유연하게 수정 가능해야 한다. 예를 들면, 재난 상황에서는 긴급 재정 조정을 통해 예산을 재배분해야 한다(Osborne & Gaebler, 1992).

사회복지행정에서 예산은 조직 운영과 목표 달성을 위한 필수적인 도구로, 계획, 통제, 조정, 책임, 평가 등의 중요한 기능을 수행한다. 명확성, 완전성, 형평성 등 예산 원칙을 준수함으로써 사회복지조직은 투명하고 효율적인 재정 관리를 통해 클라이언트에게 더 나은 서비스를 제공할 수 있다.

2. 예산의 수립

예산(Budget)은 조직의 목표를 달성하기 위해 필요한 자원을 계획하고 배분하는 재정적 설계로, 사회복지행정에서는 공공 자원과 민간 재원을 효과적으로 사용하여 복지서비스를 제공하는 데 중요한 역할을 한다. 예산 수립은 클라이언트의 필요를 충족시키고 조직의 지속 가능성을 유지하기 위해 체계적이고 전략적으로 이루어져야 한다.

1) 예산 편성

예산 편성(Budgeting)은 사회복지조직의 목표를 달성하기 위해 필요한 재원을 계획하고, 이를 구체적으로 분배하는 과정이다. 예산은 조직의 재무적 기반을 설정하고, 서비스 제공의 효과성을 확보하며, 책임성을 유지하는 데 중요한 역할을 한다. 사회복지행정의 예산 편성 과정은 공공 재정과 비영리조직의 특수성을 반영하여 체계적으로 진행되어야 한다.

(1) 목표 설정

목표 설정은 조직의 사명과 비전, 사회복지 정책 및 프로그램의 목표를 기반으로 예산의 방향성을 설정하는 과정으로, 주요 활동은 다음과 같다(Bryson, 2018).

① 서비스 제공 목표 수립

② 우선순위 결정

③ 조직의 전략적 계획과 연계

(2) 수요 예측 및 자료 수집

수요 예측 및 자료 수집은 프로그램 수행에 필요한 자원을 파악하고, 과거 데이터를 분석하여 예산 요구를 예측하는 과정으로, 주요 활동은 다음과 같다(McKinney, 2015).

① 사회적 요구 조사: 대상자의 수요 분석

② 과거 예산 실적 검토: 수입과 지출 내역 분석

③ 외부 환경 분석: 경제적, 정치적, 사회적 요인 고려

(3) 예산 초안 작성

예산 초안 작성은 조직의 목표와 수요를 기반으로 예산 초안을 작성하는 단계로, 주요 활동은 다음과 같다(Fisher, 2016).

① 각 부서 및 프로그램에서 예산 요구 제출

② 자금 조달 계획 수립: 기부금, 정부 지원, 자체 수입 등

③ 세부 항목 설정: 인건비, 운영비, 프로그램비 등

(4) 내부 협의 및 조정

내부 협의 및 조정은 초안을 검토하고, 조직 내 이해관계자와의 협의를 통해 조정하는 단계로, 주요 활동은 다음과 같다(Rubin, 2016).

① 예산위원회 검토: 재정 효율성과 타당성 평가

② 조정과 합의: 부서 간 우선순위 조정

③ 수정안 작성: 부족한 부분 보완 및 수정

(5) 최종 예산안 확정

최종 예산안 확정은 조직의 최고 의사결정기구(이사회 또는 집행위원회)에서 최종 예산안을 승인하는 단계로, 주요 활동은 다음과 같다(Wildavsky, 1986).

① 최종 검토: 예산안의 실행 가능성과 목표 달성 여부 평가

② 승인: 이사회 또는 관리자의 공식 승인

③ 공표: 최종 예산을 공지하고 구성원들에게 공유

(6) 예산 실행 및 모니터링

예산 실행 및 모니터링은 확정된 예산을 기반으로 프로그램을 실행하고, 실행 과정에서 재정 상황을 지속적으로 모니터링하는 단계로, 주요 활동은 다음과 같다(Lee, Johnson & Joyce, 2013).

① 예산 집행: 항목별 지출 관리

② 실적 보고: 주기적인 재정 상황 보고

③ 문제 해결: 초과 지출이나 예상치 못한 비용에 대한 대처

(7) 성과 평가 및 피드백

성과 평가 및 피드백은 예산 실행 결과를 분석하고, 이를 바탕으로 다음 회계연도의 예산 편성에 반영하는 단계로, 주요 활동은 다음과 같다(Osborne & Gaebler, 1992).

① 목표 달성 여부 평가

② 예산 사용의 효율성 분석

③ 피드백 수집 및 개선안 도출

(8) 예산 편성 과정의 주요 고려 사항

① 투명성: 모든 예산 과정은 이해관계자에게 공개되어야 한다.

② 참여적 접근: 구성원과 이해관계자의 참여를 통해 신뢰를 구축한다.

③ 성과 지향: 예산 편성은 목표 달성과 성과 향상에 중점을 둬야 한다.

④ 변화 대응성: 사회적, 정치적, 경제적 변화에 유연하게 대응한다.

사회복지행정의 예산 편성 과정은 조직의 목표를 실현하기 위한 체계적이고 전략적인 활동이며, 조직의 목표와 외부 환경, 구성원의 요구를 적절히 조화시키는 것이 핵심이다. 이를 통해 조직은 투명성과 효율성을 높이고, 더 나은 사회복지서비스를 제공할 수 있다.

2) 예산 모형

사회복지행정에서 예산은 조직의 목표를 달성하고 서비스를 제공하기 위한 자원의 배분 계획이다. 사회복지조직은 공공 및 민간 자금으로 운영되며, 제한된 자원을 효율적으로 활용하기 위해 체계적이고 투명한 예산 관리가 필요하다. 예산 모형은 예산 편성과 집행, 평가를 위한 다양한 접근법을 제공한다.

(1) 예산 모형의 개념

예산 모형(Budget Model)은 예산을 계획하고 관리하는 데 사용되는 틀로, 조직의 목표와 우선순위에 따라 자원을 효과적으로 분배하기 위한 구조를 제공한다. 사회복지행정에서의 예산 모형은 다음과 같은 특성을 갖는다.

① 목적 지향성: 복지서비스 제공이라는 조직의 목표와 직접 연계

② 투명성과 책무성: 공공 자금의 사용과 관련된 높은 수준의 책임 요구

③ 효율성: 제한된 자원을 최대한 활용하여 성과 극대화

(2) 품목별 예산 모형(Line-Item Budgeting Model)

품목별 예산 모형은 조직의 지출 항목을 품목별로 구체적으로 구분하여 예산을 편성하는 모형이다. 장점은 간단하고 이해하기 쉬운 구조로, 지출 통제와 관리가 용이하고, 부서 간 비교와 감사가 용이하다는 것이다. 단점은 성과와 결과 중심이 아닌 투입 중심이고, 유연성이 부족하다는 것이다. 품목별 예산의 적용 사례는 사회복지조직시설에서 급여, 시설 유지비, 운영비를 항목별로 나눠 관리하는 것이다(Schick, 1990).

(3) 성과 예산 모형(Performance Budgeting Model)

성과 예산 모형은 예산을 결과물(성과)과 연계하여 편성하는 예산 모형이다. 장점으로는 목표와 성과 중심으로 예산이 배분되고, 자원 활용과 성과 간의 관계를 명확히 하고, 결과를 기반으로 한 평가가 가능하다는 것이다. 단점으로는 성과 측정이 어려운 서비스 분야에는 한계가 있고, 측정 가능한 성과에 치중하는 경향이 있다는 것이다. 성과 예산의 적용 사례는 지역사회복지관에서 제공하는 서비스(예: 상담 건수, 프로그램 참가자 수)에 따라 예산을 배정하는 것이다(Gilmour & Lewis, 2006).

(4) 기획 예산 모형(Planning-Programming-Budgeting System, PPBS)

기획 예산 모형은 장기적인 기획과 프로그램을 기반으로 예산을 편성하는 모형이다. 장점으로는 정책 목표와 프로그램 간의 연계를 강조하고, 자원의 장기적 배분 계획이 가능하고, 복잡한 문제를 분석적으로 접근할 수 있다는 것이다. 단점으로는 분석과 계획에 시간이 많이 소요되며, 데이터와 전문가가 필요한 비용의 문제가 있다는 것이다. 기획 예산 모형의 적용 사례는 정부의 사회복지정책에서 5개년 복지계획과 관련된 예산을 편성하는 것이다(Wildavsky, 1986).

(5) 영기준 예산 모형(Zero-Based Budgeting, ZBB)

영기준 예산 모형은 모든 예산 항목을 처음부터 재검토하여 편성하는 예산 모형이다. 이

모형의 장점은 기존 예산의 자동적인 증가를 방지하고, 우선순위에 따라 예산을 재분배하며, 예산 낭비를 최소화할 수 있다는 것이다. 단점으로는 시간이 많이 걸리고 복잡하고, 관리자와 직원의 부담이 증가한다는 것이다. 영기준 예산 모형의 적용 사례는 사회복지조직에서 매년 서비스를 평가하고, 우선순위에 따라 예산을 재배분하는 것이다(Pyhrr, 1970).

(6) 성과-기반 예산 모형(Outcome-Based Budgeting)

성과-기반 예산 모형은 서비스의 결과를 중심으로 예산을 편성하는 모형이다. 장점으로는 클라이언트에게 제공된 서비스의 최종 결과(성과)에 초점을 두고, 자원의 효율적 사용과 책임을 강화한다는 것이다. 단점으로는 결과를 정확히 측정하기 어려운 경우가 발생하며, 단기적 성과에만 집중할 가능성이 있다는 것이다. 성과-기반 예산 모형의 적용 사례는 빈곤 감소율, 장애인 고용률 등 결과 중심의 목표 달성 여부로 예산을 배정하는 것을 들 수 있다(Osborne & Gaebler, 1992).

(7) 사회복지조직의 예산 모형 선택 시 고려 사항

① 조직 목표: 조직의 목표와 미션에 부합하는 예산 모형 선택
② 자원 가용성: 재정적, 인적 자원의 충분성에 따라 적합한 모형 활용
③ 서비스 특성: 제공하는 서비스의 성과 측정 가능성
④ 투명성과 책임성: 공공성과 이해관계자들의 신뢰를 확보할 수 있는 모형 선택

사회복지행정의 예산 모형은 조직의 목표 달성과 자원 활용 효율성을 극대화하는 데 필수적이다. 품목별 예산, 성과 예산, 기획예산, 영기준 예산 등 각 모형은 상황과 요구에 따라 적합하게 사용된다. 사회복지조직은 투명성과 책무성을 유지하면서도, 클라이언트의 복지 증진이라는 최종 목표를 달성하기 위해 이러한 모형을 전략적으로 활용해야 한다.

3. 재원

사회복지조직의 재원은 조직이 복지서비스를 제공하기 위해 필요한 자금을 조달하는 방법

과 그 원천을 의미한다. 안정적인 재원 확보는 사회복지조직의 지속 가능성과 클라이언트에게 고품질 서비스를 제공하기 위한 핵심 요소이다. 재원의 구성, 조달 방식, 사용 목적은 조직의 성격과 운영 방식에 따라 다양하다.

1) 재원의 구성 요소

(1) 정부 지원금(Government Grants)

정부 지원금은 정부가 공공 복지를 위해 제공하는 예산에서 지원되는 자금으로, 종류는 다음과 같다.

① 일반 보조금: 특정 목적 없이 운영비로 사용 가능

② 지정 보조금: 특정 프로그램 또는 프로젝트를 위해 사용 가능

정부 지원금의 장점은 안정적이고 대규모 자금 조달이 가능하다는 것이나, 단점은 정치적 변화와 경제 상황에 따른 지원의 변동성이 있다는 것이다(Salamon, 1999).

(2) 민간 기부금(Private Donations)

민간 기부금은 개인, 기업, 재단 등 민간부문에서 제공하는 자금으로, 형태는 다음과 같다.

① 개인 기부금: 개인 후원자들로부터의 자발적 기부

② 기업 기부금: 사회적 책임을 실천하는 기업의 지원

③ 재단 지원금: 비영리재단이 제공하는 보조금

민간 기부금의 장점은 자율성과 창의적인 사용이 가능하다는 것이며, 단점은 재정의 일관성과 예측 가능성이 낮다는 것이다(Kotler & Keller, 2015).

(3) 서비스 수익금(Service Revenue)

서비스 수익금은 조직이 제공하는 서비스나 제품을 통해 발생하는 수익으로, 다음과 같다(Young, 2007).

① 유료 상담 서비스

② 교육 프로그램 수강료

③ 재활 서비스 비용

서비스 수익금의 장점은 자체적으로 수익을 창출하여 재정 안정성을 강화할 수 있으나,

단점은 공공서비스를 유료화하면 접근성이 저하될 위험이 있다는 것이다(Young, 2007).

(4) 사회적 기업의 수익금(Social Enterprise Revenue)

사회적 기업의 수익금은 사회적 가치를 실현하는 사업 활동에서 창출되는 수익으로, 다음과 같다(Yunus, 2007).

① 공정무역 제품 판매금

② 지역사회 고용 프로그램 수익금

사회적 기업의 수익금의 장점은 재정 자립성과 사회적 가치를 동시에 추구할 수 있으나, 단점은 초기 투자비용과 운영 리스크 등이 있다(Yunus, 2007).

(5) 국제기구 지원금(International Aid)

국제기구 지원금은 UNICEF, 세계은행(World Bank) 등 국제기구에서 제공하는 자금으로, 용도는 다음과 같다.

① 개발도상국의 복지 인프라 구축

② 글로벌 복지 이슈 해결

국제기구 지원금의 장점은 대규모 프로젝트에 적합하나, 단점은 특정 조건이 부여되거나 정치적 영향을 받을 가능성이 있다는 것이다(Anheier, 2005).

(6) 지역사회 지원금(Local Community Resources)

지역사회 지원금은 지역사회 기반의 모금 활동, 자원봉사, 물품 기부 등이다. 장점은 지역사회와의 유대를 강화할 수 있으나, 단점은 조달 규모가 상대적으로 작다는 것이다(Putnam, 2000).

2) 재원의 특성

① 다양성: 여러 원천에서 재원을 조달하여 안정성을 유지해야 한다.

② 유연성 부족: 정부 지원금 등은 특정 목적에 제한적으로 사용이 가능하다.

③ 의존성: 특정 재원에 과도하게 의존할 경우 위험이 발생한다.

④ 경쟁성: 민간 기부와 재단 보조금은 다른 조직과 경쟁이 심화된다.

3) 재원 조달의 주요 전략

(1) 다원적 재원 확보(Diversified Funding Sources)

다양한 재원 조달 경로를 개발하여 의존도를 줄이고 안정성을 확보해야 한다(Young, 2007).

(2) 기금 모금 캠페인(Fundraising Campaigns)

기금 모금 캠패인으로 온라인 플랫폼, 이벤트, 크라우드 펀딩을 활용하여 자발적인 기부를 유도한다(Andreasen & Kotler, 2008).

(3) 서비스와 프로그램 다양화

유료 서비스를 추가하거나, 기업 협업 프로그램을 통해 수익을 창출한다(Salamon, 1999).

(4) 사회적 책임 투자(Corporate Social Responsibility, CSR)

기업과 협력하여 사회적 책임 활동과 연계된 기부와 지원을 유도하다(Carroll & Shabana, 2010).

4) 재원의 활용

(1) 운영비 충당

사회복지조직의 일상적인 운영비(직원 급여, 시설 유지비 등)로 사용한다.

(2) 프로그램 및 서비스 제공

사회복지서비스를 직접적으로 제공하기 위한 비용으로 활용한다.

(3) 긴급 구호

재난, 긴급 상황에서 필요한 지원을 제공한다.

(4) 장기적 발전

연구, 훈련, 기술 개발 등에 투자하여 조직의 지속 가능성을 확보한다.

사회복지조직의 재원은 조직의 목적과 클라이언트의 요구를 충족시키는 데 필수적이다. 다원적 재원 확보 전략과 효과적인 재원 관리는 조직의 지속 가능성과 서비스 품질을 보장한다. 사회복지조직은 정부, 민간, 국제기구 등 다양한 출처에서 재원을 조달하며, 이러한 재원의 효율적 활용은 조직의 성공에 중요한 역할을 한다.

4. 비용 할당

비용 할당(Cost Allocation)은 사회복지조직에서 자원을 효과적으로 활용하고, 조직의 운영 효율성을 극대화하기 위해 필수적인 재정 관리 과정이다. 비용 할당은 조직의 다양한 프로그램과 활동에 발생한 직접비와 간접비를 분배하여, 각 활동의 실제 비용을 파악하고 관리하는 데 중요한 역할을 한다.

1) 비용 할당의 중요성(Young, 2007)

(1) 재정 투명성

각 프로그램과 서비스의 비용 구조를 명확히 하여 이해관계자들에게 신뢰를 제공한다.

(2) 효율성 증대

자원을 효율적으로 활용하고, 낭비를 줄인다.

(3) 성과 평가

프로그램별 성과를 정확히 분석하여 효과적인 의사결정을 지원한다.

(4) 책임성 강화

공공 기금과 기부금을 관리하는 데 있어 책임성을 보장한다.

2) 비용의 유형

(1) 직접비(Direct Costs)

직접비는 특정 프로그램이나 활동에 직접적으로 연관된 비용이다. 사회복지사의 급여, 클라이언트 서비스에 사용되는 재료비, 특정 프로그램 광고비 등이 이에 해당된다(Finkler & Ward, 2019).

(2) 간접비(Indirect Costs)

간접비는 여러 프로그램에 공통적으로 발생하며, 특정 활동에 직접적으로 귀속되지 않는 비용이며, 사무실 임대료, 공공요금, 관리 직원의 급여 등이다(Mook & Quarter, 2007).

(3) 고정비(Fixed Costs)

고정비는 프로그램이나 활동의 변화와 상관없이 일정하게 발생하는 비용이며, 임대료, 장기 계약직 급여 등이 이에 속한다(Brigham & Ehrhardt, 2019).

(4) 변동비(Variable Costs)

변동비는 서비스 제공량이나 활동 수준에 따라 변동하는 비용으로, 재료 구매비, 클라이언트 서비스 비용 등이다(Horngren, Datar & Rajan, 2020).

3) 비용 할당의 방법

(1) 직접 배분법(Direct Allocation Method)

직접 배분법은 비용을 특정 프로그램에 직접 할당하는 방법이다. 장점은 계산이 간단하며, 명확한 비용 귀속이 가능하나, 단점은 간접비의 정확한 배분이 어렵다는 것이다(Finkler & Ward, 2019).

(2) 단계 배분법(Step-Down Allocation Method)

단계 배분법은 간접비를 먼저 가장 큰 비용을 발생시키는 부서에 배분한 후, 다른 부서에 단계적으로 할당하는 방법이다. 장점은 간접비 배분이 더 현실적이고 공정하나, 단점은 복잡한 계산이 필요하다는 것이다(Drury, 2018).

(3) 활동기준 원가 계산(Activity-Based Costing, ABC)

활동기준 원가 계산은 활동과 자원 소비를 기준으로 비용을 할당하는 방법이다. 장점은 정확한 비용 분석이 가능하나, 단점은 도입과 유지 비용이 높다는 것이다(Kaplan & Anderson, 2007).

(4) 직접비와 간접비 비율법(Direct and Indirect Cost Ratio Method)

이는 직접비와 간접비의 비율에 따라 간접비를 각 프로그램에 할당하는 방법이다. 장점은 비교적 계산이 간단하나, 단점은 실제 간접비 사용량과 다를 가능성이 높다는 것이다(Young, 2007).

4) 비용 할당의 한계

(1) 정확한 비용 추적의 어려움

비용 할당은 여러 프로그램에서 간접비가 발생하기 때문에 정확히 추적하기가 어렵다(Mook & Quarter, 2007).

(2) 재정적 제한

자원의 제한적 사용과 기금 조성의 어려움으로 인해 비용 할당이 복잡해질 수 있다(Anthony & Young, 2019).

(3) 다양한 이해관계자의 요구

기부자, 정부, 클라이언트 등 각기 다른 이해관계자의 요구를 만족시키는 비용의 관리가 필요하다(Finkler & Ward, 2019).

5) 비용 할당의 관리 원칙

(1) 명확한 재정 정책 수립

조직 내에 명확한 비용 할당 원칙과 기준을 설정한다(Drury, 2018).

(2) 기술 도구 활용

전산화된 회계 시스템 도입으로 비용 추적과 할당을 자동화한다(Kaplan & Anderson, 2007).

(3) 정기적 검토와 평가

비용 할당 결과를 정기적으로 평가하여, 비효율성을 제거한다(Anthony & Young, 2019).

사회복지조직의 비용 할당은 조직의 재정 건전성을 유지하고, 클라이언트에게 양질의 서비스를 제공하는 데 필수적이다. 적절한 비용 할당 방법을 선택하고, 정기적인 검토와 관리를 통해 자원을 효율적으로 사용하면 조직의 지속 가능성과 성과를 동시에 향상시킬 수 있다.

2절 사회복지조직의 예산 집행과 결산

사회복지조직은 조직의 재정적 안정성과 운영의 효율성을 확보하기 위하여, 예산을 확정하고, 이를 집행하며, 집행 결과에 결산을 한다. 본 절에서는 사회복지조직의 예산 확정과 집행 그리고 결산에 대해서 살펴본다.

1. 예산의 확정

예산의 확정은 사회복지조직에서 필요한 재원을 확보하고, 이를 조직의 목표와 프로그램 실행에 배분하기 위한 중요한 관리 과정이다. 사회복지행정에서 예산의 확정은 공공 자금, 민간 기부, 또는 자체 수입을 기반으로 이루어지며, 조직의 재정적 안정성과 운영 효율성을 보장하는 핵심 과정이다.

1) 예산 확정의 개념과 중요성

(1) 예산 확정의 개념

예산 확정(Budget Approval)은 일정기간 동안 조직이 수행할 활동과 이에 필요한 자금을 수치로 표현한 재정 계획인 예산을 확정하는 것이다. 사회복지행정에서 예산 확정이란 사회복지조직의 서비스와 프로그램 제공을 위한 재정적 기반을 확정하는 과정이라고 할 수 있다.

(2) 예산 확정의 중요성

예산 확정의 중요성은 다음과 같다(Smith & Lynch, 2004).

① 재정 계획 수립: 조직의 목표를 달성하기 위한 자원을 배분한다.
② 투명성 확보: 이해관계자들에게 재정 운영의 투명성과 책임성을 입증한다.
③ 효율성 강화: 자원의 최적화를 통해 조직 운영의 효율성을 증대시킨다.
④ 성과 측정: 예산 집행을 통해 프로그램의 효과성과 성과의 평가가 가능하다.

2) 예산 확정의 과정

사회복지행정에서 예산은 계획, 심의, 확정, 집행, 평가의 과정을 거친다. 이 중 확정 단계에서는 다음의 세부 과정을 포함한다.

(1) 예산안 제출

사회복지조직의 각 부서가 필요 예산을 기반으로 예산안을 제출한다. 제출의 목적은 조직의 목표와 프로그램 계획에 부합하는 자금을 요청하는 것이다(Finkler, Smith & Calabrese, 2019).

(2) 검토 및 조정

사회복지조직의 재정 책임자는 예산안을 검토하고, 필요시에는 조정한다. 검토 사항은 다음과 같다(Schick, 1990).

① 요청 예산이 조직의 전략적 목표와 일치하는지 여부

② 예상 수입과 지출의 균형

③ 재정 규정 준수

(3) 승인 프로세스

① 내부 승인: 이사회나 상급 관리자가 예산을 심의하고, 최종 승인을 결정한다.

② 외부 승인: 공공 자금이 포함된 경우, 정부 기관이나 기부 단체에서 승인을 받아야 한다 (Young, 2007).

(4) 최종 확정

승인된 예산안이 확정되어, 조직의 공식적인 예산으로 채택되고, 확정된 예산은 각 부서로 전달되고, 집행 준비가 이루어진다(Lee & Johnson, 1998).

3) 예산 확정의 주요 원칙

(1) 재정적 균형

예산은 예상 수입과 지출의 균형을 유지해야 하기 때문에, 사회복지조직은 예산 부족을 방지하기 위해 보수적인 예산안을 작성해야 한다(Brigham & Ehrhardt, 2019).

(2) 목표 지향성

예산은 조직의 목표와 미션에 부합하도록 계획되어야 하고, 프로그램의 성과와 목표 달성을 고려한 자금 배분이 이루어져야 한다(Anthony & Young, 2019).

(3) 투명성과 책임성

모든 예산은 결정과정에서 투명성을 유지하고, 이해관계자는 책임을 다해야 한다(Ebrahim & Weisband, 2007).

(4) 효율성

자원을 효과적으로 활용하여 프로그램 성과를 극대화해야 한다(Horngren, Datar & Rajan, 2020).

4) 예산 확정의 한계

(1) 자금의 제한

정부 지원 감소, 기부 감소 등으로 인해 예산의 제한이 발생할 수 있다(Smith & Lynch, 2004).

(2) 불확실성

사회복지서비스의 불확실한 수요와 외부 환경의 변화로 인해 예산 수립이 어려울 수 있다(Schick, 1990).

(3) 이해관계자 요구의 충돌

정부, 기부자, 지역사회 등 서로 다른 요구를 조정해야 한다(Young, 2007).

5) 성공적인 예산 확정을 위한 전략

(1) 철저한 계획

각 부서가 명확하고 현실적인 예산안을 제출하도록 지도한다.

(2) 데이터 기반 분석

예산안을 검토할 때 데이터 기반의 분석 도구를 활용한다.

(3) 투명한 커뮤니케이션

예산의 목적과 사용 계획을 명확히 설명한다.

(4) 정기적인 평가와 조정

예산 확정 후에도 지속적인 모니터링과 조정을 한다.

사회복지행정에서 예산의 확정은 조직의 성과와 지속 가능성에 직접적인 영향을 미친다. 조직의 목표와 가치를 반영하고, 효율적이고 투명한 재정 관리를 통해 클라이언트와 이해관계자 모두의 요구를 충족시키는 것이 중요하다.

2. 예산의 집행

예산 집행은 사회복지조직이 수립된 예산을 기반으로 목표를 달성하기 위해 재정을 관리하고 사용하는 과정이다. 예산 집행은 사회복지조직의 재정적 안정성을 유지하고, 복지서비스의 품질과 효율성을 보장하는 데 필수적이다. 이는 조직의 투명성과 책임성을 높이는 데 중요한 역할을 한다.

1) 예산 집행의 개념과 중요성

예산 집행(Budget Execution)은 '승인된 예산을 조직의 목표와 계획에 따라 적절히 사용하여, 예상한 결과를 달성하는 과정'이다. 사회복지조직에서 예산 집행은 클라이언트 중심의 서비스를 제공하기 위한 재정적 기반을 구축하는 데 중요한 의미를 가진다.

예산 집행의 중요성은 다음과 같다(Anthony & Young, 2019).

① 목표 실현 지원: 예산이 적절히 사용되어 조직의 목표를 효과적으로 달성한다.

② 재정 투명성 확보: 예산 사용 내역을 명확히 하여 이해관계자의 신뢰를 구축한다.

③ 책임성 강화: 공공 기금, 기부금 등 재정 자원을 책임 있게 사용한다.

④ 성과 평가: 예산 사용의 효과를 분석하여 미래 계획 수립에 반영한다.

2) 예산 집행의 주요 원칙

(1) 적법성(Legality)

예산 집행은 조직의 규정과 법적 요구사항에 따라 이루어져야 한다. 정부 지원금을 사용할 때에는 관련 법규를 준수해야 한다(Finkler & Ward, 2019).

(2) 효율성(Efficiency)

최소의 자원으로 최대의 성과를 내는 것을 목표로 한다. 예산의 낭비를 줄이고, 비용 대비 효과를 극대화한다(Brigham & Ehrhardt, 2019).

(3) 투명성(Transparency)

모든 예산의 사용 내역이 이해관계자에게 명확히 공개되어야 한다. 연례 재정 보고서 및 감사 자료는 공개되어야 한다(Young, 2007).

(4) 책임성(Accountability)

예산 사용 결과를 보고하고, 계획 대비 성과를 분석한다. 또한 기금 사용 결과를 기부자와 정부에 보고한다(Mook & Quarter, 2007).

3) 예산 집행의 과정

(1) 예산 배분(Budget Allocation)

예산 배분은 승인된 예산을 프로그램 및 활동에 할당하는 것이다. 예를 들면, 아동복지 프로그램에 40%, 노인복지 프로그램에 30%를 배정한다(Finkler & Ward, 2019).

(2) 비용 승인(Expense Authorization)

비용 승인은 각 부서 및 프로그램에서 발생하는 비용에 대해 사전 승인 절차를 수행하는 것이다(Drury, 2018).

(3) 지출 및 기록(Expenditure and Recording)

실제 지출을 수행하고 모든 거래를 기록한다(Horngren, Datar & Rajan, 2020).

(4) 성과 분석(Performance Analysis)

예산 사용 결과와 성과를 비교하여 개선점을 도출한다(Kaplan & Norton, 1996).

4) 예산 집행의 유형

(1) 고정 예산 집행(Fixed Budget Execution)

고정 예산 집행은 승인된 예산을 고정된 형태로 집행하며, 변경 없이 실행하는 유형이다. 장점은 계획된 예산을 사용한다는 안정성은 있으나, 단점은 예기치 않은 변화에 대해서는 적응하기 어렵다는 점이다(Anthony & Young, 2019).

(2) 유연 예산 집행(Flexible Budget Execution)

유연 예산 집행은 변화하는 상황에 따라 예산을 조정하여 사용하는 유형이다. 장점은 변화에 대한 적응력은 크지만, 단점은 예산 집행에 대한 관리가 복잡하다는 것이다(Horngren, Datar & Rajan, 2020).

(3) 성과기반 예산 집행(Performance-Based Budget Execution)

성과기반 예산 집행은 성과 목표를 기반으로 예산을 할당하고 집행하는 유형이다. 장점은 결과 중심으로 예산을 사용한다는 것이고, 단점은 성과를 측정하기 어렵다는 것이다(Kaplan & Norton, 1996).

5) 예산 집행의 과제

(1) 재정 자원의 제한성

사회복지조직의 기금과 지원금은 제한되어 있어, 자원의 배분에 어려움이 있다(Young, 2007).

(2) 지출 우선순위의 설정

다양한 프로그램 간의 우선순위를 정하는 과정에서 갈등이 발생할 가능성이 높다(Drury, 2018).

(3) 성과 측정의 어려움

복지서비스의 효과를 정량적으로 평가하는 데 어려움이 있다(Kaplan & Norton, 1996).

6) 예산 집행의 관리 원칙

(1) 명확한 정책 수립

예산을 집행하기 위한 사용 규정과 절차를 명확히 해야 한다(Finkler & Ward, 2019).

(2) 지속적 모니터링

예산 사용 현황을 정기적으로 점검하여 비효율성을 제거해야 한다(Drury, 2018).

(3) 투명한 커뮤니케이션

예산 집행 시, 이해관계자들과 예산 사용 정보를 공유하여 신뢰를 구축해야 한다(Young, 2007).

사회복지행정에서 예산 집행은 조직의 목표 달성과 서비스 품질 향상을 위한 핵심 요소이다. 이를 위해 체계적이고 투명한 절차를 통해 예산을 관리하고, 성과 기반의 평가와 지속적 개선이 이루어져야 한다. 효과적인 예산 집행은 사회복지조직의 지속 가능성과 신뢰성을 강화하는 데 기여한다.

3. 결산

결산(Financial Reporting)은 사회복지조직이 한 회계연도 동안 집행한 예산과 재정적 활동을 종합적으로 검토하고 정리하는 과정이다. 이는 조직의 재정 상태와 운영 결과를 이해관계자들에게 투명하게 공개하며, 다음 회계연도 계획 수립의 기초 자료로 활용된다. 사회복지행정에서 결산은 책임성(accountability)과 투명성(transparency)을 유지하는 데 중요한 역할을 한다.

1) 결산의 개념과 목적

(1) 결산의 정의

결산은 조직의 수익과 지출, 자산과 부채 등 재정 상태를 명확히 하기 위해 회계 기록을 정리하여 재무제표(Financial Statements)로 작성하는 과정이다.

(2) 결산의 목적(Anthony & Young, 2019)

① 재정적 투명성 확보: 기부자, 정부, 클라이언트 등에게 재정 상태를 명확히 보고한다.

② 운영 성과 평가: 재정 관리와 서비스 제공 성과를 평가하여 개선점을 도출한다.

③ 법적 준수: 회계 기준과 법적 요구 사항을 준수한다.

④ 다음 회계연도 계획 수립: 예산 집행 결과를 바탕으로 실질적인 재정 계획을 수립한다.

2) 결산의 구성 요소

(1) 재무제표

① 재무상태표(Balance Sheet): 특정 시점의 자산, 부채, 순자산을 의미한다.
예: 현금, 투자, 부채, 기금 등(Finkler & Ward, 2019)

② 운영성과표(Statement of Activities): 한 회계연도 동안의 수익과 지출을 의미한다.
예: 기부금, 정부 보조금, 서비스 수익, 프로그램 비용 등(Young, 2007)

③ 현금흐름표(Cash Flow Statement): 한 회계연도 동안의 현금 유입과 유출을 의미한다(Brigham & Ehrhardt, 2019).

④ 순자산변동표(Statement of Changes in Net Assets): 순자산의 변화를 의미한다(Horngren, Datar & Rajan, 2020).

(2) 부속 보고서

① 예산 대비 실제 집행 보고서: 계획된 예산과 실제 지출 간의 차이를 분석한다(Mook & Quarter, 2007).

② 감사 보고서(Audit Report): 외부 회계 감사 결과를 포함한다(Anthony & Young, 2019).

3) 결산의 과정

(1) 회계 기록 검토

조직의 모든 재정 기록을 검토하고, 누락이나 오류를 수정한다.

(2) 계정 정산(Account Reconciliation)

자산, 부채, 수익, 비용을 정리하여 총계정 원장(General Ledger)을 완성한다.

(3) 재무제표 작성

재무상태표, 운영성과표, 현금흐름표 등을 작성한다.

(4) 내부 검토 및 승인

내부 감사 또는 재정 담당자의 검토를 통해 자료의 정확성을 확인한다.

(5) 외부 감사 및 공시

독립된 외부 감사기관의 검토를 통해 신뢰성을 확보하고, 이해관계자들에게 결과를 공개한다(Drury, 2018).

4) 결산의 특수성

(1) 다양한 수익원 관리

기부금, 정부 보조금, 서비스 수익 등 다양한 수익원이 존재하며, 각 수익원에 맞는 회계 처리가 필요하다(Kaplan & Norton, 1996).

(2) 비금전적 성과 평가

재정적 요소 외에도 사회적 성과(Social Impact)와 서비스 효과성을 결산 과정에 포함한다(Mook & Quarter, 2007).

(3) 공공 책임성

사회복지조직은 공공 재정과 기부금을 사용하는 만큼, 재정 투명성과 책임성이 강조된다 (Finkler & Ward, 2019).

5) 결산의 도전 과제

(1) 재정 투명성 유지의 어려움

다양한 수익원과 복잡한 지출 구조로 인해 재정 보고의 복잡성이 증가된다(Anthony & Young, 2019).

(2) 성과 측정의 한계

사회복지서비스의 효과를 재정적 수치로 표현하기 어렵다(Kaplan & Norton, 1996).

(3) 외부 규제 준수

정부 규제와 기부자 요구를 모두 충족해야 하는 부담이 있다(Mook & Quarter, 2007).

6) 결산의 관리 원칙

(1) 정확한 회계 시스템 유지

사회복지조직에 적합한 회계 시스템을 구축하고, 모든 거래를 체계적으로 기록한다 (Horngren, Datar & Rajan, 2020).

(2) 내부 통제 강화

재정적 오류와 부정을 방지하기 위한 내부 통제 시스템을 운영한다(Drury, 2018).

(3) 투명한 의사소통

재정 결과를 이해관계자와 명확히 공유하여 신뢰를 구축한다(Young, 2007).

사회복지행정에서 결산은 조직의 재정적 상태와 운영 성과를 명확히 파악하고, 조직의 투명성과 책임성을 유지하는 데 필수적인 과정이다. 체계적인 결산 관리와 보고를 통해 조직은 이해관계자의 신뢰를 얻고, 지속 가능한 발전을 이룰 수 있다.

3절 사회복지조직의 회계와 회계 감사

사회복지조직은 공공 기금, 기부금, 정부 보조금 등 다양한 재원을 관리하며, 효율적으로 사용하여야 한다. 또한 이러한 재무 활동과 재정 관리는 투명하고 적법하게 이루어지는지 평가해야 하며, 사회복지조직의 후원금이 효과적으로 사용되도록 보장하여야 한다.

1. 사회복지조직의 회계

회계(Accounting)는 '조직의 재정 관리를 체계적으로 수행하고, 투명성과 책임성을 확보하기 위한 재무적 기록, 보고, 분석 과정'을 의미한다. 사회복지조직의 회계는 공공 기금, 기부금, 정부 보조금 등 다양한 재원을 관리하며, 자원의 효율적 사용과 서비스 제공의 지속 가능성을 보장하는 데 중요한 역할을 한다.

1) 회계의 목적

(1) 재정 투명성 확보

회계는 재정 활동을 명확히 기록하고, 이해관계자(기부자, 정부, 클라이언트)에게 신뢰를 제공한다(Anthony & Young, 2019).

(2) 자원 효율성 제고

회계는 제한된 재원을 효율적으로 사용하여 복지서비스의 효과를 극대화한다(Mook & Quarter, 2007).

(3) 법적 준수

회계 및 재무 보고는 관련된 법적 요구사항을 준수해야 한다(Finkler & Ward, 2019).

(4) 성과 평가

회계는 프로그램별 비용과 성과를 분석하여 효과적인 의사결정을 지원한다(Kaplan & Norton, 1996).

2) 회계의 주요 특징

(1) 비영리 목적

사회복지조직은 이윤 추구보다는 사회적 가치를 창출하기 위해 운영되므로, 회계는 재무성과보다 서비스 성과와 자원의 공정한 분배에 초점을 둔다(Young, 2007).

(2) 다양한 재원 관리

사회복지조직은 기부금, 정부 보조금, 공공 기금, 서비스 수익 등 다양한 재원을 투명하게 관리한다(Anthony & Young, 2019).

(3) 제한적 자금 사용

사회복지조직은 특정 목적(예: 아동 복지, 노인 돌봄)으로 지정된 기부금이나 보조금을 해당 프로그램에만 사용해야 하는 제약이 있다(Mook & Quarter, 2007).

(4) 성과 중심 회계

사회복지조직에서는 사회적 영향과 프로그램의 성과를 측정하기 위한 비재무적 요소도 회계에 포함한다(Kaplan & Norton, 1996).

3) 회계의 주요 구성요소

(1) 수익 관리

사회복지조직 수익의 재원은 기부금, 보조금, 서비스 수익, 투자 수익 등이며, 수익은 프로그램과 관리 활동에 배분되며, 공공서비스 제공을 위해 사용된다(Finkler & Ward, 2019).

(2) 비용 관리

사회복지조직 비용은 직접비(프로그램 실행과 직접 관련)와 간접비(관리 비용 및 공공요금 등)로 분류할 수 있다(Horngren, Datar & Rajan, 2020).

(3) 재무 보고

사회복지조직은 재무제표인 비영리조직의 활동 보고서(Statement of Activities), 재정 상태 보고서(Statement of Financial Position), 현금흐름표(Statement of Cash Flows) 등을 작성하고 보고해야 한다(Mook & Quarter, 2007).

(4) 성과 측정

사회복지조직은 수지성과표(Balanced Scorecard)와 같은 도구를 사용하여 재무적, 비재무적 성과를 평가해야 한다(Kaplan & Norton, 1996).

4) 회계의 과제

(1) 재원 확보의 어려움

사회복지조직은 기부와 정부 보조금의 불확실성으로 인해 안정적인 재정 관리가 어렵다(Young, 2007).

(2) 법적 요구사항 준수

사회복지조직 회계에서는 재정 투명성과 보고 기준을 준수하는 데 필요한 시간과 자원이 많이 소요된다(Anthony & Young, 2019).

(3) 성과 측정의 복잡성

사회복지조직 회계에서는 사회적 가치를 정량적으로 측정하는 데 한계가 있다(Kaplan & Norton, 1996).

5) 회계의 개선 방안

(1) 전문적 회계시스템의 도입

사회복지조직에서는 클라우드 기반의 회계 소프트웨어를 활용하여 회계 프로세스를 자동화해야 한다(Finkler & Ward, 2019).

(2) 투명한 재정 관리

사회복지조직은 정기적인 내부 및 외부 감사를 수행해야 한다(Anthony & Young, 2019).

(3) 성과 중심 보고 강화

사회복지조직은 사회적 영향과 재무 성과를 동시에 강조하는 보고체계를 구축해야 한다(Kaplan & Norton, 1996).

사회복지조직의 회계는 자원의 투명성과 효율성을 보장하며, 조직의 사회적 가치를 극대화하는 데 중요한 역할을 한다. 체계적인 회계시스템을 통해 조직의 재정적 안정성을 유지하고, 이해관계자들에게 신뢰를 제공하며, 복지서비스의 지속 가능성을 강화해야 한다.

2. 사회복지조직의 회계 감사

사회복지조직의 회계 감사(Accounting Audit)는 조직의 재무 활동과 재정 관리가 투명하고 적법하게 이루어지는지 평가하는 과정이다. 이는 사회복지조직의 재정적 신뢰성을 보장하고, 기부자, 정부, 클라이언트 등 이해관계자들에게 재정적 책임성을 증명하기 위한 필수적 도구이다.

1) 회계 감사의 정의와 목적

회계 감사는 독립적인 감사인이 조직의 재무 상태와 활동을 검토하여, 재무제표가 회계기준과 법적 요구사항에 적합한지 확인하는 과정이다, 회계 감사의 목적은 다음과 같다(Young, 2007).

① 재정 투명성 보장: 재무 보고서가 정확하고 신뢰할 수 있음을 증명한다.

② 법적 준수 확인: 세법, 정부 규제, 기부금 사용 규정을 준수하고 있는지 확인한다.

③ 효율성 개선: 자원 배분과 사용의 비효율성을 발견하고 개선점을 제시한다.

④ 이해관계자 신뢰 구축: 기부자와 공공기관의 신뢰를 확보한다.

2) 회계 감사의 유형

(1) 외부 감사(External Audit)

외부 감사는 독립적인 외부 감사인이 수행하며, 재무제표의 신뢰성을 평가하는 것이다. 장점은 객관성과 독립성을 확보할 수 있고, 단점은 비용이 높고, 시간이 소요될 수 있다는 것이다(Finkler & Ward, 2019).

(2) 내부 감사(Internal Audit)

내부 감사는 사회복지조직 내부의 감사 부서나 직원이 수행하며, 내부 통제와 운영 절차를 점검하는 것이다. 장점은 지속적이고 즉각적인 평가가 가능하고, 단점은 독립성이 부족할 가능성이 높다는 것이다(Brigham & Ehrhardt, 2019).

(3) 정부 감사(Governmental Audit)

정부 감사는 정부 기관에서 시행하며, 사회복지조직이 정부 보조금을 적법하게 사용했는지 확인하는 것이다(Anthony & Young, 2019).

3) 회계 감사의 주요 절차

(1) 계획 수립(Planning)

계획 수립은 회계 감사의 목적과 범위를 정의하고, 주요 리스크를 파악하는 것이다(Finkler & Ward, 2019).

(2) 자료 검토(Documentation Review)

자료 검토는 재무제표, 회계 기록, 예산 보고서 등을 검토하여, 규정의 준수 여부를 평가하는 것이다(Horngren, Datar & Rajan, 2020).

(3) 현장 조사(Field Work)

현장 조사는 실제 거래와 자산이 기록과 일치하는지 확인하는 것이다(Young, 2007).

(4) 보고서 작성(Reporting)

보고서 작성은 감사 결과를 문서화하고, 주요 문제와 개선점을 제시하는 것이다(Kaplan & Norton, 1996).

4) 회계 감사의 중요성

(1) 재정적 신뢰성 확보

회계 감사는 기부자와 정부 기관이 사회복지조직의 재정 상태를 신뢰할 수 있게 한다(Mook & Quarter, 2007).

(2) 조직의 투명성과 책임성 강화

회계 감사는 사회복지조직 내외부의 부정행위를 예방하고, 책임 있는 재정 관리를 촉진한다(Brigham & Ehrhardt, 2019).

(3) 자원 활용의 최적화

회계 감사는 불필요한 지출을 줄이고, 자원 배분의 효율성을 높인다(Horngren, Datar & Rajan, 2020).

5) 회계 감사의 과제

(1) 비용 부담

외부 감사의 비용이 높아, 소규모 사회복지조직에서 부담이 될 수 있다(Young, 2007).

(2) 재정관리 역량 부족

일부 사회복지조직에서는 전문적 회계 시스템과 감사의 역량이 부족하다(Finkler & Ward, 2019).

(3) 규제의 복잡성

정부와 기부자 요구사항의 복잡성으로 인해 사회복지조직의 감사 준비가 까다로울 수 있다(Anthony & Young, 2019).

6) 회계 감사의 개선 방안

(1) 회계시스템의 강화

최신 회계 소프트웨어를 도입하고 체계적인 재정관리 프로세스를 구축한다(Kaplan & Norton, 1996).

(2) 감사 전문인력의 양성

사회복지조직의 내부 감사 역량을 강화하기 위한 직원교육을 제공한다(Horngren, Datar & Rajan, 2020).

(3) 정기적 내부 점검

사회복지기관은 외부 감사에 앞서 내부 점검 과정을 통해 문제를 사전에 식별한다(Brigham & Ehrhardt, 2019).

사회복지조직의 회계 감사는 재정적 투명성과 책임성을 확보하고, 조직의 지속 가능성을 보장하기 위한 핵심 과정이다. 적절한 감사 절차와 체계적인 재정 관리 시스템을 통해 조직의 신뢰성과 효율성을 동시에 강화할 수 있다(Young, 2007).

3. 사회복지조직의 후원금 관리

사회복지조직에서 후원금 관리(Donation Management)는 조직의 재정적 안정성을 유지하고, 후원금이 효과적으로 사용되도록 보장하는 중요한 재정 관리 활동이다. 후원금은 조직의 주요 재원 중 하나로, 기부자와 클라이언트 간의 신뢰를 형성하고 사회적 목표를 실현하는 데 사용된다.

1) 후원금 관리의 중요성

(1) 재정적 지속 가능성 확보

후원금은 공공 기금이나 수익 창출이 제한적인 사회복지조직의 주요 재원이며, 지역사회복지관의 운영비, 클라이언트 지원 프로그램 비용에 사용된다(Young, 2007).

(2) 투명성과 신뢰성 구축

후원금 사용 내역을 명확히 공개함으로써 기부자와 이해관계자에게 신뢰를 제공한다(Mook & Quarter, 2007).

(3) 사회적 영향력 증대

후원금이 적절히 관리되고 사용되면 클라이언트와 지역사회에 긍정적인 영향을 미친다(Salamon, 1999).

2) 후원금 관리의 주요 원칙

(1) 투명성(Transparency)

투명성은 후원금 사용 내역을 기부자와 내중에게 명확히 공개하는 것이다. 예를 들면, 연간 보고서, 재정 감사 보고서 작성하고 공개하는 것이다(Anthony & Young, 2019).

(2) 책임성(Accountability)

책임성은 후원금 사용 결과에 대해 기부자와 이해관계자에게 보고하는 것이다. 예를 들면, 기부금으로 실행된 프로젝트의 결과를 보고하는 것이다(Ebrahim, 2003).

(3) 효율성(Efficiency)

효율성은 최소한의 비용으로 최대한의 성과를 달성하는 것이다(Finkler & Ward, 2019).

(4) 적법성(Legality)

적법성은 법적 요구사항을 준수하여 후원금을 관리하는 것이다. 예를 들면, 기부금에 대한 세무보고나 법적 지출제한을 준수하는 것이다(Hopkins, 2009).

3) 후원금 관리의 과정

(1) 후원금 모집

후원금 모집은 캠페인, 기부자 네트워크 구축, 디지털 모금 플랫폼 등을 활용한다(Tempel, Seiler & Burlingame, 2016).

(2) 기록 및 분류

기록 및 분류는 후원금을 일반 기금과 특정 목적 기금으로 분류하여 기록하는 것이다. 예를 들면, 교육 프로그램 기금, 긴급 구호 기금 등으로 분류하여 기록한다(Young, 2007).

(3) 편성 및 사용

편성 및 사용은 후원금을 프로그램의 우선순위와 목표에 따라 배분하여 사용하는 것이다(Drury, 2018).

(4) 성과 보고

성과 보고는 후원금 사용 내역과 결과를 기부자 및 이해관계자에게 보고하는 것으로, 기부자 뉴스레터, 연간 보고서 등의 발행이 이에 속한다(Anthony & Young, 2019).

4) 후원금 관리의 과제

(1) 지속적 후원자의 유지

지속적인 후원을 이끌어내기 위한 전략이 필요하다(Tempel, Seiler & Burlingame, 2016).

(2) 후원금 사용의 제한

특정 목적의 후원금은 유연한 사용이 제한될 수 있다(Hopkins, 2009).

(3) 재정적 투명성의 부족

부적절한 관리로 인해 신뢰를 잃을 위험이 존재한다(Ebrahim, 2003).

5) 후원금 관리의 성공 전략

(1) 디지털 후원금 관리 시스템의 활용

후원금의 수집, 기록, 보고를 자동화하는 소프트웨어 등을 활용한다(Hart & Greenfield, 2010).

(2) 효과적인 기부자 소통

개인이나 단체의 기부자에게 감사 메시지를 보내고 활동 결과를 공유한다(Tempel, Seiler & Burlingame, 2016).

(3) 정기적 감사 및 검토

후원금 관리 과정의 투명성과 효율성을 보장하기 위한 감사를 수행한다(Mook & Quarter, 2007).

사회복지조직의 후원금 관리는 조직의 재정 안정성과 신뢰성을 유지하는 핵심 요소이다. 투명성과 책임성을 바탕으로 후원금을 관리하고, 지속적인 기부자 소통과 성과 보고를 통해 조직의 사회적 가치를 극대화할 수 있다.

연습문제

01 사회복지조직에서 예산 편성의 첫 번째 단계는?

① 예산 초안 작성
② 내부 협의 및 조정
③ 목표 설정
④ 성과 평가 및 피드백

02 사회복지조직의 비용 할당에서 "직접비"의 예로 적합한 것은?

① 사무실 임대료
② 사회복지사의 급여
③ 공공요금
④ 관리직원의 급여

03 사회복지조직의 예산 관리에서 "성과 평가 및 피드백" 단계의 주요 활동은?

① 주기적인 재정 상황 보고
② 예산 초안 작성
③ 목표 달성 여부 평가
④ 프로그램 간 예산 통합

04 예산 집행 과정 중 "비용 승인" 단계의 주요 활동은?

① 각 부서 및 프로그램의 비용에 대해 사전 승인 절차를 수행
② 예상 지출 항목을 제거
③ 승인된 예산안을 재조정
④ 모든 비용 지출을 클라이언트에게 보고

정답 | 01 ③ 02 ② 03 ③ 04 ①

05 사회복지조직에서 투명성을 확보하기 위한 예산 관리 전략은?

① 모든 예산 항목을 비공개로 유지
② 연례 재정 보고서를 통해 예산 사용 내역 공개
③ 예산 사용 내역의 공유 생략
④ 기부자의 요구를 무시

06 사회복지조직 회계의 주요 특징 중 "성과 중심 회계"의 의미는?

① 재무 성과만을 평가한다.
② 회계 기록의 간소화를 강조한다.
③ 비재무적 요소를 포함하여 사회적 영향을 측정한다.
④ 이윤 창출을 위한 비용 절감 방안을 강구한다.

07 사회복지조직의 재무제표에 포함되지 않는 것은?

① 재무상태표
② 현금흐름표
③ 기부금 보고서
④ 활동보고서

08 사회복지조직의 성과 평가에서 사용되는 주요 도구는?

① 손익계산서
② 수지성과표(Balanced Scorecard)
③ 투자 분석 보고서
④ 비용 최소화 계획

정답 | 05 ② 06 ③ 07 ③ 08 ②

참고문헌

Andreasen, A. R., & Kotler, P. (2008). *Strategic Marketing for Nonprofit Organizations*. Prentice Hall.

Anheier, H. K. (2005). *Nonprofit Organizations: Theory, Management, Policy*. Routledge.

Anthony, R. N., & Young, D. W. (2019). *Management Control in Nonprofit Organizations*. McGraw-Hill.

Brigham, E. F., & Ehrhardt, M. C. (2019). *Financial Management: Theory and Practice*. Cengage Learning.

Bryson, J. M. (2018). *Strategic Planning for Public and Nonprofit Organizations*. Wiley.

Carroll, A. B., & Shabana, K. M. (2010). The Business Case for Corporate Social Responsibility: A Review of Concepts, Research and Practice. *International Journal of Management Reviews*.

Drury, C. (2018). *Management and Cost Accounting*. Cengage Learning.

Ebrahim, A. (2003). *Accountability in Practice: Mechanisms for NGOs*. World Development.

Ebrahim, A., & Weisband, E. (2007). *Global Accountabilities: Participation, Pluralism, and Public Ethics*. Cambridge University Press.

Finkler, S. A., & Ward, D. M. (2019). *Accounting Fundamentals for Health Care Management*. Jones & Bartlett Learning.

Finkler, S. A., Smith, D. L., & Calabrese, T. D. (2019). *Financial Management for Public, Health, and Not-for-Profit Organizations*. Pearson.

Fisher, L. (2016). *Public Budgeting in America*. Pearson.

Gilmour, J. B., & Lewis, D. E. (2006). *Does Performance Budgeting Work? An Examination of the Office of Management and Budget's PART Scores*. Public Administration Review.

Hart, T. R., & Greenfield, J. M. (2010). *Nonprofit Internet Strategies*. Wiley.

Hopkins, B. R. (2009). *Legal Responsibilities of Nonprofit Boards*. BoardSource.

Horngren, C. T., Datar, S. M., & Rajan, M. V. (2020). *Cost Accounting: A Managerial Emphasis*. Pearson.

Kaplan, R. S., & Anderson, S. R. (2007). *Time-Driven Activity-Based Costing: A Simpler and More Powerful Path to Higher Profits*. Harvard Business Review Press.

Kaplan, R. S., & Norton, D. P. (1996). *The Balanced Scorecard: Translating Strategy into Action*. Harvard Business Review Press.

Key, V. O. (1940). *The Lack of a Budgetary Theory*. American Political Science Review.

Kotler, P., & Keller, K. L. (2015). *Marketing Management*. Pearson Education.

Lee, R. D., & Johnson, R. W. (1998). *Public Budgeting Systems*. Jones & Bartlett Learning.

Lee, R. D., Johnson, R. W., & Joyce, P. G. (2013). *Public Budgeting Systems*. Jones & Bartlett.

McKinney, J. B. (2004). *Effective Financial Management in Public and Nonprofit Agencies*. Praeger.

McKinney, J. B. (2015). *Effective Financial Management in Public and Nonprofit Agencies*. ABC-CLIO.

Mook, L., & Quarter, J. (2007). *Accounting for Social Value*. University of Toronto Press.

Musgrave, R. A., & Musgrave, P. B. (1989). *Public Finance in Theory and Practice*. McGraw-Hill.

Osborne, D., & Gaebler, T. (1992). *Reinventing Government: How the Entrepreneurial Spirit is Transforming the Public Sector*. Addison-Wesley.

Premchand, A. (1983). *Government Budgeting and Expenditure Controls: Theory and Practice*. IMF.

Putnam, R. D. (2000). *Bowling Alone: The Collapse and Revival of American Community*. Simon & Schuster.

Pyhrr, P. A. (1970). *Zero-Base Budgeting: A Practical Management Tool for Evaluating Expenses*. Wiley.

Rubin, I. S. (1990). *The Politics of Public Budgeting*. Chatham House.

Rubin, I. S. (2016). *The Politics of Public Budgeting*. Sage Publications.

Salamon, L. M. (1999). *America's Nonprofit Sector: A Primer*. Foundation Center.

Schick, A. (1966). *The Road to PPB: The Stages of Budget Reform*. Public Administration Review.

Schick, A. (1990). *Perspectives on Budgeting*. OECD.

Schick, A. (1990). *The Federal Budget: Politics, Policy, Process*. Brookings Institution.

Smith, R. L., & Lynch, T. D. (2004). *Public Budgeting in America*. Pearson

Tempel, E. R., Seiler, T. L., & Burlingame, D. F. (2016). *Achieving Excellence in Fundraising*. Wiley.

Wildavsky, A. B. (1984). *The Politics of the Budgetary Process*. Little, Brown.

Wildavsky, A. B. (1986). *Budgeting: A Comparative Theory of Budgetary Processes*. Transaction Publishers.

Young, D. R. (2007). *Financing Nonprofits: Putting Theory into Practice*. Harvard University Press.

Yunus, M. (2007). *Creating a World Without Poverty: Social Business and the Future of Capitalism*. Public Affairs.

10
Chapter

사회복지조직의 욕구조사 및 프로그램

사회복지는 대상자의 욕구를 파악하고 이에 적합한 서비스를 제공하는 것이기 때문에, 사회복지조직은 지역사회와 대상자의 복지욕구를 체계적으로 조사하고 분석해야 한다. 그리고 이러한 욕구조사의 결과는 사회복지 프로그램으로 구체화되어 시행되어야 한다.

10장 1절에서는 사회복지 대상자의 욕구를 파악하고 이에 적합한 서비스를 제공하기 위해서 실시하는 욕구조사에 대해 분석하고, 2절에서는 이러한 욕구조사의 결과를 바탕으로 한 사회복지 프로그램에 대해서 살펴본다.

1절 사회복지조직의 욕구조사

사회복지는 대상자의 욕구를 파악하고 우선순위를 설정하여, 적합한 자원과 서비스를 제공하는 것이다. 따라서 사회복지조직은 지역사회와 대상자의 복지욕구를 체계적으로 조사하고 분석해야 한다.

1. 욕구와 욕구이론

1) 욕구의 정의와 중요성

욕구(Needs)는 '인간이 결핍 상태를 인지하고 이를 충족시키기 위해 행동하는 동기적 요소'를 의미한다. 사회복지행정에서는 대상자의 욕구를 파악하고 우선순위를 설정하여, 적합한 자원과 서비스를 제공하는 데 중점을 둔다. 욕구의 중요성은 다음과 같다(Bradshaw, 1972).

① 서비스 제공의 방향 설정: 대상자의 욕구를 기반으로 복지 프로그램을 설계한다.
② 자원의 효율적 배분: 제한된 자원을 가장 필요한 곳에 투입한다.
③ 성과 평가 기준 제공: 욕구 충족 수준을 기준으로 서비스 효과를 평가한다.

2) 주요 욕구이론

욕구이론(Needs Theory)은 인간이 특정 행동을 통해 자신의 욕구를 충족하려는 동기와 과정을 설명하는 이론으로, 사회복지행정에서 중요한 이론적 틀로 활용된다. 사회복지조직은 클라이언트의 다양한 욕구를 파악하고 이를 충족시키기 위한 프로그램과 서비스를 설계하며, 욕구이론은 이러한 과정에서 핵심적인 역할을 한다.

(1) Maslow의 욕구 5단계 이론(Maslow's Hierarchy of Needs)

Maslow는 인간의 욕구를 다섯 단계로 분류하였으며, 하위 욕구가 충족되어야 상위 욕구를 추구할 수 있다고 주장하였다(Maslow, 1943).

① 생리적 욕구(Physiological Needs): 기본적인 생존에 필요한 욕구로, 음식, 물, 의복, 주거 등이 해당한다.

② 안전 욕구(Safety Needs): 신체적, 경제적, 심리적 안전에 대한 욕구로, 주거 안정, 고용안정 등이 해당한다.

③ 사회적 욕구(Love and Belonging Needs): 소속감, 우정, 사랑과 같은 사회적 관계 욕구이다.

④ 존경 욕구(Esteem Needs): 자존감과 타인으로부터의 존중에 대한 욕구이다.

⑤ 자아실현 욕구(Self-Actualization Needs): 자신의 잠재력을 최대한 발휘하고자 하는 욕구이다.

(2) Alderfer의 ERG 이론(ERG Theory)

Alderfer는 Maslow의 이론을 세 가지 범주로 단순화하였다. 또한 Alderfer는 욕구가 위계적이지 않으며, 하위 욕구가 충족되지 않더라도 상위 욕구를 동시에 추구할 수 있다고 보았다(Alderfer, 1969).

① 생존 욕구(Existence Needs): 기본적인 생리직, 물질적 욕구이다.

② 관계 욕구(Relatedness Needs): 사회적 관계에서 발생하는 욕구이다.

③ 성장 욕구(Growth Needs): 개인적 성장과 자기실현 욕구이다.

(3) McClelland의 성취동기 이론(Need Theory of Achievement Motivation)

McClelland는 인간의 행동을 세 가지 주요 욕구로 설명했다(McClelland, 1961).

① 성취 욕구(Achievement Needs): 도전적 목표를 달성하려는 욕구이다.

② 권력 욕구(Power Needs): 다른 사람이나 환경에 영향력을 행사하려는 욕구이다.

③ 친화 욕구(Affiliation Needs): 다른 사람과의 긍정적 관계를 형성하려는 욕구이다.

사회복지행정에서는 성취 욕구를 기반으로 클라이언트의 자립 지원 프로그램을 설계하거나, 친화 욕구를 충족하기 위한 지역사회 네트워크를 강화하는 데 활용된다.

(4) Bradshaw의 욕구 분류 이론(Bradshaw's Taxonomy of Social Needs)

Bradshaw는 욕구를 네 가지로 분류하여 사회복지의 실천적 틀을 제시했다(Bradshaw, 1972).

① 표현된 욕구(Expressed Needs): 클라이언트가 직접적으로 드러내는 욕구이다.

② 느껴진 욕구(Felt Needs): 클라이언트가 주관적으로 느끼는 욕구이다.

③ 비교적 욕구(Comparative Needs): 다른 집단과 비교하여 상대적으로 부족하다고 느끼는 욕구이다.

④ 규범적 욕구(Normative Needs): 전문가나 기준에 의해 정의된 욕구이다.

3) 사회복지행정에서 욕구이론의 적용

(1) 욕구사정(Needs Assessment)

욕구사정은 클라이언트의 다양한 욕구를 체계적으로 조사하고, 우선순위를 설정하는 과정이다(McKillip, 1987).

(2) 프로그램 설계와 평가

욕구이론을 적용하여 클라이언트의 욕구를 충족하기 위한 맞춤형 프로그램 설계하며, 프로그램이 욕구를 얼마나 충족했는지 성과를 평가한다.

(3) 자원 배분

욕구이론을 기반으로 자원을 가장 필요한 곳에 효율적으로 분배한다.

욕구이론은 사회복지행정에서 클라이언트의 다양한 요구를 이해하고, 그에 맞는 서비스를 설계하고 제공하는 데 필수적인 이론적 틀을 제공한다. Maslow의 5단계 이론, Alderfer의 ERG 이론, McClelland의 성취동기 이론, Bradshaw의 욕구 분류 이론은 각각 클라이언트의 욕구를 분석하고 프로그램을 기획하는 데 활용된다.

2. 사회복지조직의 욕구조사

사회복지조직의 욕구조사(Needs Assessment)는 사회복지조직이 지역사회와 대상자의 복지 욕구를 체계적으로 조사하고 분석하는 과정이다. 이는 복지서비스의 우선순위를 결정하고, 자원의 효과적 배분과 정책 및 프로그램의 수립을 위한 필수적인 기초 자료를 제공한다.

1) 욕구조사의 정의와 목적

사회복지 욕구는 특정 집단이나 개인이 적절한 삶의 질을 유지하기 위해 필요한 서비스나 지원을 의미한다. 욕구조사는 이러한 요구를 정량적, 정성적으로 측정하고, 현재 제공되는 자원과의 격차를 분석하는 과정이다. 따라서 욕구조사는 "문제를 정의하고, 우선순위를 파악하며, 해결책을 도출하기 위한 체계적인 과정"으로 정의되며, 목적은 다음과 같다(McKillip, 1987).

① 사회복지 자원의 부족과 불평등을 식별한다.

② 클라이언트와 지역사회의 복지 요구를 체계적으로 이해한다.

③ 복지서비스의 우선순위를 설정하고 정책을 개발한다.

2) 욕구조사의 필요성

(1) 서비스 기획과 우선순위 설정

욕구조사는 제한된 자원 내에서 효과적으로 서비스를 제공하기 위해 가장 시급한 문제를 파악해 준다(Kettner, Moroney & Martin, 2017).

(2) 자원의 효율적 배분

요구조사는 복지서비스 제공에 필요한 자원을 적재적소에 배치해 준다(Rossi, Lipsey & Freeman, 2019).

(3) 정책 및 프로그램의 근거 자료 제공

욕구조사를 통해 수집된 데이터는 복지정책과 프로그램의 기획과 평가에 활용된다(McKillip, 1987).

3) 욕구조사의 방법

(1) 설문조사(Survey)

설문조사는 표준화된 질문지를 사용하여 대규모 데이터 수집하는 방법이다. 장점은 대규모 표본에서 자료 수집이 가능하고 정량적 데이터 분석이 용이하고, 단점은 응답자의 성실성과 이해 수준에 따라 결과의 신뢰도가 영향을 받을 수 있다는 것이다(Dillman, Smyth & Christian, 2014).

(2) 면접조사(Interview)

면접조사는 조사자가 대상자와 직접 대면하여 심층적인 정보를 수집하는 방법이다. 장점은 응답자의 비언어적 표현의 관찰이 가능하고, 심층적이고 질적인 정보 수집이 가능하나, 단점은 시간과 비용이 많이 소요되고 조사자의 편견이 결과에 영향을 미칠 수 있다는 것이다(Patton, 2015).

(3) 포커스 그룹(Focus Group)

포커스 그룹은 소규모 그룹을 대상으로 진행되는 토론 형태의 조사 방법이다. 장점은 다양한 의견과 상호작용을 통해 심층적인 데이터 수집이 가능하고, 특정 문제에 대한 깊은 통찰을 제공하나, 단점은 소규모 표본이기 때문에 일반화에 한계가 있고 그룹 구성의 동질성과 조정자의 능력이 결과에 영향을 미친다는 것이다(Krueger & Casey, 2014).

(4) 문헌조사(Literature Review)

문헌조사는 기존 연구와 자료를 분석하여 욕구를 간접적으로 파악하는 방법이다. 장점은 시간과 비용이 절약되고, 기존 데이터 활용으로 추가 조사 없이도 정보 확보가 가능하나, 단점은 최신성 부족 및 특정 지역이나 집단에 맞지 않을 수 있다는 것이다(Creswell & Creswell, 2018).

(5) 2차 자료 분석(Secondary Data Analysis)

2차 자료 분석은 정부나 기관에서 제공하는 통계 자료나 보고서를 활용하는 것이다. 장점은 기존 데이터를 재분석하여 시간과 비용 절약할 수 있고 대규모 데이터 기반의 분석이 가능하나, 단점은 데이터의 신뢰성과 적합성을 확인해야 한다는 것이다(Babbie, 2020).

〈표 10-1〉 욕구조사 방법의 비교

방법	장점	단점
설문조사	대규모 데이터 수집, 표준화 가능	응답자 신뢰도, 문항 설계에 따라 결과 영향
심층 인터뷰	심층적 정보 제공	시간 소요, 소규모 조사 적합
초점집단 토의	다양한 관점 반영	그룹 내 편향 가능성
자료 분석	시간, 비용 절약	기존 데이터의 신뢰도 의존
관찰법	실제 상황 파악	조사자의 주관적 해석 위험

4) 욕구조사의 과정

(1) 문제 정의

문제 정의는 조사 대상 및 욕구의 범위를 설정하는 것으로, 예를 들면 특정 지역의 노인복지서비스 욕구를 정의하는 것이다(McKillip, 1987).

(2) 자료 수집 및 분석

자료 수집 및 분석은 설문조사, 면접, 문헌조사 등을 통해 데이터를 수집하고 분석하는 것이다(Rossi, Lipsey & Freeman, 2004).

(3) 결과 보고

결과 보고는 욕구조사 결과를 이해관계자들에게 보고하고, 정책 및 프로그램 설계에 활용하는 것이다(Kettner, Moroney & Martin, 2013).

5) 욕구조사의 장단점

(1) 장점

① 객관적 데이터 제공: 정책 수립과 자원 배분의 근거를 마련한다.

② 참여 증진: 클라이언트와 지역사회의 참여를 통해 서비스 만족도를 향상시킨다.

(2) 단점

① 시간과 비용 소요: 대규모 조사 및 분석에 많은 자원이 필요하다.

② 결과의 일반화 한계: 특정 조사 방법의 경우 표본이 제한적일 수 있다.

욕구조사는 사회복지행정에서 효과적인 정책과 프로그램을 설계하기 위한 필수적 과정이다. 다양한 방법을 활용해 대상 집단의 요구를 정확히 파악하고, 이를 통해 서비스의 품질과 효율성을 높이는 데 기여한다.

2절 사회복지조직의 프로그램

사회복지 프로그램(Social Welfare Program)은 특정한 사회적 문제를 해결하거나, 클라이언트의 복지를 증진하기 위해 설계된 체계적인 활동과 서비스의 집합이다. 사회복지 프로그램은 클라이언트의 필요를 충족시키고, 사회복지조직의 목표를 실현하는 핵심 도구로 작용하며, 이를 효과적으로 설계하는 것은 프로그램의 성공 여부를 좌우하는 중요한 요소이다.

1. 사회복지 프로그램의 개념과 특징

사회복지 프로그램은 '사회복지조직이 설정한 목표를 달성하기 위해 제공하는 일련의 서비스와 활동'으로 정의된다. 이는 클라이언트의 삶의 질을 향상시키고, 지역사회 문제를 해결하는 데 중점을 두며, 특징은 다음과 같다(Netting, O'Connor & Fauri, 2007).

① 목표 중심성: 명확한 목표와 목적을 설정한다.

② 대상자 특화: 클라이언트의 특정 요구를 충족시키기 위해 설계한다.

③ 자원 기반: 인적, 재정적, 물리적 자원을 활용한다.

④ 평가 가능성: 프로그램의 성과를 평가할 수 있는 체계를 포함한다.

2. 사회복지 프로그램의 설계

1) 정의와 중요성

프로그램 설계(Program Design)는 프로그램의 목표를 설정하고, 목표 달성을 위한 활동과 전략을 체계적으로 계획하는 과정이다. 이는 프로그램의 효과성과 효율성을 극대화하기 위해 필수적이다. 프로그램 설계의 중요성은 다음과 같다(McDavid, Huse & Hawthorn, 2018).

① 목표 달성 가능성 제고: 체계적인 설계를 통해 프로그램의 효과를 극대화한다.

② 자원 활용 최적화: 한정된 자원을 효율적으로 배분한다.
③ 성과 평가 기반 제공: 명확한 계획은 성과 측정을 가능하게 한다.
④ 이해관계자 신뢰 확보: 투명하고 체계적인 설계는 기부자, 정부, 클라이언트의 신뢰를 증진시킨다.

2) 프로그램 설계의 주요 단계

(1) 문제 분석

문제 분석은 프로그램 설계의 첫 단계로, 대상 클라이언트의 필요와 사회적 문제를 명확히 정의하는 것으로, 자료 수집, 설문 조사, 인터뷰 등을 한다(Kettner, Moroney & Martin, 2017).

(2) 목표 설정

목표 설정은 SMART(Specific, Measurable, Achievable, Relevant, Time-bound) 원칙을 기반으로 명확하고 실현 가능한 목표를 수립한다(Drucker, 1990).

(3) 대상자 선정

대상자 선정은 프로그램의 대상자를 명확히 정의하고, 대상자 기준을 설정하는 것으로, 저소득층, 장애인, 노인 등이 있다(Netting, O'Connor & Fauri, 2007).

(4) 활동 설계

활동 설계는 목표 달성을 위해 필요한 구체적인 활동과 서비스를 설계하는 것이다. 예를 들면, 상담 세션, 교육 프로그램, 물질적 지원 등이 있다(McDavid, Huse & Hawthorn, 2018).

(5) 자원 계획

자원 계획은 필요한 인적, 재정적, 물리적 자원을 계획하고 확보하는 것이다(Mook & Quarter, 2007).

(6) 성과 평가 계획

성과 평가 계획은 프로그램 실행 후 효과를 측정하기 위한 평가 기준과 방법을 설계하는 것이다(Rossi, Lipsey & Freeman, 2018).

3) 프로그램 설계의 과제

(1) 복잡한 클라이언트 요구

사회복지 프로그램에 클라이언트의 다양한 필요를 모두 충족시키기는 어렵다.

(2) 한정된 자원

사회복지조직의 재정적, 인적 자원의 제한으로 인해 프로그램 실행이 어려워질 수 있다.

(3) 성과 평가의 어려움

프로그램 설계에서 복지서비스의 효과를 정량적으로 측정하기 어렵다(McDavid, Huse & Hawthorn, 2018).

4) 프로그램 설계의 사례

지역 아동센터가 지역사회 아동복지 프로그램을 설계하면, 다음과 같다.

① 목표: 취약계층 아동의 학습 및 정서적 지원을 한다.

② 활동: 방과 후 학습 지원, 상담 서비스, 문화 활동을 제공한다.

③ 자원: 자원봉사자, 기부금, 지역 시설을 활용한다.

④ 평가: 참여 아동의 학업 성취도와 심리적 상태 변화를 측정한다.

사회복지 프로그램 설계는 사회복지조직의 핵심적 활동으로, 클라이언트의 필요를 충족시키고 사회적 문제를 해결하는 데 필수적이다. 체계적이고 명확한 설계를 통해 자원의 효율적 사용과 목표 달성이 가능하며, 성과를 평가하여 프로그램의 지속적인 개선과 발전을 도모할 수 있다.

3. 사회복지 프로그램의 평가

사회복지 프로그램 평가(Program Evaluation)는 사회복지조직이 실행하는 프로그램의 효과성과 효율성을 체계적으로 분석하고, 개선점을 도출하기 위해 이루어지는 중요한 과정이다. 평가를 통해 프로그램이 클라이언트와 지역사회에 미치는 영향을 측정하고, 자원의 적절성을 확인하며, 향후 계획 수립을 지원한다.

1) 프로그램 평가의 정의와 목적

사회복지 프로그램 평가는 '사회복지 프로그램의 설계, 실행, 성과 및 영향을 체계적으로 평가하여 프로그램의 성공 여부를 판단하는 과정'으로, 다음과 같은 목적이 있다(Rossi, Lipsey & Freeman, 2019).

① 효과성 분석: 프로그램이 설정된 목표를 얼마나 달성했는지 측정한다.
② 효율성 분석: 프로그램 자원이 적절히 사용되었는지 평가한다.
③ 책임성 확보: 공공 및 민간 자금 사용에 대한 투명성과 책임성을 제공한다.
④ 개선과 발전: 프로그램의 강점과 약점을 파악하여 개선 방안을 도출한다.

2) 프로그램 평가의 유형

(1) 형성적 평가(Formative Evaluation)

형성적 평가는 프로그램의 설계 및 실행 과정에서 문제점을 파악하고 개선 방안을 제안하는 것으로, 프로그램 초기 단계에서 활용된다(Patton, 2008).

(2) 총괄적 평가(Summative Evaluation)

총괄적 평가는 프로그램 종료 후 결과를 평가하여 목표 달성 여부를 분석하는 것으로, 프로그램 완료 후에 활용된다(Weiss, 1998).

(3) 성과 평가(Outcome Evaluation)

성과 평가는 프로그램이 대상자에게 미친 직접적인 영향을 측정하는 것이다. 예를 들면, 저소득층 아동의 학업 성취도 향상 여부를 평가한다(Rossi, Lipsey & Freeman, 2019).

(4) 영향 평가(Impact Evaluation)

영향 평가는 프로그램이 지역사회와 클라이언트의 장기적 변화를 가져왔는지를 분석한다. 예를 들면, 지역사회복지 네트워크 활성화 효과를 분석하는 것이다(Scriven, 1991).

(5) 비용-효과 분석(Cost-Effectiveness Analysis)

비용-효과 분석은 프로그램의 효과를 비용과 비교하여 경제성을 평가하는 것이다(Levin & McEwan, 2001).

3) 프로그램 평가의 과정

(1) 평가 계획 수립

평가 계획 수립은 평가의 목적과 기준을 설정하고, 평가 방법 및 도구를 선정하는 과정이다(Weiss, 1998).

(2) 데이터 수집

데이터 수집은 설문조사, 인터뷰, 관찰, 프로그램 기록 분석 등을 통해 데이터를 수집하는 과정이다(Patton, 2008).

(3) 데이터 분석

데이터 분석은 수집된 데이터를 통계적, 질적 분석을 통해 평가 기준에 맞게 분석하는 과정이다(Babbie, 2020).

(4) 결과 보고 및 활용

결과 보고 및 활용은 평가 결과를 보고서로 작성하고, 이해관계자와 공유하며, 결과를 토대로 프로그램의 개선방안을 제시하는 과정이다(Rossi, Lipsey & Freeman, 2019).

4) 프로그램 평가의 주요 기법

(1) 논리 모형(Logical Framework Approach, LFA)

논리 모형은 프로그램의 투입(input), 활동(activity), 산출(output), 결과(outcome)를 구조화하여 평가하는 기법이다(McLaughlin & Jordan, 1999).

(2) 목표 중심 평가(Goal-Based Evaluation)

목표 중심 평가는 사전에 설정된 목표 달성 여부를 기준으로 평가하는 기법이다(Scriven, 1991).

(3) 체계 중심 평가(System-Based Evaluation)

체계 중심 평가는 프로그램이 조직 내외부 환경과 어떻게 상호작용하는지 분석하는 기법이다(Wholey, Hatry & Newcomer, 2015).

5) 프로그램 평가의 과제

(1) 효과 측정의 어려움

사회복지 프로그램은 비물질적이기 때문에 간접적인 효과를 정량화하기 어렵다(Weiss, 1998).

(2) 이해관계자 간의 갈등

프로그램 평가 결과에 대한 이해관계자들의 다양한 기대와 의견의 차이가 있을 수 있다(Rossi, Lipsey & Freeman, 2019).

(3) 재정 및 자원 제한

프로그램 평가를 위한 인력, 시간, 재정적 자원이 부족하다(Levin & McEwan, 2001).

6) 프로그램 평가의 성공 원칙

(1) 명확한 평가 목표 설정

프로그램 평가의 주요 목적과 기준을 명확히 정의한다(McLaughlin & Jordan, 1999).

(2) 이해관계자 참여 유도

프로그램 평가의 과정에 클라이언트, 직원, 후원자 등 이해관계자를 적극적으로 참여시킨다(Wholey, Hatry & Newcomer, 2015).

(3) 투명한 평가 결과 공유

프로그램 평가의 결과를 명확하고 정직하게 공유하여 신뢰성을 확보한다(Rossi, Lipsey & Freeman, 2019).

사회복지 프로그램 평가는 조직의 목표 달성과 서비스 품질 개선을 위한 필수적인 도구이다. 체계적인 평가 과정을 통해 프로그램의 강점과 약점을 파악하고, 효과적인 개선 방안을 도출할 수 있다. 이를 통해 사회복지조직은 클라이언트의 삶의 질을 향상시키고, 사회적 가치를 실현할 수 있다.

연습문제

01 McClelland의 성취동기 이론에서 "친화 욕구"가 가장 적합하게 반영된 사회복지 프로그램은?

① 클라이언트의 독립 생활 지원
② 지역사회 네트워크 형성 프로그램
③ 도전적 목표를 설정한 자립 프로그램
④ 자원의 효율적 배분을 위한 관리 시스템

02 포커스 그룹의 장점에 해당하는 설명은?

① 시간과 비용이 적게 소요된다.
② 특정 문제에 대해 심층적인 통찰을 제공한다.
③ 대규모 표본에서 데이터를 수집할 수 있다.
④ 응답자의 비언어적 표현을 관찰할 수 있다.

03 Bradshaw의 "비교적 욕구"가 사회복지에서 중요한 이유는?

① 클라이언트의 상대적 박탈감을 이해하기 위해
② 전문가의 기준으로 자원을 배분하기 위해
③ 클라이언트의 주관적 만족도를 평가하기 위해
④ 지역사회 네트워크 형성을 촉진하기 위해

04 사회복지에서 Alderfer의 ERG 이론이 실무적으로 중요한 이유는?

① 하위 욕구 충족이 상위 욕구 추구에 필수적이기 때문에
② 욕구 충족 과정이 동시적이고 유연하게 이루어질 수 있기 때문에
③ 욕구 충족 단계를 고정적으로 설계하기 위해
④ 클라이언트의 욕구를 정량화하기 위해

정답 | 01 ② 02 ② 03 ① 04 ②

05 사회복지 프로그램 평가의 목적 중 "효율성 분석"에 해당하는 설명은?

① 프로그램이 클라이언트에게 미친 영향 분석
② 자원이 적절히 사용되었는지 평가
③ 프로그램의 재정 투명성 검증
④ 클라이언트와 지역사회의 장기적 변화 측정

06 형성적 평가의 주요 목적은?

① 프로그램 완료 후 결과를 분석
② 프로그램 실행 초기 단계에서 개선점 도출
③ 프로그램의 장기적 사회적 변화 분석
④ 프로그램의 비용 대비 효과 평가

07 사회복지 프로그램의 설계에서 "자원 계획"의 주요 내용은?

① 프로그램 종료 후 평가
② 필요한 인적, 재정적, 물리적 자원의 계획 및 확보
③ 프로그램 목표 설정
④ 클라이언트 요구 사항 분석

08 사회복지 프로그램 평가에서 논리 모형(Logical Framework Approach)의 주요 목적은?

① 프로그램의 장기적 변화를 예측
② 프로그램의 투입, 활동, 산출, 결과를 구조화하여 평가
③ 모든 재정을 단일 항목으로 통합
④ 클라이언트의 주관적 만족도만 평가

정답 | 05 ② 06 ② 07 ② 08 ②

참고문헌

Alderfer, C. P. (1969). *An Empirical Test of a New Theory of Human Needs*. Organizational Behavior and Human Performance.

Babbie, E. (2020). *The Practice of Social Research*. Cengage Learning.

Bradshaw, J. (1972). *A Taxonomy of Social Need*. McGraw-Hill.

Creswell, J. W., & Creswell, J. D. (2018). *Research Design: Qualitative, Quantitative, and Mixed Methods Approaches*. SAGE Publications.

Dillman, D. A., Smyth, J. D., & Christian, L. M. (2014). *Internet, Phone, Mail, and Mixed-Mode Surveys: The Tailored Design Method*. Wiley.

Drucker, P. F. (1990). *Managing the Non-Profit Organization*. Harper Business.

Kettner, P. M., Moroney, R. M., & Martin, L. L. (2013). *Designing and Managing Programs: An Effectiveness-Based Approach*. Sage Publications.

Kettner, P. M., Moroney, R. M., & Martin, L. L. (2017). *Designing and Managing Programs: An Effectiveness-Based Approach*. Sage Publications.

Krueger, R. A., & Casey, M. A. (2014). *Focus Groups: A Practical Guide for Applied Research*. SAGE Publications.

Levin, H. M., & McEwan, P. J. (2001). *Cost-Effectiveness Analysis*. SAGE Publications.

Maslow, A. H. (1943). *A Theory of Human Motivation*. Psychological Review.

McClelland, D. C. (1961). *The Achieving Society*. Princeton University Press.

McDavid, J. C., Huse, I., & Hawthorn, L. R. L. (2018). *Program Evaluation and Performance Measurement: An Introduction to Practice*. Sage Publications.

McKillip, J. (1987). *Need Analysis: Tools for the Human Services and Education*. Sage Publications.

McLaughlin, J. A., & Jordan, G. B. (1999). *Logic Models: A Tool for Telling Your Program's Performance Story*. Evaluation and Program Planning.

Mook, L., & Quarter, J. (2007). *Accounting for Social Value*. University of Toronto Press.

NASW. (2013). *Standards for Social Work Case Management*. National Association of Social Workers.

Netting, F. E., O'Connor, M. K., & Fauri, D. P. (2007). *Planning and Implementing Social Programs: Principles for Evidence-Based Practice*. Pearson.

Patton, M. Q. (2008). *Utilization-Focused Evaluation*. Sage Publications.

Patton, M. Q. (2015). *Qualitative Research & Evaluation Methods*. Sage Publications.

Rossi, P. H., Lipsey, M. W., & Freeman, H. E. (2004). *Evaluation: A Systematic Approach*. Sage Publications.

Rossi, P. H., Lipsey, M. W., & Freeman, H. E. (2018). *Evaluation: A Systematic Approach*. Sage Publications.

Rossi, P. H., Lipsey, M. W., & Freeman, H. E. (2019). *Evaluation: A Systematic Approach*. Sage Publications.

Scriven, M. (1991). *Evaluation Thesaurus*. Sage Publications.

Weiss, C. H. (1998). *Evaluation: Methods for Studying Programs and Policies*. Prentice Hall.

Wholey, J. S., Hatry, H. P., & Newcomer, K. E. (2015). *Handbook of Practical Program Evaluation*. Jossey-Bass.

11
Chapter

사회복지조직의 책임성 및 시설평가

최근 들어 사회복지조직에 대한 정부와 지역사회 그리고 서비스 대상자의 요구와 기대가 점차 증가하고 있다. 그리고 이러한 요구와 기대와 함께, 정부의 재정 지원을 얼마나 효과적으로 사용하였는지를 평가하고자 하는 경향도 증가하고 있다. 1997년 「사회복지사업법」이 개정되면서, 보건복지부장관 및 시 · 도지사는 보건복지부령이 정하는 바에 따라, 사회복지기관에 대한 정기적인 평가를 의무적으로 시행하고 있다.

11장 1절에서는 사회복지조직의 책임성과 성과관리에 대해서 살펴보고, 2절에서는 사회복지조직의 시설평가에 대해서 알아 본다. 사회복지조직의 성과관리가 조직의 내부의 평가를 기반으로 한다면, 시설평가는 조직의 외부에 의한 평가라고 할 수 있다.

1절 사회복지조직의 책임성과 성과관리

사회복지조직은 공공의 자원을 사용하여 복지서비스를 제공하기 때문에 투명성과 공정성을 유지하며, 조직의 활동 결과에 대해서 책임을 져야 한다. 그리고 이러한 책임성을 확보하기 위해서는 사회복지조직의 목표 달성과 성과를 적정하게 관리해야 한다.

1. 사회복지조직의 책임성

사회복지조직의 책임성(Accountability)은 '사회복지조직이 자원의 사용과 서비스 제공 과정에서 투명성과 공정성을 유지하며, 이해관계자들에게 조직의 활동 결과를 보고하고 책임지는 의무'를 의미한다. 이는 사회적 신뢰를 형성하고, 공공 및 민간 자원의 효율적 활용을 보장하는 데 핵심적인 요소이다.

1) 책임성의 중요성

(1) 공공 신뢰 형성

사회복지조직은 공공 기금, 기부금, 정부 보조금 등 외부 자원을 기반으로 운영되기 때문에 책임성을 통해 신뢰를 구축하고 유지해야 한다(Ebrahim, 2003).

(2) 서비스 품질 보장

사회복지조직의 서비스가 목표와 기준에 부합하며, 클라이언트의 필요를 충족시키도록 관리한다(Young, 2007).

(3) 자원의 효율적 사용

사회복지조직의 책임성은 제한된 자원을 최적화하여 낭비를 줄이고, 지속 가능한 운영을 지원한다(Kearns, 1996).

(4) 조직의 지속 가능성

사회복지조직의 책임성은 이해관계자들의 신뢰와 지지를 바탕으로 장기적인 운영 가능성을 확보한다(Salamon, 1999).

2) 책임성의 유형

(1) 재정적 책임성(Financial Accountability)

재정적 책임성은 자금의 출처와 사용 내역을 투명하게 보고하고, 예산을 적절히 관리하는 것이다. 예를 들면, 연례 재정보고서를 작성하고, 외부 회계감사를 실시한다(Finkler & Ward, 2019).

(2) 운영적 책임성(Operational Accountability)

운영적 책임성은 프로그램과 서비스가 계획대로 실행되며, 목표를 달성했는지 평가하는 것이다. 예를 들면, 복지 프로그램의 진행상황을 보고하고 성과를 분석한다(Ebrahim, 2003).

(3) 법적 · 윤리적 책임성(Legal and Ethical Accountability)

법적 · 윤리적 책임성은 법적 요구 사항과 윤리적 기준을 준수하는 것으로, 클라이언트의 개인정보 보호, 비차별적 서비스 제공을 예로 들 수 있다(Reamer, 2006).

(4) 사회적 책임성(Social Accountability)

사회적 책임성은 지역사회 및 공공의 기대에 부응하는 활동을 수행하는 것으로, 예를 들면 지역사회 복지향상을 위한 봉사활동 및 협력을 하는 것이다(Salamon, 1999).

3) 책임성의 실현 방법

(1) 투명한 정보 공개

사회복지조직은 이해관계자들에게 재정, 운영, 성과 관련 정보를 투명하게 제공해야 한다(Young, 2007).

(2) 정기적 평가와 감사

사회복지조직은 내외부 평가와 회계를 통해 성과를 분석하고 개선 방안을 도출해야 한다 (Finkler & Ward, 2019).

(3) 이해관계자 참여

사회복지조직은 클라이언트, 기부자, 정부 등 이해관계자를 의사결정 과정에 참여시켜 투명성과 공정성을 강화해야 한다(Ebrahim, 2003).

(4) 윤리적 기준 강화

사회복지조직은 조직 구성원들에게 윤리 교육을 실시하고, 윤리적 지침을 제정하여 실천해야 한다(Reamer, 2006).

4) 책임성 실현의 과제

(1) 자원의 한계

사회복지조직은 제한된 자원으로 책임성을 유지하기 위한 재정적 부담이 있다(Kearns, 1996).

(2) 성과 측정의 어려움

사회복지조직은 복지서비스의 결과와 성과를 정량적으로 측정하는 데 어려움이 있다 (Salamon, 1999).

(3) 다양한 이해관계자의 요구

사회복지조직은 기부자, 정부, 클라이언트 간의 상충된 요구를 조정해야 하는 어려움이 있다(Young, 2007).

5) 책임성 강화의 효과

(1) 사회복지조직의 신뢰도 향상

사회복지조직은 책임성을 강화하여 공공과 이해관계자들로부터 더 높은 신뢰를 확보할 수 있다.

(2) 자원 확보 용이성

사회복지조직은 책임성을 강화하여 기부금과 공공 기금을 지속적으로 확보할 수 있다.

(3) 서비스 품질 향상

사회복지조직은 책임성을 강화하여 복지서비스의 효과성과 효율성을 증대시킬 수 있다.

사회복지조직의 책임성은 공공 및 민간 자원을 효과적으로 활용하고, 조직의 투명성과 신뢰성을 유지하는 핵심 요소이다. 이를 위해 체계적이고 투명한 정보 관리, 정기적 평가, 윤리적 기준 준수, 이해관계자 참여 등이 필수적이다. 이러한 책임성을 강화하면 조직의 지속가능성과 사회적 영향력이 증대된다.

2. 사회복지조직의 성과관리

사회복지조직의 성과관리(Performance Management)는 조직의 목표 달성과 서비스 품질 향상을 위해 조직의 활동과 성과를 체계적으로 계획, 측정, 평가, 개선하는 과정이다. 사회복지조직에서는 클라이언트의 복지 향상이라는 본질적인 목표를 중심으로, 자원 활용의 효율성과 효과성을 극대화하기 위해 성과관리가 필수적이다.

1) 개념과 중요성

성과관리는 '조직의 목표를 명확히 설정하고, 목표 달성을 위한 활동을 평가하며, 지속적인 개선을 도모하는 체계적인 과정'이다. 사회복지조직에서는 프로그램의 결과를 클라이언트와 사회에 미치는 영향으로 평가한다. 성과관리의 중요성은 다음과 같다(Anthony & Young, 2019).

① 효율성 증대: 제한된 자원을 효과적으로 활용하여 운영의 효율성을 증대시킨다.
② 책임성 강화: 공공 자금과 기부금 사용의 투명성과 신뢰를 확보한다.
③ 성과 기반 의사결정: 데이터 기반의 성과 분석을 통해 효과적인 의사결정이 가능하다.
④ 서비스 품질 향상: 프로그램의 결과를 평가하여 서비스 품질을 지속적으로 개선한다.

2) 성과관리의 구성 요소

(1) 목표 설정(Goal Setting)

사회복지조직은 미션과 비전을 기반으로 구체적이고 측정 가능한 목표를 설정해야 한다. 예를 들면, 특정 기간 동안에 클라이언트 만족도 90%를 달성한다(Kaplan & Norton, 1996).

(2) 성과 측정(Performance Measurement)

성과 측정은 설정된 목표를 달성했는지 평가하기 위한 정량적·정성적 지표를 사용하는 것으로, 주요 지표로는 다음과 같다(Poister, 2010).

① 결과 지표(Outcome Indicators): 프로그램의 효과나 사회적 변화를 측정한다.

② 산출 지표(Output Indicators): 제공된 서비스의 양과 질을 측정한다.

(3) 성과 평가(Performance Evaluation)

성과 평가는 측정된 성과 데이터를 분석하여 목표 달성 수준을 평가하는 것으로, 방법은 다음과 같다(Wholey, Hatry & Newcomer, 2010).

① 비교 평가: 유사 조직 또는 과거 성과와 비교한다.

② 프로그램 평가: 특정 프로그램의 결과와 영향을 분석한다.

(4) 성과 개선(Performance Improvement)

성과 개선은 성과 평가 결과를 바탕으로 조직 활동과 자원 배분을 개선하는 것으로, 성과 낮은 프로그램 폐지 또는 리소스 재배치 등이 있다(Anthony & Young, 2019).

3) 성과관리의 주요 기법

(1) 균형성과표(Balanced Scorecard, BSC)

균형성과표는 재무적 성과와 비재무적 성과를 균형 있게 평가하는 기법이다. 예를 들면, 사회복지조직의 재정 건전성, 클라이언트 만족도, 내부 프로세스 개선 등을 측정하는 것이다(Kaplan & Norton, 1996).

(2) 논리모형(Logical Model)

논리모형은 투입-활동-산출-결과의 논리적 흐름을 기반으로 성과를 평가하는 기법이다. 예를 들면, 프로그램의 자원 투입이 산출과 결과에 미치는 영향을 분석한다(McLaughlin & Jordan, 1999).

(3) 성과 기반 예산(Performance-Based Budgeting)

성과 기반 예산은 성과 데이터를 기반으로 예산을 배분하여 성과 향상을 촉진하는 기법이다(Poister, 2010).

4) 성과관리의 도전과 과제

(1) 성과 측정의 어려움

사회복지조직의 특성상 정량적 데이터로 측정하기 어려운 경우가 많다(Wholey, Hatry & Newcomer, 2010).

(2) 자원 부족

사회복지조직은 성과관리를 위한 인력과 재정적 자원이 제한되는 경우가 많다(Anthony & Young, 2019).

(3) 성과와 결과의 연계성 부족

사회복지조직에서는 프로그램의 직접적 결과와 사회적 변화 간의 관계를 명확히 하기 어렵다(McLaughlin & Jordan, 1999).

5) 성과관리의 성공 전략

(1) 명확한 목표 설정

사회복지조직은 구체적이고 측정 가능한 목표를 수립해야 한다(Kaplan & Norton, 1996).

(2) 지속적 모니터링

사회복지조직은 정기적인 성과 평가를 통해 개선점을 식별해야 한다(Wholey, Hatry &

Newcomer, 2010).

(3) 이해관계자 참여 강화

사회복지조직은 클라이언트와 직원의 피드백을 수집하여 성과를 개선해야 한다(Poister, 2010).

사회복지조직에서 성과관리는 조직의 목표를 달성하고, 자원의 효율적 사용과 서비스 품질 향상을 위해 필수적이다. 균형성과표와 논리모형 같은 기법을 활용하여 성과를 체계적으로 측정하고 평가하며, 지속적인 개선 노력을 통해 클라이언트와 사회에 긍정적인 영향을 미칠 수 있다.

2절 사회복지조직의 시설평가

사회복지조직의 시설평가(Facility Evaluation)는 '사회복지조직이 복지서비스를 제공하는 데 필요한 시설과 환경이 적절히 유지되고 있는지를 체계적으로 점검하고 평가하는 과정'이다. 이는 클라이언트의 안전과 서비스 품질을 보장하며, 조직의 효율성을 높이는 데 중요한 역할을 한다.

1. 시설평가의 개념과 중요성

사회복지조직의 시설평가는 사회복지시설의 물리적 환경, 설비, 인프라, 유영 체계 등을 점검하여 시설이 목적에 적합한지 판단하는 과정이다. 이는 시설의 기능적 적합성과 안전성뿐만 아니라 서비스 제공의 효율성 및 이용자 만족도를 평가하는 데 초점이 맞춰져 있다. 시설평가의 중요성은 다음과 같다(McDavid, Huse & Hawthorn, 2018).

① 서비스 품질 보장: 적합한 시설은 고품질 복지서비스 제공의 전제 조건이다.
② 이용자 안전 확보: 물리적 환경의 안전성을 점검하여 이용자의 위험을 방지한다.
③ 운영 효율성 증대: 시설 유지 및 활용의 효율성을 높인다.
④ 법적 규정 준수: 정부와 지역사회가 요구하는 시설 표준과 규정을 충족한다.

2. 시설평가의 주요 영역

1) 물리적 환경

물리적 환경은 건물의 구조, 설비, 청결 상태 등을 점검하는 것으로, 장애인 접근성을 고려한 경사로, 방화 설비 등이 있다(Finkler & Ward, 2019).

2) 안전과 보안

안전과 보안은 시설 이용자의 안전과 시설 보안을 위한 시스템을 점검하는 것으로, 화재 경보기, CCTV 설치 여부, 응급 대피 시스템 점검이 이에 속한다(OSHA, 2020).

3) 시설 이용 가능성

시설 이용 가능성은 시설의 접근성과 이용 편의성을 평가하는 것으로, 장애인, 노약자, 어린이를 위한 이용 환경 등을 평가한다(Americans with Disabilities Act, 1990).

4) 서비스 제공 환경

서비스 제공 환경은 서비스 제공에 적합한 시설 설비와 공간을 구성하고 있는지를 평가하는 것으로, 상담실의 사생활 보호, 대기 공간의 쾌적성 등이 이에 속한다(Hepworth, Rooney & Larsen, 2016).

5) 에너지와 자원 관리

에너지와 자원 관리는 에너지 효율성 및 자원 관리 상태를 점검하는 것으로, 친환경 설비, 재활용 시스템 등이 있다(USGBC, 2021).

3. 시설평가의 과정

1) 평가 계획 수립

평가 계획 수립은 평가 목적과 기준을 설정하는 과정으로, 시설 점검 주기, 평가 항목 등이 이에 속한다(Rossi, Lipsey & Freeman, 2018).

2) 자료 수집

자료 수집은 시설의 현재 상태와 운영 자료를 수집하는 과정으로, 방법은 현장 점검, 사용자 인터뷰, 설문조사 등이 있다(McDavid, Huse & Hawthorn, 2018).

3) 평가 수행

평가 수행은 설정된 기준에 따라 시설의 적합성과 성능을 평가하는 과정이다(Finkler & Ward, 2019).

4) 결과 보고 및 피드백

결과 보고 및 피드백은 평가 결과를 보고하고 개선 방안을 제안하는 과정이다(Rossi, Lipsey & Freeman, 2018).

4. 시설평가의 과제

1) 자원 부족

사회복지조직은 시설 평가와 유지에 필요한 재정적, 인적 자원이 제한적일 수 있다(Young, 2007).

2) 법적 요구사항 변화

사회복지조직은 법규나 규정이 자주 변경되며, 이를 지속적으로 준수해야 하는 부담이 있다(OSHA, 2020).

3) 시설 노후화

사회복지조직은 오래된 시설을 유지 보수하고 현대화가 어려운 경우가 많다(Finkler & Ward, 2019).

5. 시설평가의 관리 전략

1) 정기적 평가

사회복지조직은 정기적인 점검과 개선계획을 수립해야 한다(McDavid, Huse & Hawthorn, 2018).

2) 이용자 피드백 반영

사회복지조직은 클라이언트와 직원의 의견을 적극 반영해야 한다(Hepworth, Rooney & Larsen, 2016).

3) 최신 기술 도입

사회복지조직은 에너지 효율성과 운영 효율성을 높이는 기술 등 최신 기술을 도입해야 한다(USGBC, 2021).

6. 시설 평가의 실제

우리나라에서는 복지서비스 품질 향상과 운영 효율성 강화를 위해 정기적인 시설평가를 실시하고 있다. 이러한 평가는 2022년 이후 중앙사회서비스원에서 주관하고 있으며, 다양한 사회복지시설을 대상으로 프로그램 운영, 안전 관리, 서비스 제공 수준 등을 종합적으로 평가하고 있다.

1) 사회복지시설 평가의 목적

(1) 서비스 품질 향상

사회복지시설이 제공하는 서비스의 질을 높이고, 이용자의 만족도를 증진시키는 것을 목적으로 한다.

(2) 운영 투명성 확보

사회복지시설 운영의 투명성과 책임성을 강화하여 공공의 신뢰를 구축하고자 한다.

(3) 우수 사례 발굴 및 공유

사회복지시설의 효과적인 프로그램과 운영 사례를 발굴하여 다른 시설과 공유함으로써 전체적인 복지서비스 수준을 향상시킨다.

2) 평가 절차 및 기준

(1) 평가의 절차

① 자체 평가: 사회복지시설이 스스로 운영 상황과 프로그램을 점검한다.
② 현장 평가: 전문가로 구성된 평가위원이 방문하여 실제 운영 상태를 평가한다.
③ 결과 분석 및 피드백: 평가 결과를 분석하여 피드백을 제공하고, 개선 방향을 제시한다.

(2) 평가의 기준

평가 기준은 시설 유형에 따라 다르며, 프로그램의 효과성, 안전 관리 수준, 이용자 만족도, 직원 역량 등을 포함한다.

3) 우수 운영 사례

중앙사회서비스원은 매년 사회복지시설 평가를 통해 우수한 운영 사례를 선정하고 있다. 예를 들어, 2023년도에는 노숙인생활시설, 장애인복지관, 정신요양시설 등 다양한 분야에서 최우수 프로그램상과 안전운영상 등을 수여하였다. 이러한 사례들은 다른 시설들이 벤치마킹할 수 있도록 사례집으로 발간되어 공유된다.

4) 평가의 효과

사회복지시설 평가는 다음과 같은 긍정적인 효과가 있다.

(1) 서비스 개선

사회복지시설 평가를 통해 드러난 약점을 보완하여 서비스의 질을 높인다.

(2) 직원 역량 강화

사회복지시설 평가 과정에서 직원들의 전문성과 역량이 향상된다.

(3) 이용자 만족도 증대

사회복지시설 평가를 통한 서비스 질 향상으로 이용자의 만족도와 신뢰도가 높아진다.

우리나라의 사회복지시설 평가는 복지서비스의 질적 향상과 운영 효율성 증진에 중요한 역할을 하고 있다. 정기적인 평가와 우수 사례 공유를 통해 사회복지시설은 지속적으로 발전하고 있으며, 이는 궁극적으로 이용자들의 삶의 질 향상에 기여하고 있다.

연습문제

01 사회복지조직의 성과관리에서 "성과 측정"의 주요 지표 중 "산출 지표"에 해당하는 것은?

① 프로그램이 사회적 변화에 미친 영향
② 제공된 서비스의 양과 질
③ 프로그램 종료 후의 장기적 결과
④ 복지 자원의 효율적 배분

02 사회복지조직의 성과관리에서 "결과 지표"의 주요 초점은?

① 클라이언트 만족도
② 제공된 서비스의 양
③ 프로그램의 사회적 변화 영향
④ 복지서비스의 질

03 책임성 유형 중 "사회적 책임성"에 포함되지 않는 활동은?

① 지역사회 복지 향상을 위한 협력
② 기부금 사용 내역 공개
③ 공공 기대에 부응하는 활동
④ 지역사회 봉사활동

04 성과관리의 도전과 과제 중 "성과와 결과의 연계성 부족"의 주요 원인은?

① 프로그램의 장기적 효과를 무시
② 복지서비스의 정량적 데이터 축소
③ 직접적 결과와 사회적 변화 간의 관계 명확화 어려움
④ 성과 데이터 기반 의사결정 부재

정답 | 01 ② 02 ③ 03 ② 04 ③

05 시설평가 과정에서 “평가 계획 수립” 단계의 주요 활동은?

① 시설의 현재 상태 점검
② 평가 목적 및 기준 설정
③ 클라이언트 인터뷰 실시
④ 평가 결과 보고

06 시설평가의 주요 영역 중 “서비스 제공 환경”의 주요 초점은?

① 시설의 물리적 구조 안정성
② 상담실의 사생활 보호
③ 에너지 효율성
④ 시설 노후화 관리

07 우리나라 사회복지시설 평가에서 평가 기준에 포함되지 않는 항목은?

① 프로그램의 효과성
② 안전 관리 수준
③ 직원 역량
④ 시설 운영자의 개인 성과

08 사회복지시설 평가에서 “우수 사례 발굴 및 공유”의 주요 목적은?

① 특정 시설의 사례를 비공개로 유지하기 위해
② 모든 시설에 동일한 기준을 적용하기 위해
③ 효과적인 프로그램과 운영 사례를 확산하기 위해
④ 시설 평가 비용을 줄이기 위해

정답 | 05 ② 06 ② 07 ④ 08 ③

참고문헌

Americans with Disabilities Act (ADA). (1990). *Standards for Accessible Design*.

Anthony, R. N., & Young, D. W. (2019). *Management Control in Nonprofit Organizations*. McGraw-Hill.

Ebrahim, A. (2003). *Accountability in Practice: Mechanisms for NGOs*. World Development.

Finkler, S. A., & Ward, D. M. (2019). *Accounting Fundamentals for Health Care Management*. Jones & Bartlett Learning.

Hepworth, D. H., Rooney, R. H., & Larsen, J. A. (2016). *Direct Social Work Practice*. Brooks/Cole.

Kaplan, R. S., & Norton, D. P. (1996). *The Balanced Scorecard: Translating Strategy into Action*. Harvard Business Review Press.

Kearns, K. P. (1996). *Managing for Accountability: Preserving the Public Trust in Public and Nonprofit Organizations*. Jossey-Bass.

McDavid, J. C., Huse, I., & Hawthorn, L. R. (2018). *Program Evaluation and Performance Measurement*. Sage Publications.

McLaughlin, J. A., & Jordan, G. B. (1999). *Logic Models: A Tool for Telling Your Program's Performance Story*. Evaluation and Program Planning.

OSHA. (2020). *Guidelines for Workplace Safety*. Occupational Safety and Health Administration.

Poister, T. H. (2010). *Performance Measurement in Nonprofit Organizations*. Jossey-Bass.

Reamer, F. G. (2006). *Ethical Standards in Social Work: A Review of the NASW Code of Ethics*. NASW Press.

Rossi, P. H., Lipsey, M. W., & Freeman, H. E. (2018). *Evaluation: A Systematic Approach*. Sage Publications.

Salamon, L. M. (1999). *America's Nonprofit Sector: A Primer*. The Foundation Center.

USGBC. (2021). *Leadership in Energy and Environmental Design (LEED)*. U.S. Green Building Council.

Wholey, J. S., Hatry, H. P., & Newcomer, K. E. (2010). *Handbook of Practical Program Evaluation*. Jossey-Bass.

Young, D. R. (2007). *Financing Nonprofits: Putting Theory into Practice*. Harvard University Press.

12 Chapter

사회복지조직의 마케팅 및 홍보

1980년대 신자유주의의 영향으로 사회복지의 시장화가 이루어지면서, 사회복지는 공급자 중심에서 수요자 중심으로 변화하게 되었다. 이러한 변화로 사회복지의 주체가 다양화되면서 사회복지의 주체들은 경쟁체제로 들어가게 되었으며, 사회복지의 주체들은 자신의 급여와 서비스를 수요자에게 적극적으로 알리고 선택을 받아야 하는 상황에 처해진 것이다. 즉, 사회복지조직에서도 마케팅과 홍보가 필요하게 된 것이다.

12장 1절에서는 사회복지조직의 마케팅에 대해서 살펴보고, 2절에서는 사회복지조직의 홍보와 모금에 대해서 분석해 본다.

1절 사회복지조직의 마케팅

사회복지조직의 마케팅은 조직의 목표와 가치를 대중에게 알리고, 클라이언트 및 후원자와의 관계를 강화하며, 서비스 이용을 촉진하기 위해 전략적으로 계획된 활동이다. 전통적인 상업 마케팅과 달리, 사회복지 마케팅은 사회적 가치를 창출하고, 지역사회의 문제를 해결하며, 지속 가능한 발전을 목표로 한다.

1. 마케팅의 필요성과 전략

1) 마케팅의 필요성

(1) 서비스 이용 촉진

마케팅은 복지서비스에 대한 대중의 인식과 접근성을 높여, 필요한 사람들에게 서비스를 제공할 수 있게 한다. 예를 들면, 장애인복지 프로그램의 홍보를 통해 더 많은 클라이언트를 유치할 수 있다(Andreasen & Kotler, 2008).

(2) 후원자 및 자원봉사자 유치

재정적 기부와 인적 자원의 참여를 확대하기 위해 후원자와 자원봉사자를 대상으로 한 마케팅이 필요하다(Weinreich, 2010).

(3) 조직의 정체성 구축

마케팅은 사회복지조직의 미션과 비전을 효과적으로 전달하여, 브랜드 이미지를 형성하는 데 도움이 된다(Kotler & Lee, 2007).

2) 마케팅의 구성 요소

(1) STP 전략(Kotler & Keller, 2015)

① Segmentation(세분화): 대상 집단을 성별, 연령, 소득 수준 등으로 세분화한다.

② Targeting(표적화): 특정 그룹을 주요 대상으로 설정한다.

③ Positioning(포지셔닝): 조직 및 서비스의 이미지를 명확히 정의한다.

(2) 4P 믹스(Andreasen & Kotler, 2008)

① Product(제품): 제공되는 서비스와 프로그램

② Price(가격): 서비스의 비용(무료 또는 저비용)

③ Place(장소): 서비스 제공 위치와 채널

④ Promotion(촉진): 광고, 홍보, 이벤트

(3) 소셜 마케팅(Social Marketing)

소셜 마케팅은 사회적 가치를 창출하기 위해 클라이언트와 지역사회를 대상으로 한 캠페인이다. 예를 들면, 공공 보건 캠페인, 기후변화 대응 프로그램 등이 있다(Weinreich, 2010).

3) 마케팅의 전략

(1) 브랜딩과 이미지 구축

사회복지조직의 이름, 로고, 슬로건을 활용하여 대중의 신뢰를 형성한다(Sargeant, 2005).

(2) 디지털 마케팅 활용

소셜미디어와 웹사이트를 통해 대중과의 소통을 강화한다(Miller, 2010).

(3) 후원자 관리 시스템 구축

기부자 및 자원봉사자의 데이터베이스를 활용한 개인화된 마케팅을 한다(Andreasen & Kotler, 2008).

4) 마케팅의 효과

(1) 사회적 문제 해결 촉진

마케팅을 통해 대중의 참여를 유도하고, 사회적 문제 해결에 기여한다(Kotler & Lee, 2007).

(2) 재정 안정성 확보

마케팅을 통해 후원자와의 관계 강화로 지속적인 기부와 지원을 유도한다(Sargeant, 2005).

(3) 조직의 지속 가능성 증대

대중과의 신뢰와 협력을 통해 장기적인 조직의 운영이 가능하다(Weinreich, 2010).

5) 마케팅의 과제

(1) 재정적 한계

사회복지조직은 비영리 특성상 마케팅 활동에 투자할 예산이 제한적이다(Andreasen & Kotler, 2008).

(2) 대상 집단의 다양성

사회복지조직은 다양한 클라이언트와 후원자를 대상으로 하기 때문에 마케팅 전략 수립이 어렵다(Miller, 2010).

(3) 성과 측정의 어려움

사회복지조직의 마케팅은 사회적 가치를 정량적으로 평가하기 어렵다(Weinreich, 2010).

사회복지조직의 마케팅은 단순히 서비스를 홍보하는 것을 넘어, 사회복지조직의 사명을 알리고, 대중과 협력하여 사회적 가치를 창출하는 데 중요한 역할을 한다. 이를 위해 효과적인 전략과 도구를 활용하고, 성과를 지속적으로 분석하며 개선해야 한다.

2. 마케팅의 4P 믹스

4P 믹스(Mix)는 제품(Product), 가격(Price), 장소(Place), 촉진(Promotion)의 네 가지 요소를 중심으로 한 마케팅 전략이다. 사회복지조직에서도 이 개념을 활용하여 복지서비스와 프로그램을 효과적으로 설계하고 대중에게 제공할 수 있다.

1) 제품(Product)

제품은 사회복지조직이 제공하는 서비스 또는 프로그램을 의미한다. 사회복지조직에서는 상업적 제품이 아닌, 사회적 가치를 창출하는 비물질적 서비스가 주를 이룬다.

① 핵심 서비스(Core Service): 클라이언트의 필요를 충족시키는 핵심적인 복지서비스이다. 예를 들면, 심리 상담, 의료 지원, 주거 지원 프로그램이 있다.

② 부가적 서비스(Augmented Service): 기본 서비스 외에 제공되는 추가 혜택이다. 예를 들면, 무료 교육 자료, 후속 상담 서비스가 있다.

서비스 설계 시 고려사항은 다음과 같다(Kotler & Keller, 2015).

① 서비스 품질: 서비스의 적합성, 접근성, 지속 가능성을 고려한다.

② 클라이언트 만족도: 클라이언트의 기대와 요구를 충족시키는 서비스를 설계한다.

2) 가격(Price)

가격은 클라이언트가 서비스 이용을 위해 지불해야 하는 비용 또는 기회비용을 의미한다. 사회복지조직에서는 무료 또는 저비용 서비스를 제공하는 경우가 많으며, 기부금이나 정부 지원이 가격 정책에 영향을 미친다.

① 금전적 비용: 서비스 이용료나 등록비이다. 예를 들면, 일부 유료 워크숍, 재활 프로그램의 최소 비용이다.

② 비금전적 비용: 시간, 이동, 심리적 부담 등의 기회비용이다. 예를 들면, 특정 서비스 이용을 위해 먼 거리를 이동해야 하는 경우이다.

가격에 대한 전략은 다음과 같다(Andreasen & Kotler, 2008).

① 가격 차별화: 수혜자에 따라 차별화된 비용 정책을 적용한다. 예를 들면, 저소득층 무료, 일반인 유료이다.

② 지원금 활용: 외부 기금과 후원을 통해 수혜자 부담을 최소화한다.

3) 장소(Place)

장소는 서비스를 제공하는 위치 또는 채널을 의미한다. 사회복지조직에서는 접근성을 높이고 대상을 포괄적으로 포함하기 위해 다양한 장소 전략을 채택한다.

① 물리적 장소(Physical Location): 직접적인 서비스 제공 장소이다. 예를 들면, 상담센터, 지역 복지관, 의료 시설이다.

② 가상 장소(Virtual Location): 온라인 플랫폼과 디지털 채널을 통한 서비스를 제공한다. 예를 들면, 화상 상담, 온라인 교육 프로그램이다.

장소에 관한 전략은 다음과 같다(Weinreich, 2010).

① 접근성 강화: 서비스 대상자의 거주지와 가까운 위치를 선정한다.

② 분산화: 지역사회 기반의 소규모 서비스 센터를 운영한다.

③ 모바일 서비스: 이동형 복지서비스(버스나 차량 활용) 제공한다.

4) 촉진(Promotion)

촉진은 조직의 서비스와 가치를 대상자와 대중에게 알리고 설득하는 활동이다. 사회복지조직에서는 대중의 인식을 높이고, 후원자와 클라이언트를 유치하기 위해 다양한 촉진 활동을 전개한다.

① 광고(Advertising): 주요 메시지를 전달하기 위해 대중 매체를 활용한다. 예를 들면, TV 광고, 소셜미디어 캠페인이 있다.

② 홍보(Public Relations): 언론 보도와 행사 개최를 통해 긍정적인 이미지를 구축한다. 예를 들면, 지역 신문 기고, 공익 캠페인이 있다.

③ 직접 마케팅(Direct Marketing): 특정 대상자에게 직접적으로 정보를 전달한다. 예를 들면, 이메일 뉴스레터, SMS 알림이 있다.

④ 커뮤니티 아웃리치(Outreach): 지역사회와의 협력을 통해 서비스와 프로그램을 홍보한다. 예를 들면, 지역사회 이벤트 참여, 워크숍 개최가 있다.

촉진에 관한 전략은 다음과 같다(Kotler & Lee, 2007).

① 메시지의 명확성: 조직의 미션과 서비스 가치를 명확히 전달한다.

② 대상 맞춤형 홍보: 클라이언트와 후원자를 대상으로 각각의 메시지를 조정한다.

③ 다채널 접근: 오프라인과 온라인 채널을 동시에 활용한다.

5) 4P 믹스의 통합적 적용

4P 믹스는 각각 독립적으로 작동하기보다는 상호 보완적으로 활용된다. 예를 들어, 저비용 서비스(Price)를 지역사회 기반 센터(Place)에서 제공하며, 광고와 홍보(Promotion)를 통해 대중에게 알리는 전략이 함께 사용된다. 이를 통해 사회복지조직은 서비스의 효율성과 대중의 신뢰를 동시에 확보할 수 있다.

2절 사회복지조직의 홍보 및 모금

사회복지행정에서 홍보는 사회복지조직을 사회에 알리고 이해를 증진시키며, 대중과 이해관계자들로부터 지원을 유도하는 중요한 활동이다. 또한, 모금은 사회복지조직이 필요한 재원을 확보하기 위해 다양한 방법으로 외부에서 자금을 유치하는 활동이다.

1. 사회복지조직의 홍보

사회복지행정에서 홍보는 사회복지조직이 제공하는 서비스, 프로그램, 그리고 미션을 사회에 알리고 이해를 증진시키며, 대중과 이해관계자들로부터 지원을 유도하는 중요한 활동이다. 효과적인 홍보는 기관의 정체성과 가치를 전달하고, 기관과 지역사회 간 신뢰와 협력을 강화하며, 후원과 참여를 촉진하는 데 필수적이다.

1) 홍보의 정의

사회복지조직의 홍보는 조직의 활동과 목표를 알리고 대중의 지지를 얻기 위한 의사소통 과정으로 정의된다. 이는 단순한 정보 전달을 넘어, 대중과의 상호작용과 신뢰 구축을 통해 장기적인 파트너십을 형성하는 데 초점을 둔다(Kotler & Lee, 2011).

2) 홍보의 주요 목표

(1) 사회복지조직의 인지도 제고

홍보는 지역사회와 대중에게 조직의 존재와 주요 활동을 알림으로써 기관의 인지도를 높인다. 예를 들면, 신규 프로그램을 시작하거나 기존 서비스에 대한 접근성을 강화하기 위한 캠페인을 하는 것이다(Smith, 2016).

(2) 후원 및 자원 동원

홍보는 후원자와 자원봉사자를 모집하고, 사회복지조직의 재정적, 물적 자원을 확보하는 데 기여한다(Sargeant & Shang, 2010).

(3) 대중 참여와 행동 유도

홍보는 특정한 사회 문제에 대한 인식을 높이고, 지역사회가 문제 해결에 참여하도록 유도한다. 예를 들면, 환경 보호 캠페인, 자원봉사 모집 등이다.

(4) 기관의 신뢰도와 공공성 강화

홍보는 투명성과 책임을 강조하여 지역사회와 클라이언트의 신뢰를 구축한다(Wolf, 1999).

3) 홍보의 주요 원칙

(1) 명확성

홍보의 메시지는 간결하고 명확하며, 대중이 이해하기 쉽게 설계되어야 한다(Kotler & Keller, 2016).

(2) 일관성

홍보 메시지는 조직의 목표와 미션과 일치해야 한다. 예를 들면, 아동복지기관은 모든 홍보에서 "아동의 권리"라는 핵심 메시지를 유지해야 한다.

(3) 대상 맞춤화

홍보는 대상에 따라 홍보 메시지와 방법을 조정하여 효과를 극대화한다. 예를 들면, 후원자를 대상으로 하는 홍보는 재정적 기여의 효과를 강조하고, 클라이언트를 대상으로 하는 홍보는 서비스 접근 방법을 명확히 안내해야 한다.

(4) 상호작용

홍보는 단순히 정보를 전달하는 것을 넘어, 대중과 피드백을 주고받는 쌍방향 의사소통을 강조한다(Smith, 2016).

4) 홍보의 유형

(1) 온라인 홍보

온라인 홍보로 소셜 미디어, 웹사이트, 이메일 마케팅 등을 활용하여 저비용으로 넓은 대중에게 접근이 가능하다(Zarella, 2010).

(2) 오프라인 홍보

오프라인 홍보인 전단지, 포스터, 신문, 라디오, TV와 같은 전통 매체를 활용하여 특정 지역사회에 직접적으로 다가갈 수 있다.

(3) 직접 홍보

직접 홍보인 행사, 워크숍, 프레젠테이션 등은 대면으로 메시지를 전달하며, 신뢰성을 높이는 데 효과적이다.

(4) 파트너십 홍보

파트너십 홍보는 다른 조직, 기업, 또는 지역사회 그룹과 협력하여 홍보 효과를 증대시키는 것으로, 환경 보호 캠페인에서 지역 기업과 협력하는 것이 예이다(Wolf, 1999).

5) 홍보의 과제

(1) 재정적 제약

비영리 기관은 홍보에 사용할 수 있는 예산이 제한적인 경우가 많다(Worth, 2018).

(2) 대상 그룹의 다양성

홍보의 대상인 대중은 다양하고 요구와 관심사가 다르기 때문에, 모든 그룹에 맞는 메시지를 설계하는 것이 어렵다.

(3) 메시지의 효과성 측정

홍보 활동이 실제로 목표를 달성했는지 평가하는 것이 어렵고 비용이 소요될 수 있다.

6) 효과적인 홍보 전략

(1) 목표와 대상의 정의

홍보 활동을 시작하기 전에 명확한 목표와 타겟 그룹을 설정해야 한다(Kotler & Lee, 2011).

(2) 스토리텔링 활용

클라이언트의 성공 사례와 같이 감정적으로 연결되는 스토리를 통해 대중의 관심과 지지를 유도한다.

(3) 소셜 미디어의 최적화

소셜 미디어 플랫폼의 알고리즘을 활용하여 메시지를 효과적으로 배포한다(Zarella, 2010).

(4) 효율적 예산 사용

저비용 고효율의 홍보 방법을 선택하고, 무료 또는 저렴한 도구를 활용하여야 한다.

(5) 성과 평가와 피드백 반영

홍보 활동의 결과를 정기적으로 평가하고 개선점을 도출하여 다음 캠페인에 반영하여야 한다(Smith, 2016).

사회복지행정에서 효과적인 홍보는 기관의 지속 가능성과 사회적 임팩트를 강화하는 데 필수적이다. 이러한 활동은 대중과의 신뢰 관계를 형성하고, 조직의 미션을 실현하는 데 중요한 기반을 제공한다.

2. 사회복지조직의 모금

모금은 사회복지조직이 필요한 재원을 확보하기 위해 다양한 방법으로 개인, 기업, 혹은 공공기관으로부터 자금을 유치하는 활동이다. 사회복지조직은 모금을 통해 서비스와 프로그램을 지속적으로 제공하며, 이를 통해 사회적 문제를 해결하고 클라이언트의 복지를 증진한다.

1) 모금의 정의와 중요성

(1) 정의

모금은 사회복지조직이 재정 자립과 지속 가능성을 위해 기부금을 요청하고 수집하는 체계적 과정이다(Worth, 2018).

(2) 중요성

모금은 서비스 제공의 재정적 기반을 마련하며, 프로그램 운영과 확대를 가능하게 한다. 또한 사회복지조직과 후원자 간의 신뢰를 구축하고 장기적인 관계를 유지하는 데 기여하며, 사회적 문제에 대한 대중의 관심을 높이는 역할을 한다(Sargeant & Shang, 2010).

2) 모금의 원칙

(1) 투명성

모든 모금 활동과 기부금 사용 내역은 투명하게 공개되어야 하며, 이는 후원자와의 신뢰를 유지하는 데 필수적이다(Transparency International, 2020).

(2) 윤리성

모금 활동은 법적, 윤리적 기준을 준수해야 하며, 후원자와의 약속을 반드시 지켜야 한다(NASW, 2017).

(3) 효율성

모금활동은 최소의 비용으로 최대의 효과를 거두는 전략적 접근이 필요하다(Hager & Brudney, 2004).

3) 모금 방법

(1) 개인 기부

개인 기부는 개인 후원자를 대상으로 한 모금 활동으로, 소액 기부부터 고액 기부까지 다양하다. 정기 기부 프로그램, 온라인 기부 캠페인이 활용된다(Worth, 2018).

(2) 기업 후원

기업 후원은 기업이 사회공헌 활동(CSR)의 일환으로 사회복지조직에 기부하거나 협력하는 방식이다. 예를 들면, 기업의 물품 기부, 공동 캠페인 운영 등이 있다(Sargeant & Shang, 2010).

(3) 이벤트 모금

이벤트 모금은 다양한 대중 참여 행사를 통해 기부금을 유치하는 방식으로, 자선 콘서트나 경매 행사 등이 있다(Wolf, 1999).

(4) 온라인 모금

온라인 모금은 디지털 플랫폼을 활용한 모금 방법으로, 최근에는 소셜미디어와 크라우드 펀딩을 적극 활용하고 있으며, GoFundMe, GiveWell 등이 있다(Hager & Brudney, 2004).

(5) 공공 자금 지원

공공 자금 지원은 정부나 공공기관의 지원금을 유치하는 방식으로, 보조금과 계약 형태가 일반적이다(Lewis, Packard & Lewis, 2012).

4) 모금의 주요 단계

(1) 계획 수립

계획 수립 단계에서는 목표를 설정하고, 대상자를 선정하고, 구체적인 실행 계획을 수립한다(Sargeant & Shang, 2010).

(2) 실행

실행 단계에서는 정기적인 캠페인을 운영하고, 후원자와 소통을 한다(Worth, 2018).

(3) 성과 평가 및 피드백

성과 평가 및 피드백 단계에서는 모금 활동의 효과성을 평가하고, 이를 바탕으로 개선 방안을 마련한다(Wolf, 1999).

5) 모금의 한계

(1) 재정적 지속 가능성의 부족

소규모 사회복지조직의 경우, 안정적인 후원 기반 확보가 어려운 경우가 많다(Hager & Brudney, 2004).

(2) 후원자와 관계 유지

후원자의 이탈을 방지하고 장기적인 관계를 유지하는 것이 중요하다(Sargeant & Shang, 2010).

(3) 경쟁 심화

비영리 단체 간의 모금 경쟁이 치열해지고 있다(Worth, 2018).

6) 모금의 성공 전략

(1) 후원자 중심의 접근

후원자의 가치와 관심사를 반영한 모금 전략을 설계한다(Sargeant & Shang, 2010).

(2) 스토리텔링의 활용

사회복지조직의 미션과 성과를 효과적으로 전달하는 스토리텔링은 감성적 호소력을 높이는 데 효과적이다(Wolf, 1999).

(3) 디지털 기술의 활용

소셜 미디어와 이메일 캠페인을 통해 더 넓은 대상에게 접근해야 한다(Hager & Brudney, 2004).

7) 모금의 사례 연구

(1) 사랑의 열매(사회복지공동모금회)

사랑의 열매는 대한민국의 대표적인 사회복지 모금 기관으로, '희망 나눔 캠페인'을 통해 매년 대규모 모금을 실시한다. 캠페인은 TV 광고, 거리 홍보, 기업 참여 등을 통해 전 국민의 동참을 유도하고 있다(사랑의 열매 공식 홈페이지, www.chest.or.kr, 2024년 2월 25일 접속).

(2) 푸드뱅크

식품업체 및 일반 시민으로부터 남는 음식을 기부받아 저소득층에 지원하는 방식으로 운영된다. 이는 단순 모금이 아닌 자원 순환 및 환경 보호 효과까지 포함한다(한국푸드뱅크 공식 홈페이지, www.foodbank.or.kr, 2024년 12월 25일 접속).

사회복지행정에서 모금은 단순히 자금을 확보하는 활동을 넘어, 사회복지조직의 비전과 미션을 실현하고 사회적 변화를 촉진하는 핵심적인 과정이다. 이를 성공적으로 수행하기 위해서는 윤리적이고 투명한 관리가 필수적이며, 후원자와의 신뢰 관계를 유지하는 것이 가장 중요하다.

연습문제

01 사회복지조직의 마케팅의 주요 필요성에 해당하지 않는 것은?

① 서비스 이용 촉진
② 후원자와 자원봉사자 유치
③ 조직의 정체성 구축
④ 기부자의 비공개 활동 보장

02 사회복지조직 마케팅에서 "STP 전략" 중 "포지셔닝(Positioning)"의 의미는?

① 특정 그룹을 주요 대상으로 설정
② 조직 및 서비스의 이미지를 명확히 정의
③ 성별, 연령, 소득 수준으로 세분화
④ 대중의 행동을 유도하는 캠페인 설계

03 사회복지조직 마케팅의 주요 효과 중 "사회적 문제 해결 촉진"의 사례로 적합한 것은?

① 기부자의 이탈 방지
② 지역사회와 협력하여 대중 참여 유도
③ 후원자 데이터베이스 구축
④ 내부 직원 만족도 향상

04 사회복지조직 마케팅에서 "성과 측정"의 주요 어려움은?

① 사회적 가치를 정량적으로 평가하기 어려움
② 후원자의 관심 부족
③ 서비스 품질의 표준화 실패
④ 홍보 메시지 전달의 제한

정답 | 01 ④ 02 ② 03 ② 04 ①

05 사회복지조직의 홍보 정의에 대한 설명으로 가장 적합한 것은?

① 단순한 정보 전달로 기관의 활동을 알리는 과정
② 조직과 대중 간의 상호작용과 신뢰 구축을 강조하는 의사소통 과정
③ 조직의 활동과 목표를 대중에게 강제적으로 전달하는 과정
④ 기관의 서비스를 홍보하여 판매를 촉진하는 마케팅 과정

06 홍보 활동에서 스토리텔링이 중요한 이유는?

① 홍보 메시지를 간결하게 유지하기 위해
② 조직과 대중 간의 감정적 연결을 강화하기 위해
③ 후원자와의 계약 조건을 준수하기 위해
④ 모든 대상에게 동일한 정보를 제공하기 위해

07 모금 활동의 주요 단계 중 "성과 평가 및 피드백" 단계의 활동이 아닌 것은?

① 모금 활동의 효과성 평가
② 후원자와의 소통 강화
③ 다음 캠페인을 위한 개선 방안 도출
④ 모금 활동의 비용 절감

08 사회복지조직의 모금 활동에서 "후원자 중심의 접근"이 중요한 이유는?

① 후원자의 요구와 관심을 무시
② 후원자의 가치와 관심사를 반영한 전략을 설계
③ 모든 후원자에게 동일한 메시지를 전달
④ 후원자와의 신뢰 관계 감소

정답 | 05 ② 06 ② 07 ④ 08 ②

참고문헌

Andreasen, A. R., & Kotler, P. (2008). *Strategic Marketing for Nonprofit Organizations*. Pearson.

Hager, M. A., & Brudney, J. L. (2004). *Nonprofit Management: Principles and Practice*. Sage Publications.

Kotler, P., & Keller, K. L. (2015). *Marketing Management*. Pearson.

Kotler, P., & Keller, K. L. (2016). *Marketing Management*. Pearson.

Kotler, P., & Lee, N. (2007). *Marketing in the Public Sector: A Roadmap for Improved Performance*. Pearson.

Kotler, P., & Lee, N. (2011). *Social Marketing for Public Health: Global Trends and Success Stories*. Jones & Bartlett Learning.

Lewis, J. A., Packard, T. R., & Lewis, M. D. (2012). *Management of Human Service Programs*. Brooks/Cole.

Miller, M. (2010). *The Nonprofit Marketing Guide: High-Impact, Low-Cost Ways to Build Support for Your Good Cause*. Jossey-Bass.

NASW (2017). *Code of Ethics*. National Association of Social Workers.

Sargeant, A. (2005). *Marketing Management for Nonprofit Organizations*. Oxford University Press.

Sargeant, A., & Shang, J. (2010). *Fundraising Principles and Practice*. Wiley.

Smith, B. L. (2016). *Nonprofit Marketing Strategy*. Wiley.

Transparency International. (2020). *The Importance of Transparency in Nonprofits*.

Weinreich, N. K. (2010). *Hands-On Social Marketing: A Step-by-Step Guide*. Sage Publications.

Wolf, T. (1999). *Managing a Nonprofit Organization*. Fireside.

Worth, M. J. (2018). *Fundraising: Principles and Practice*. Sage Publications.

Zarella, D. (2010). *The Social Media Marketing Book*. O'Reilly Media.

13 Chapter

사회복지조직의 환경관리 및 정보관리

사회복지조직은 사회로부터 사회문제를 해결하도록 위임을 받은 조직이다. 그리고 사회복지조직은 사회로부터 존립의 정당성과 함께, 조직을 운영하는 데 필요한 모든 자원을 제공받는다. 따라서 사회복지조직은 다른 어떤 조직보다도 환경과 밀접한 관계를 갖고 있다. 이러한 점에서 볼 때, 사회복지조직은 '환경의 포로'라고 할 수 있다.

이러한 사회복지조직이 환경변화에 적절하게 대응하지 못하는 경우에는 사회복지조직이 환경으로부터 제공받던 자원의 감소나 중단은 물론, 조직의 존립 자체도 흔들리게 된다. 따라서 사회복지행정에서는 사회복지조직과 환경과의 관계를 이해하고, 변화하는 환경에 적절하게 대응하는 전략을 분석하는 것은 매우 중요한 일이라고 할 수 있다.

13장 1절에서는 사회복지조직의 환경관리를 사회복지조직의 외부 환경과 환경의 변화요인 그리고 대응전략을 분석해 본다. 그리고 2절에서는 현대사회에서 날로 중요성을 더해가고 있는 정보관리시스템에 대해서 알아 본다.

1절 사회복지조직의 환경관리

사회복지조직의 환경관리는 사회복지조직을 둘러싸고 있는 환경을 분석하고, 이에 대한 대응전략을 마련하여, 사회복지조직이 계속될 수 있도록 환경을 관리하는 것이다. 사회복지조직의 환경은 조직 내부와 외부에서 활동에 영향을 미치는 모든 요인과 조건을 말한다. 사회복지조직의 환경은 정책, 사회적 요구, 경제 상황 등과 같은 외부 환경과 조직 구조, 인력, 재정 등과 같은 내부 환경으로 구분된다.

1. 사회복지조직의 외부 환경

사회복지조직의 외부 환경은 과업환경과 일반환경으로 나눌 수 있다. 사회복지조직의 외부 환경 중 과업환경(Task Environment)은 조직의 성과와 운영에 직접적인 영향을 미치는 외부 요소를 의미한다. 과업환경은 조직의 목표 달성을 위해 상호작용하거나 의존해야 하는 주요 이해관계자와 자원 공급원으로 구성된다. 이는 조직의 운영 효율성과 서비스 품질에 실질적인 영향을 미치는 요인으로, 조직이 외부 환경에 어떻게 대응하는지가 성공 여부를 좌우한다.

1) 사회복지조직의 과업환경

(1) 과업환경의 정의

과업환경은 조직의 목표 달성을 위해 필수적으로 상호작용해야 하는 외부 요소들로 구성된다. 이는 조직의 활동에 직접적이고 구체적인 영향을 미치는 환경으로, 조직의 성과와 생존에 중요한 역할을 한다(Robbins & Coulter, 2017).

(2) 과업환경의 구성 요소

① 서비스 대상자(Clients)

서비스 대상자는 사회복지조직의 주요 대상으로, 이들의 요구와 욕구는 조직의 운영 방향과 서비스 개발에 큰 영향을 미친다. 예를 들면, 아동복지기관에서 학대 피해 아동의 특수한 욕구를 반영한 프로그램을 개발하는 것이다(Lewis, Packard & Lewis, 2012).

② 후원자 및 기부자(Donors and Sponsors)

재정적 지원을 제공하는 후원자와 기부자는 조직의 주요 자금원을 형성하며, 이들의 요구와 기대는 조직의 운영에 직접적인 영향을 미친다. 예를 들면, 기업 후원이 아동교육 프로그램 확대에 기여한 사례가 있다(Sargeant & Shang, 2010).

③ 공급자(Suppliers)

공급자는 물적, 인적 자원 및 서비스 제공을 통해 조직의 활동을 지원한다. 예를 들면, 재활용품을 활용한 프로그램을 운영하는 환경복지단체에서 물품 공급자의 안정적 제공이 중요하다(Wolf, 1999).

④ 규제 기관(Regulatory Agencies)

규제 기관은 사회복지조직이 법적, 윤리적 기준을 준수하도록 규제하고 모니터링한다. 예를 들면, 정부가 사회복지시설의 운영 기준을 제정하고 감독하는 활동하는 것이다(Worth, 2018).

⑤ 경쟁 조직(Competitors)

경쟁 조직은 유사한 서비스를 제공하는 다른 조직으로, 경쟁 환경은 조직의 전략과 효율성에 영향을 미친다. 예를 들면, 같은 지역에서 유사한 복지서비스를 제공하는 단체 간 후원자 유치 경쟁을 하는 것이다(Robbins & Coulter, 2017).

⑥ 지역사회와 대중(Community and Public)

지역사회와 대중의 지지는 사회복지조직의 지속 가능성을 높이고, 조직의 공공 이미지를 강화한다. 예를 들면, 지역 커뮤니티 행사에서 기관의 역할을 홍보하여 지지를 확보하는 것이다(Hager & Brudney, 2004).

(3) 과업환경이 조직에 미치는 영향

① 서비스 방향과 품질 결정

서비스 대상자의 욕구를 반영한 프로그램 개발은 조직의 경쟁력을 높이고 클라이언트 만족도를 증대시킨다(NASW, 2017).

② 재정적 안정성 확보

기부자와 후원자의 신뢰를 얻고 장기적인 후원을 유도하면 재정적 안정성을 강화할 수 있다(Sargeant & Shang, 2010).

③ 법적 및 윤리적 책임 준수

규제 기관의 요구를 준수하지 않으면 운영에 어려움이 발생하며, 조직의 신뢰도와 이미지가 훼손될 수 있다(Lewis, Packard & Lewis, 2012).

④ 경쟁 환경에서의 생존력 강화

경쟁 조직과 차별화된 서비스와 전략을 통해 생존력을 확보할 수 있다(Robbins & Coulter, 2017).

(4) 과업환경의 관리전략

① 파트너십 강화

후원자 및 공급자와의 협력 관계를 강화하여 자원의 안정적 공급과 지속 가능성을 확보한다(Wolf, 1999).

② 커뮤니케이션 전략 개발

지역사회와 대상자의 의사소통을 강화하여 신뢰를 구축하고 조직의 긍정적 이미지를 확립한다(Transparency International, 2020).

③ 법적 규정 준수와 대응

법적 요건을 준수하고 규제기관과 원활한 협력을 통해 불필요한 법적 문제를 방지한다(NASW, 2017).

④ 혁신적 서비스 개발

경쟁 환경에서 유리한 위치를 확보하기 위해 새로운 서비스 모델과 프로그램을 개발한다(Sargeant & Shang, 2010).

사회복지조직의 과업환경은 조직의 성공과 생존에 중대한 영향을 미친다. 과업환경의 다양한 구성 요소와 효과적인 관리 전략을 이해하고 활용함으로써 조직은 클라이언트의 요구를 충족하고 지역사회와 긍정적인 관계를 유지하며, 지속 가능한 성장을 이루어낼 수 있다.

2) 사회복지조직의 일반환경

사회복지조직의 외부 환경은 조직이 속한 외부 세계의 모든 요소를 포함하며, 이는 조직 운영에 직·간접적으로 영향을 미친다. 이러한 외부 환경은 크게 일반환경과 과업환경으로 나뉜다. 일반환경은 특정 조직에 직접적으로 연관되지는 않지만, 사회 전반의 흐름과 환경 변화에 따라 조직의 운영에 중요한 영향을 미친다.

(1) 일반환경의 정의

일반환경은 조직 외부의 광범위한 요인으로, 특정 조직만이 아닌 모든 조직과 사회에 영향을 미치는 요소들로 구성된다. 일반환경은 주로 경제적, 정치적, 사회문화적, 기술적, 법적 환경으로 구분된다(Dessler, 2015).

(2) 일반환경의 주요 구성 요소

① 경제적 환경

경제적 환경은 사회복지조직의 재정적 자원과 서비스 수요에 영향을 미친다. 예를 들어, 경기 침체는 정부 보조금 감소와 개인 기부금 감소를 초래할 수 있으며, 실업률 상승은 복지 서비스 수요를 증가시킬 수 있다. 가장 대표적인 사례로는 2008년 금융위기는 전 세계 사회복지조직의 재정 압박을 가중시켰다(Worth, 2018).

② 정치적 환경

정치적 환경은 정부의 정책, 법규, 사회복지와 관련된 지원 프로그램을 포함한다. 사회복지조직은 정책 변화에 민감하며, 새로운 복지법 제정이나 정부의 예산 삭감이 조직 운영에 직접적인 영향을 미친다. 예를 들면, 사회보장제도의 확대는 사회복지조직의 프로그램 운영에 긍정적인 영향을 미칠 수 있다(Lewis, Packard & Lewis, 2012).

③ 사회문화적 환경

사회문화적 환경은 인구 통계, 가치관, 문화적 특성, 클라이언트의 욕구 및 기대를 포함한다. 인구 고령화, 가족 구조 변화, 다문화 사회 등은 복지서비스의 성격과 범위에 영향을 미친다. 예를 들면, 한국의 고령화 문제는 노인복지서비스의 확대를 요구한다(NASW, 2017).

④ 기술적 환경

기술적 환경은 정보통신기술(ICT) 발전과 같은 새로운 기술이 조직의 운영 방식에 미치는 영향을 말한다. 디지털 기술을 활용한 복지서비스(예: 온라인 상담, 전자 기록 관리)는 효율성을 높이지만, 기술 격차 문제를 초래할 수도 있다. 예를 들면, 팬데믹 기간 중 비대면 복지서비스의 도입은 기술 발전의 영향을 보여준다(Hager & Brudney, 2004).

⑤ 법적 환경

법적 환경은 복지서비스 제공과 관련된 법률, 규제, 윤리 기준 등을 포함한다. 사회복지조직은 개인정보 보호, 안전 기준, 재정 보고 규정 등을 준수해야 하며, 법적 변화는 조직의 서비스 제공 방식에 직접적인 영향을 미친다. 예를 들면, 개인정보 보호법의 강화는 클라이언트 정보 관리에 대한 새로운 요구를 제기한다(Transparency International, 2020).

3) 일반환경의 중요성

(1) 전략적 의사결정의 기반 제공

일반환경 분석은 조직이 미래의 변화를 예측하고 이에 대응하기 위한 전략을 수립하는 데 필수적이다(Sargeant & Shang, 2010).

(2) 리스크 관리와 기회 탐색

경제 불황, 기술 혁신, 법적 규제 변화와 같은 외부 요인을 사전에 파악하면 조직은 리스크를 줄이고 새로운 기회를 활용할 수 있다(Wolf, 1999).

(3) 복지서비스와 프로그램의 적응력 강화

사회적 요구와 환경 변화에 맞는 유연한 프로그램 설계와 운영이 가능해진다(Lewis, Packard & Lewis, 2012).

4) 일반환경과 사회복지조직의 관계

일반환경은 사회복지조직의 서비스와 전략, 재정 계획, 조직 문화에 직·간접적으로 영향을 미친다. 따라서 사회복지조직은 일반환경을 정기적으로 모니터링하고, 환경 변화에 적응할 수 있는 능력을 개발해야 한다. 특히 경제, 정치, 사회문화, 기술, 법적 요인의 상호작용을 고려한 통합적인 접근이 필요하다.

2. 사회복지조직의 환경변화

사회복지조직의 환경변화는 조직이 운영되는 외부와 내부 환경의 다양한 변화에 적응하고, 이러한 변화에 따라 서비스를 제공하는 방식과 전략을 수정하는 과정을 의미한다. 이러한 변화는 기술, 경제, 정치, 사회, 문화적 요인 등 다양한 외부 환경 요인뿐만 아니라 조직 내부 구조와 운영 방식의 변화를 포함한다.

1) 사회복지조직 환경변화의 정의

사회복지조직의 환경변화는 조직이 직면한 외부 및 내부 조건의 변동을 뜻하며, 이는 조직의 목표 달성과 운영에 중요한 영향을 미친다. 환경변화는 조직의 전략적 계획, 자원 배분, 서비스 제공 방식에 영향을 미치며, 지속 가능한 운영을 위해 조직이 변화에 적응하는 능력이 필수적이다(Lewis, Packard & Lewis, 2012).

2) 사회복지조직 환경변화의 주요 요인

(1) 외부 환경 변화

① 정치적 변화

사회복지조직은 정부의 정책 변화와 법률 개정에 민감하게 반응한다. 예를 들어, 복지 예산 삭감, 복지 관련 법률의 제정 및 폐지, 지방자치단체의 복지 예산 배분은 조직 운영에 직접적인 영향을 미친다(Salamon, 2012).

② 경제적 변화

경기 침체나 경제 성장은 조직의 재정적 안정성과 서비스 제공 능력에 영향을 미친다. 예산 부족은 복지서비스 축소를 초래할 수 있으며, 반대로 경제 호황은 더 많은 기부금 유치를 가능하게 한다(Kettner, Moroney & Martin, 2016).

③ 사회적 변화

인구구조 변화(고령화, 저출산 등), 도시화, 가족 형태의 변화는 복지 요구를 증가시키거나 변화시킨다. 예를 들어, 고령화는 노인복지서비스의 수요 증가로 이어질 수 있다(United Nations, 2020).

④ 기술적 변화

정보통신기술(ICT)의 발전은 조직이 서비스를 제공하고 커뮤니케이션하는 방식을 혁신한다. 예를 들면, 온라인 상담 플랫폼, 클라이언트 데이터 관리 소프트웨어 등이 도입되고 있다(Smith & Mogro-Wilson, 2007).

(2) 내부 환경 변화

① 조직 구조의 변화

분권화, 팀 기반 운영, 네트워크 조직화 등은 더 유연하고 효율적인 운영을 가능하게 한다(Robbins & Coulter, 2017).

② 인적 자원 관리 변화

전문인력의 중요성이 증가하고 있으며, 직원 교육과 훈련, 복지사 소진 예방 등이 주요 과제가 되고 있다(Gibelman, 2003).

③ 조직 문화의 변화

조직 내 가치관과 규범이 변화하면서 더 개방적이고 유연한 문화가 요구되고 있다(Schein, 2010).

3) 환경변화에 따른 사회복지조직의 대응 전략

(1) 전략적 계획 수립

환경 변화에 맞춘 장단기 계획을 수립하고, 예측 가능한 변화에 선제적으로 대응할 수 있는 체계를 구축해야 한다(Kettner, Moroney & Martin, 2016).

(2) 유연한 조직 구조 도입

변화에 신속히 적응하기 위해 조직 구조를 수평적으로 조정하거나, 프로젝트 중심의 팀 운영 방식을 채택한다(Robbins & Coulter, 2017).

(3) 정보 기술 활용

클라이언트 데이터 분석, 온라인 서비스 제공, 내부 운영 효율화 등 기술 활용이 필수적이다(Smith & Mogro-Wilson, 2007).

(4) 파트너십 강화

다른 조직, 정부 기관, 지역사회와의 협력을 통해 자원을 공유하고 시너지 효과를 창출한다(Salamon, 2012).

(5) 직원 역량 강화

직원의 전문성을 높이기 위한 교육 및 훈련 프로그램 도입, 그리고 정서적 지원 프로그램 운영이 중요하다(Gibelman, 2003).

4) 환경변화에 따른 과제

(1) 재정적 압박

불안정한 경제 상황에서 조직은 기부금 감소, 정부 보조금 삭감 등의 문제를 겪을 수 있다(Kettner, Moroney & Martin, 2016).

(2) 기술 격차

신기술을 도입하는 데 필요한 인프라와 전문인력이 부족한 경우, 기술 발전의 혜택을 충분히 누리지 못할 수 있다(Smith & Mogro-Wilson, 2007).

(3) 조직 내 저항

새로운 변화나 구조 조정에 대한 조직 내부의 저항이 발생할 수 있다. 이를 해결하기 위해 변화 관리가 필요하다(Robbins & Coulter, 2017).

사회복지조직은 끊임없이 변화하는 외부와 내부 환경에 적응해야만 지속 가능성과 효과성을 유지할 수 있다. 환경변화는 도전이지만, 이를 기회로 활용하여 조직의 역량을 강화하고 클라이언트의 요구를 더 잘 충족할 수 있는 방안을 마련하는 것이 중요하다.

3. 사회복지조직의 환경관리

사회복지조직의 환경관리는 조직의 외부 및 내부 환경을 분석하고, 변화하는 환경에 효과적으로 적응하거나 영향을 미침으로써 조직의 목표를 달성하고 지속 가능성을 유지하는 활동이다. 사회복지조직은 클라이언트, 지역사회, 후원자, 정부 정책 등 다양한 외부 환경의 영향을 받기 때문에 환경관리는 조직 운영의 필수적인 요소이다.

1) 환경관리의 중요성

(1) 환경 변화에 대한 적응력 강화

사회복지조직은 급변하는 정책, 클라이언트 요구, 재정 상황에 신속히 대응해야 한다. 예를 들면, 노인 인구 증가에 따른 노인복지서비스 확대 등이다(Packard, 2013).

(2) 조직의 효율성 및 효과성 증대

환경 분석을 통해 자원을 효율적으로 활용하고, 서비스의 질을 향상시킬 수 있다(Schein, 2010).

(3) 조직의 지속 가능성 확보

환경관리는 사회복지조직이 장기적으로 생존하고 성장하는 데 필요한 기반을 제공한다(Bryson, 2018).

2) 환경관리의 주요 원칙

(1) 적응성

사회복지조직은 외부 환경의 변화에 적응하기 위한 유연성을 유지해야 한다. 예를 들면, 디지털 기술 도입으로 복지서비스의 전달방식이 개선될 수 있다(Kotter, 1996).

(2) 예측 가능성

환경 변화에 대한 사전 예측은 사회복지조직이 전략적으로 대응할 수 있게 한다. 정부의 복시정책의 변화를 예측하면, 대응계획을 수립할 수 있다(Wolf, 1999).

(3) 통합성

사회복지조직은 내부 환경과 외부 환경 간의 조화를 통해 조직 목표를 달성해야 한다(Lewis & Packard, 2012).

3) 환경관리의 주요 활동

(1) 환경 분석

① SWOT 분석: 조직의 강점(Strengths), 약점(Weaknesses), 기회(Opportunities), 위협(Threats)을 분석하여 전략을 수립한다.

② PEST 분석: 정치적(Political), 경제적(Economic), 사회적(Social), 기술적(Technological) 요인을 분석한다(Bryson, 2018).

(2) 이해관계자 관리

사회복지조직의 주요 이해관계자인 클라이언트, 후원자, 정부, 지역사회의 요구를 파악하고 관계를 관리한다. 예를 들면, 후원자에게 정기 보고서를 제공하여 신뢰를 유지한다(Worth, 2018).

(3) 위기관리

위기관리는 외부 환경에서 발생하는 위기에 대비한 대응계획을 수립하는 것이다. 예를 들면, 자연재해 발생 시 클라이언트에 대한 복지서비스가 중단되는 것을 방지하기 위한 비상계획을 수립한다(Schein, 2010).

(4) 전략적 계획 수립

사회복지조직은 환경 분석 결과를 바탕으로 장기적 목표와 실행 계획을 수립하여야 한다. 예를 들면, 노인복지센터가 고령화 사회에 대비하여 시설과 프로그램을 확충하는 것이다(Bryson, 2018).

4) 환경관리의 한계

(1) 불확실성 증가

정치적, 경제적 변화로 인해 외부 환경을 예측하기 어렵다(Packard, 2013).

(2) 자원 부족

한정된 재원으로 다양한 환경 요구에 대응하기 어렵다(Hager & Brudney, 2004).

(3) 정책 변화에 대한 민감성

정부의 복지정책 변경은 조직 운영에 큰 영향을 미친다(Worth, 2018).

사회복지조직의 환경관리는 조직의 지속 가능성을 확보하고, 클라이언트와 지역사회의 요구를 충족하기 위해 필수적인 활동이다. 효과적인 환경관리를 위해 조직은 외부 환경의 변화에 유연하게 적응하고, 내부 자원을 효율적으로 관리하며, 이해관계자와의 협력을 강화해야 한다. 이러한 전략은 조직의 효율성과 효과성을 높이고, 사회적 문제 해결에 기여하는 데 핵심적인 역할을 한다.

2절 사회복지조직의 정보관리

사회복지조직의 정보관리는 정보관리시스템(Information Management System, IMS)을 바탕으로 한다. 정보관리시스템은 조직의 목표를 달성하고 효율적인 행정을 지원하기 위해 데이터와 정보를 체계적으로 수집, 저장, 처리, 분석, 배포하는 기술적 도구이다. 정보관리시스템은 현대 사회복지행정에서 필수적인 도구로 자리 잡고 있으며, 투명성과 효율성을 강화하는 데 중요한 역할을 한다.

1. 정보관리시스템의 의의 및 필요성

1) 정보관리시스템의 의의

정보관리시스템은 사회복지조직의 자원과 클라이언트 정보를 통합 관리하며, 의사결정을 지원하는 핵심 수단이다. 이는 데이터 기반 행정을 가능하게 하고, 조직의 운영 효율성을 극대화하며, 투명성과 책임성을 강화한다(Kettner, Moroney & Martin, 2017).

2) 필요성

(1) 효율적 자원 관리

사회복지조직은 제한된 자원을 효율적으로 배분하고 활용해야 한다. 정보관리시스템은 데이터 분석을 통해 자원의 효과적 배분을 가능하게 한다(Lewis, Packard & Lewis, 2012).

(2) 클라이언트 중심 복지서비스 제공

정보관리시스템은 클라이언트의 욕구를 정확히 파악하고 맞춤형 복지서비스를 제공하기 위해서 필수적이다(NASW, 2017).

(3) 데이터 기반 의사결정

정보관리시스템은 실시간 정보와 데이터 분석을 통해 근거기반 의사결정을 지원한다(Worth, 2018).

(4) 투명성과 책임성 강화

정보관리시스템은 후원자와 클라이언트에게 정보 공개와 데이터 기반 보고를 통해 신뢰를 구축한다(Transparency International, 2020).

2. 정보관리시스템의 유형과 기능

1) 정보관리시스템의 유형

(1) 클라이언트 정보 시스템(Client Information System)

클라이언트 정보 시스템은 클라이언트의 개인 정보, 서비스 이력 등을 관리하며 맞춤형 서비스를 제공하는 데 사용된다.

(2) 자원 관리 시스템(Resource Management System)

자원 관리 시스템은 조직의 인력, 재정, 시설 등 자원을 통합 관리하고, 효과적 배분을 지원한다.

(3) 의사결정 지원 시스템(Decision Support System)

의사결정 지원 시스템은 관리자와 리더십의 의사결정을 돕기 위해 데이터 분석과 시뮬레이션을 제공한다.

(4) 통합 정보 시스템(Integrated Information System)

통합 정보 시스템은 클라이언트 정보, 자원 정보, 서비스 데이터를 통합 관리하여 조직의 전반적 운영을 지원한다(McLaughlin & Jordan, 2004).

2) 정보관리시스템의 기능

(1) 데이터 수집 및 저장

정보관리시스템은 클라이언트 정보, 서비스 내역, 재정 정보 등 다양한 데이터를 체계적으로 저장한다(Wolf, 1999).

(2) 데이터 분석 및 보고

정보관리시스템은 데이터를 분석하여 효율적인 의사결정을 지원하고, 성과보고서를 생성한다(Kettner, Moroney & Martin, 2017).

(3) 서비스 제공 지원

정보관리시스템은 서비스 예약, 일정 관리, 클라이언트와의 의사소통을 지원한다.

(4) 의사결정 지원

정보관리시스템은 데이터를 기반으로 한 실시간 대시보드와 보고 기능을 통해 관리자에게 필요한 정보를 제공한다(Worth, 2018).

3. 정보관리시스템의 설계

정보관리시스템의 설계는 조직의 목표와 클라이언트 요구를 반영하여 체계적으로 이루어져야 한다.

1) 요구 분석

요구 분석은 조직의 필요와 클라이언트의 요구를 분석하여 시스템의 목표와 범위를 설정하는 단계이다(McLaughlin & Jordan, 2004).

2) 시스템 설계

시스템 설계에서는 데이터베이스 구조, 사용자 인터페이스, 보고 도구 등 시스템의 주요 구성 요소를 설계한다.

3) 시스템 개발

시스템 개발은 필요한 소프트웨어를 개발하고, 하드웨어를 구축하여 시스템을 구현하는 것이다(Hager & Brudney, 2004).

4) 테스트 및 배포

테스트 및 배포는 시스템의 오류를 점검하고, 조직 전반에 배포하여 사용을 시작하는 단계이다.

5) 평가 및 유지보수

평가 및 유지보수는 시스템 사용 후 지속적으로 평가하고, 클라이언트와 조직 요구 변화에 맞춰 업데이트를 진행하는 것이다(Lewis, Packard & Lewis, 2012).

사회복지조직의 정보관리시스템은 조직의 운영을 효율화하고 클라이언트 중심의 서비스를 제공하는 데 핵심적인 도구이다. 이를 통해 데이터 기반의 투명하고 책임감 있는 행정을 실현할 수 있다. 지속적인 업데이트와 유지보수를 통해 정보관리시스템은 변화하는 사회적 요구에 부응해야 한다.

4. 정보관리시스템의 활용 사례

1) 보건복지부의 '행복e음' 시스템

대한민국의 대표적인 사회복지 정보시스템으로, 복지서비스 신청과 제공 과정을 통합적으로 관리하는 시스템이다(보건복지부, 2023).

2) 지역사회복지협의체 통합관리시스템

지역사회복지협의체 통합관리시스템은 지역 단위 복지자원 배분과 사업 수행을 기록 및 관리하는 시스템이다(한국사회복지협의회, 2022).

5. 정보관리시스템의 장점과 과제

1) 정보곤리시스템의 장점

① 효율성의 증대: 정보관리시스템은 반복적인 행정 업무를 자동화하여 인력을 절약한다.

② 서비스 품질 향상: 정보관리시스템은 데이터 기반의 클라이언트 맞춤형 서비스를 제공한다.

③ 데이터의 신뢰성 및 접근성 강화: 정보관리시스템은 종이문서에 비해 오류율이 감소하고, 저장 및 검색이 용이하다.

2) 정보관리시스템의 과제

정보관리시스템은 개인정보 유출 위험, 초기 도입 비용 부담, 기술 사용에 대한 직원 교육 부족이라는 과제를 해결해야 한다. 이러한 과제를 해결하면, 인공지능 및 빅데이터 기술을 활용한 정보관리시스템이 확산되면서, 보다 정교하고 효율적인 사회복지서비스 제공의 가능성이 증가할 것이다.

사회복지기관의 정보관리시스템은 사회복지서비스 제공을 효과적으로 지원하고, 데이터 기반의 의사결정을 가능하게 하는 필수적인 도구이다. 이 시스템은 클라이언트 정보, 서비스 기록, 재정 관리, 직원 관리 등 다양한 기능을 포함하며, 사회복지 업무의 효율성을 극대화하는 데 기여한다.

연습문제

01 과업환경 관리전략 중 "파트너십 강화"의 주요 목적은?

① 조직의 독립성을 유지하기 위해
② 자원의 안정적 공급과 지속 가능성 확보
③ 경쟁 조직의 동향을 감시하기 위해
④ 지역사회의 지지를 배제하기 위해

02 일반환경의 변화가 조직에 미치는 영향으로 적합하지 않은 것은?

① 조직 운영 계획의 수정 필요성
② 조직의 장기적 방향성 결정
③ 특정 클라이언트의 만족도 증가
④ 서비스와 프로그램의 적응력 강화

03 사회복지조직 환경관리의 주요 효과로 적합하지 않은 것은?

① 조직의 지속 가능성 확보
② 자원의 비효율적 사용
③ 클라이언트 요구의 충족
④ 서비스 품질 향상

04 사회복지조직 환경변화에 따른 과제 중 "조직 내 저항"의 주요 원인은?

① 변화 관리의 부재
② 내부 직원의 교육 및 훈련 과다
③ 클라이언트 요구의 감소
④ 법적 규제의 완화

정답 | 01 ② 02 ③ 03 ② 04 ①

05 정보관리시스템의 주요 필요성에 해당하지 않는 것은?

① 클라이언트 중심의 복지서비스 제공
② 조직의 데이터 기반 의사결정 지원
③ 정보의 독점적 사용 권한 강화
④ 투명성과 책임성 증대

06 정보관리시스템이 사회복지조직에서 중요한 이유는 무엇인가?

① 데이터 기록을 생략하여 비용을 절감하기 위해
② 클라이언트와 자원을 체계적으로 통합 관리하기 위해
③ 정보 분석을 통해 대중 참여를 제한하기 위해
④ 조직의 내규를 강조하기 위해

07 정보관리시스템 활용 사례로 적합하지 않은 것은?

① 복지서비스 신청 통합 관리
② 지역사회 복지 자원 배분 기록
③ 후원자 정보 비공개 유지
④ 서비스 데이터 기반 맞춤형 클라이언트 지원

08 정보관리시스템의 데이터 기반 의사결정 지원이 중요한 이유는?

① 조직의 주관적 판단을 강화하기 위해
② 실시간 정보와 분석을 통해 근거 기반 결정을 가능하게 하기 위해
③ 정보의 제한적 사용을 유지하기 위해
④ 의사결정 과정을 단순화하기 위해

정답 | 05 ③ 06 ② 07 ③ 08 ②

참고문헌

김영희(2020). 사회복지 데이터 관리의 중요성과 전망, **사회복지정보학회지**, 25(1), 45-67.

보건복지부(2023). 행복e음 시스템 운영 보고서.

정성훈, 김은정(2021). 사회복지기관 정보관리시스템의 활용과 개선 방안, **사회복지학 연구**, 58(3), 123-145.

한국사회복지협의회(2022). 지역사회복지협의체 운영 매뉴얼.

Bryson, J. M. (2018). *Strategic Planning for Public and Nonprofit Organizations*. Wiley.

Dessler, G. (2015). *Management: Leading & Collaborating in a Competitive World*. McGraw-Hill.

Gibelman, M. (2003). *Navigating Human Service Organizations*. Lyceum Books.

Hager, M. A., & Brudney, J. L. (2004). *Nonprofit Management: Principles and Practice*. Sage Publications.

Kettner, P. M., Moroney, R. M., & Martin, L. L. (2016). *Designing and Managing Programs*. Sage Publications.

Kettner, P. M., Moroney, R. M., & Martin, L. L. (2017). *Designing and Managing Programs: An Effectiveness-Based Approach*. Sage Publications.

Lewis, J. A., Packard, T. R., & Lewis, M. D. (2012). *Management of Human Service Programs*. Brooks/Cole.

McLaughlin, J. A., & Jordan, G. B. (2004). *Using Logic Models*. Jossey-Bass.

NASW (2017). *Code of Ethics*. National Association of Social Workers.

Packard, T. (2013). *Organizational Change for Human Services*. Sage Publications.

Robbins, S. P., & Coulter, M. (2017). *Management*. Pearson.

Salamon, L. M. (2012). *The State of Nonprofit America*. Brookings Institution Press.

Sargeant, A., & Shang, J. (2010). *Fundraising Principles and Practice*. Wiley.

Schein, E. H. (2010). *Organizational Culture and Leadership*. Jossey-Bass.

Smith, B. D., & Mogro-Wilson, C. (2007). The Use of Technology in Human Service Organizations. *Social Work Journal*.

Transparency International. (2020). *The Importance of Transparency in Nonprofits*.

Wolf, T. (1999). *Managing a Nonprofit Organization*. Fireside Books.

Worth, M. J. (2018). *Fundraising: Principles and Practice*. Sage Publications.

찾아보기

인명

내용

저 / 자 / 소 / 개

■ 이성기

서울대학교 및 동 대학원 행정학석사, 사회복지학 박사

현, 인제대학교 사회복지학과 명예교수

〈저서〉 사회복지학개론, 현대사회의 자원봉사론, 21세기 사회복지정책, 사회문제론 외

■ 김현경

연세대학교 대학원 철학박사

현, 경민대학교 사회복지과 교수

〈저서〉 사회복지학개론, 사회복지와 인권, 사회문제론 외

■ 김현수

일본사회사업대학대학원 석사

경성대학교대학원 박사과정 수료

현, 호산대학교 LIFE 휴먼사회복지학부 교수

〈저서〉 사회복지조사론, 자원봉사론, 아동복지론 외

■ 김말란

경북대학교 사회복지학석사

대구한의대학교 노인의료복지학박사

대구한의대학교 평생교육융합학과박사

현, 호산대학교 LIFE 휴먼사회복지학부 겸임교수

　　동방실버타운요양원장

〈저서〉 문해교육론 외

■ 백민수

대구대학교 사회복지대학원 석사

현, 구미대학교 사회복지과 교수

　　구미대학교 인재개발처 취창업지원센터 팀장

〈저서〉 아동권리와 복지, 지역사회복지론 외

■ **백종욱**

일본 국제의료복지대학교 의료복지학박사
현, 가톨릭상지대학교 사회복지과 교수
〈저서〉 아동복지론, 인간행동과 사회환경, 사회복지실천론 외

■ **서민호**

대구한의대학교 대학원 사회복지학박사
현, 영남외국어대학교 사회복지과 교수
〈저서〉 지역사회복지론, 사회복지실천기술론, 사회복지학개론, 정신건강론 외

■ **이영희**

충남대학교 대학원 경제학박사
청주대학교 대학원 사회복지학박사
현, 대전과학기술대학교 보건복지상담과 교수
〈저서〉 사회복지조사론, 사회복지정책론, 사회복지법제와 실천 외

■ **전대성**

단국대학교 대학원 행정학박사
현, 경북전문대학교 사회복지과 교수
〈저서〉 사회복지학개론, 사회복지실천론, 정신건강론 외

■ **정숙희**

신라대학교 대학원 사회복지학박사 수료
현, 동원과학기술대학교 보건복지과 교수
〈저서〉 노인교육론 외

사회복지행정론

1판 1쇄 인쇄 — 2025년 2월 24일
1판 1쇄 발행 — 2025년 2월 28일

저　　자 - 이성기 김현경 김현수 김말란 백민수
백종욱 서민호 이영희 전대성 정숙희
발 행 인 - 강철원
발 행 처 - 양성원
주　　소 - 경기도 파주시 검산로 173번길 29-12
전　　화 - 031-946-3861(代)
팩　　스 - 031-946-3864
이 메 일 - tnwpub@naver.com
홈페이지 - tnwpub.co.kr
출판등록 - 2015년 8월 31일 제 2015-000211 호

ISBN 979-11-6126-617-6

정가 23,000원